문화콘텐츠와 스토리텔링

전라도 이야기, 원소스멀티유즈(one-source-multi-use)

미디어콘텐츠연구소
고은미·이수라·장미영·장창영

문화콘텐츠는 낭만 산업이다. 21세기가 추구하는 낭만은 기술과 테크놀로지를 인간화시키겠다는 야심찬 휴머니즘이다. 덕분에 어떤 한 사회에서 공인된 모든 문화는 문화콘텐츠의 자산으로 새롭게 각광받고 있다. 그동안 소홀히 여겨졌던 전통 문화는 꿈과 아이디어를 만나면서 미래의 유토피아적 희망이 되었다.

최근 선진각국에서 보이는 문화콘텐츠에 대한 열정어린 관심과 노력은 오늘을 사는 우리 인류가, '아름답도록' 인간적인 것을 갈구하는 애처로운 갈증에서 비롯된 것이 아닐까 싶다. 지난 세기에는 자유로운 공상과 상상이 위협 당했었다. 목표 지향적인 생각 외에 '딴 생각'을 금기시하던 탈인간화된 산업 시대를 지나면서 우리는 휴머니즘을 잃었다. 그러나 우리 인류는 그렇게 건조하게만은 살 수 없는 운명을 가진 것 같다. 우리 인류는 꿈을 갖고 꿈을 꾸어야만 살 수 있는 숙명적인 존재인 모양이다.

21세기를 살아가는 인류는 새삼스럽게 꿈, 환상, 이미지, 신화, 수수께끼 등에 열광하면서 신문명화 작업에 박차를 가하고 있다. 덕분에, 지하에서 떠돌던 전통문화가 최첨단의 디지털 기술과 융합하면서 현대 사회에서 생기발랄하게 살아 숨쉬는가 하면 '딴따라'라는 이름으로 냉대 받던 연예인들은 사회의 우상 내지 국빈으로까지 대접받는 급격한 신분 상승을 경험하게 되었다.

단군 이래 최대의 주가를 올리고 있는 한류도 불굴의 힘을 가진

꿈의 소산이다. 분단된 작은 나라 한국이 이웃 민족을 열광시키고 더 나아가 기독교문화권을 비롯하여 이슬람문화권에까지 진출하고 있다는 소식은 정작 한국인 자신들을 놀라게 하고 있다. 90년대 중후반부터 시작된 한류는 TV드라마 <사랑이 뭐길래>, <대장금>, <겨울 연가>, <천국의 계단>을 비롯하여 댄스그룹 <클론>, 가수 <보아>, <비>, 온라인게임 <리니지>, <미르의 전설>, <라그나로크>에 이르기까지 전세계인의 호감을 이끌어내면서 성공적인 선전(善戰)을 계속하고 있다.

'이야기를 좋아하면 가난하게 산다'던 옛 사람들의 애정 어린 걱정은 기우(杞憂)가 되었다. 오히려 이야기가 없는 민족은 세계사적 흐름에서 점차 무기력해지고 있다. 문화콘텐츠의 근간은 민족적 정체성과 역사성이 담긴 이야기이기 때문이다. '이야기 좀 해 주세요', '이야기 하나 해 줄까?', '무슨 이야기 못 들었어?'가 넘쳐나는 한국은 미래형 등불이 되는 국가가 되었다. 앨빈 토플러가 말했던 제 3의 물결은 전세계인의 심금을 울리고 있는 한류처럼 인간의 심성을 지배할 수 있는 희망시대의 도래를 예견한 것이다. 꿈이 많았던 한국인은 드디어 인류의 미래를 이끌어 갈 날을 맞이한 것이다.

이 책은 한민족의 삶에서 우러나온 이야기, 특히 전라도 이야기를 중심으로 문화콘텐츠 소스로서의 가능성을 가늠해 보는 의미를 가진다. 1부에서는 이야기와 문화콘텐츠의 상관관계를 밝히고 2부에서는 평야지역, 산간지역, 해안지역의 지역적 특성과 함께 그러한 터전에서 배태된 이야기들을 실었다. 3부에는 이야기의 중심이 되는 캐릭터들을 인물, 식물, 동물, 광물로 분류하고 각각의 특성을 분석하는 한편 자료가 될 만한 이야기들을 수록했다. 4부에서는 이야기가 여러 가지 문화콘텐츠로 활용되어 사회·경제적으로 큰 성

공을 거둔 사례를 소개했고, 5부에서는 전라지역을 배경으로 하고
있는 현대문학작품과 관련된 문학기행을 소개하고 있다. 마지막 6
부에서는 문화콘텐츠 소스가 될 만한 이야기를 선별하여 그 가능성
을 타진해 볼 수 있는 방법을 간단히 제시하고 있다. 이 책의 장점
은 한국적 이야기로 첨단정보사회의 미래를 이끌 수 있는 가능성을
엿보게 하고 실천 가능한 키워드를 제시하고 있는 점이다.

이 책을 만드는 중에 우리 필진들은 <우렁각시 이야기>가 현대
인의 소망과 맞닿아 있음을 발견했다. <우렁각시 이야기>는 누군
가 나를 위해서 정성스럽게 음식을 만들어 주고 깨끗하게 청소를
해주고 진정을 다해 포근하게 마음을 감싸주면서도 전혀 공치사를
하지 않는다는, 지극히 세속적이면서도 원초적인 인간의 욕구를 담
고 있다. 우리들은 우리의 작은 수고가 누군가에게 ‘우렁각시’처럼
여겨지기를 감히 소망한다. 한국과 중국을 오가면서 대학 강의를
하고 있는 장창영 교수는 바쁜 일정 속에서도 원고를 거듭 거듭 손
질하는 수고를 마다하지 않았다. 이수라 교수는 셋째 아이의 임신
과 출산, 육아를 병행하는 고단함을 이기며 사진 작업에 원고 교정
까지 꼼꼼하게 살피는 성실함으로 우리들을 감동시켰다. 고은미 교
수는 비중이 큰 또 다른 논문을 준비해야하는 다급한 입장이었음에
도 불구하고 꼬박꼬박 토론과 교정일에 참여하여 성의를 다했다.
부족함이 많음에도 불구하고, 우리들의 의도가 아직 숙성되지 않았
음을 알면서도 필진들은 다음을 기약하며 우선 논의가 이루어진 것
들만 정리하기로 의견을 모았다. 우리들의 몸짓 하나하나가 헛되지
않기만을 간곡히 바라며…

2006년 초여름의 신록 아래에서
필진을 대신하여 장미영적음

목 차

1부. 이야기 원형과 문화콘텐츠

1강. 예술로 되살아나는 이야기 유산

1. 이야기란 무엇인가

이야기란 매우 포괄적인 개념이다. 이야기란 사람들끼리 서로 어울려서 벌인 행동이나, 사람과 사물이 관련되어 일어난 여러 가지 사건들에 관해서 자초지종을 가려 처음과 중간과 끝을 만들고 일정한 시간의 경과를 구조화한 것이다.

많은 이야기를 품고 있는 모악산

이러한 이야기에는 신화, 전설, 민담 등의 설화를 비롯하여 소설, 영화, 드라마에 이르기까지 시간상에 존재하는 사건을 서술한 것들이 포함된다.

한 편의 이야기에는 최소한 두 가지 사건 이상이 연결되어야 한다. 한 편의 이야기는 핵심 사건과 위성 사건으로 구분할 수 있다. 핵심 사건은 중심 사건이라고도 할 수 있는데, 이야기의 시초가 되거나 혹은 이야기의 윤곽을 만들거나, 이야기를 증폭시키거나 이야기를 종결짓는 기능을 갖는다. 따라서 핵심 사건은 이야기에서 결코 생략되거나 제거될 수 없는 줄거리 혹은 기둥의 역할을 하는 것이다.

이러한 핵심 사건을 서로 연결해주고 관계맺음을 유도하는 것이 위성 사건이다. 위성 사건은 제거되거나 생략 혹은 재배열 내지 대치될 수 있지만, 핵심 사건의 인과적 관련성을 확고하게 뒷받침하는 중요한 역할을 한다. 위성 사건은 이야기의 뼈대가 되는 시간상의 주요한 앞뒤 사건들을 연결하기도 하지만 시간상에 존재하는 상태, 즉 느낌, 정서, 사고 등의 우발적인 감정들을 통합시켜 새로운 의미 생성의 관계를 조직하기도 한다.

사건의 진행 과정이나 상황의 변화는 모두 '시간'의 추이에 따른 무엇인가의 '움직임'이다. 그러나 이야기는 이런 변화나 움직임을 단순히 기술하는 데서 끝나는 것이 아니라 직접적이든 간접적이든 시간 추이에 따른 변화나 움직임의 '의미'를 드러내는 것이다.

이야기는 특별히 유의미한 사건의 발생과 그 진행 과정을 서술하여 독자로 하여금 그것들에 대한 인상이나 정서, 때로는 어떤 이해를 가지게 하려는 데 목적을 둔다. 자연적 시간만이 사건을 움직이는 동력이 된다면, 이는 이야기가 아니다. 이야기 속의 사건의 경과는 자연적인 시간이 아니라 정서적인 시간 속에서 이루어진다.

정서적 시간이란 발생한 사건에 어떤 의미를 부여하느냐에 따라 사건의 경과나 상황 변화가 달라지는 시점들의 연결선이다. 그러므로 이야기는 움직이는 대상에 초점이 놓이는 것이 아니라 한 움직임에서 다른 움직임으로의 변화 자체에 무게가 실리는 것이다.

이야기 속의 사건은 단순한 사건이 아니라 의미 있는 일련의 사건이다. 이런 면에서 이야기는 단발적인 에피소드의 집합이 아니라 한 요점을 중심으로 서로 유기적으로 연관된 연속성 있는 사건의 집합체이다. 따라서 각각의 부분 사건은 이야기라는 하나의 집합체 안에서 전체와 유기적인 관계를 맺는 통일성 있는 부분이 된다.

진달래를 이용한 축제 마스코트

여러 이야기들 중 각종 문화콘텐츠 개발에 키워드 역할을 할 수 있는 이야기를 '이야기 원형'이라 한다. 이야기 원형은 학습만화, 동화 등의 에듀테인먼트로부터 각종 웹콘텐츠 및 TV방송용 프로그램, 애니메이션, 게임 등에 적용될 수 있다. 특히 이야기는 디지털 시대를 맞아 장르나 분량의 제한에 구애받음이 없이 무한 확장과 심화가 가능해졌다.

2. 전라도 이야기의 특성

전라도 설화는 대체로 전설에 속하는 이야기가 많은 편이고 그 다음으로 민담, 신화 순으로 분포되어 있다. 설화는 보통 신화(神話, myth), 전설(傳說, legend), 민담(民譚, folktale) 등으로 구분하나, 이 세 유형 사이에 확연한 선을 긋기는 사실상 어렵다. 신화가 신격(神格)을 이야기의 중심 대상으로 삼은 것이라면, 전설은 구체적인 실체가 있는 형상물과 연관 지어 이루어진 이야기라 할 수 있고, 민담은 우화(寓話)나 소화(小話) 등 흥미중심의 옛날이야기 전반을 가리킨다고 볼 수 있다.

설화(說話)는 일정한 구조를 가진 꾸며진 이야기로, 그 특징은 구전(口傳)되는 것이다. 그러기에 설화는 청자, 즉 들어주는 상대가 없이는 구연될 수 없다.

이러한 설화의 성격상, 구연자는 상대를 의식하고 상대방의 반응과 이야기판의 분위기를 관찰하면서 구연하게 된다. 이에 설화는 신화(神話), 전설(傳說), 고담(古談), 동화(童話), 우화(寓話), 소화(小話), 잡설(雜說) 등으로 구분할 수 있는 다양한 요소들이 뚜렷한 구분 없이 혼란스럽게 섞여 구연되고 전승된다.

이야기의 대상이 되는 소재를 중심으로 전라도의 설화를 구분한다면 크게 인물 이야기와 자연물 이야기로 나눌 수 있다. 인물 이야기는 다시, 대상 인물의 특성을 중심으로 영웅 이야기, 바보 이야기, 귀신 이야기로 나눌 수 있으며, 자연물 이야기는 식물 이야기, 동물 이야기, 광물 이야기로 세분할 수 있다.

설화에서는 모티프의 기능과 역할이 중요하다. 하나의 갈등이 시작되어 그것이 해결되기까지의 이야기 단락을 에피소드라 한다면, 모티프는 개별 에피소드의 기본적인 최소 단위가 되는 제재이다. 몇 개의 에피소드가 모여 하나의 전체 플롯을 형성하므로 결국 모티프는 설화의 최소 단위이기도 하다. 모티프는 지역적인 특수성과

남원 흥부마을의 입석 표지판

13

범세계적인 보편성을 동시에 지니고 있다. 그러므로 전라도의 설화는 전라지역의 생활 감정과 문화 양식이 지니는 특성을 보여주는 동시에 인류보편적인 삶의 모습을 아울러 보여줄 수 있다.

모티프는 그것이 형상화되는 제재로 본다면, 거의 무한대에 가까울 정도로 수량이 많을 수 있다. 설화는 의식주를 포함한 인간사의 모든 영역을 관심의 대상으로 삼고 있기 때문이다. 하나의 설화에는 복수의 모티프가 포함되어 있으며, 나누는 기준과 범주에 따라 얼마든지 그 수량이 달라질 수 있다.

세부 모티프로는 태몽(胎夢), 풍수(風水), 풍월(風月), 해몽(解夢), 형제 우애(兄弟 友愛), 혼사 장애(婚事 障碍), 효도(孝道), 개안(開眼), 결연(結緣), 경쟁(競爭), 쟁총(爭寵), 적강(謫降), 점복(占卜), 주술(呪術), 지략(智略), 지명(地名), 징벌(懲罰), 천재지변(天災地變), 충견(忠犬), 칠석(七夕), 탐색(探索), 쟁장(錚匠), 재회(再會), 재생(再生), 장애(障碍), 장승, 인신공희(人身供犧), 이별(離別), 응보(應報), 음설(淫媟), 운명(運命), 예언(豫言), 우행(愚行), 용궁(龍宮), 우의(寓意), 염정(艶情), 심부(尋父), 신물 교환(信物 交換), 성씨(姓氏), 사찰(寺刹), 보은(報恩), 변신(變身), 반복(反復), 연쇄(連鎖), 명판결(名判決), 둔갑(遁甲), 동굴(洞窟), 도술(道術), 기원(祈願), 금전(金錢), 금기(禁忌), 교환(交換), 과장(誇張), 계모(繼母) 등이 있다.

이와 같은 모티프들은 그 자체로 '이야기 문화유산'이라 할 수 있다. 설화의 풍부한 모티프는 다양한 교육용 자료로 활용될 수 있으며 이야기를 창작하는 창작자 집단에게 풍부한 아이디어를 제공할 수 있는 문화콘텐츠 소스로서의 가치가 크다.

(글: 장미영)

2강. 콘텐츠웨어 시대, 꿈을 빚는 전라문화

2003년 12월에 발표된 문화관광부의 비전(vision)은 "앞으로 우리나라를 미국, 일본, 영국, 프랑스의 뒤를 잇는 세계 문화산업 5대 강국으로 육성하겠다."는 것이었다. 이것은 1990년대 이후 '문화콘텐츠 산업'이 세계시장에서 주요한 고부가가치 산업으로 부상하는 추세에 따른 것이다.

문화콘텐츠란 기존에 있던 유·무형의 문화적 요소를 창의적으로 새롭게 기획하여 경제적 가치를 창출할 수 있게 문화 상품화하

영화 촬영장소로 애용하는 전주 전동성당

는 것을 말한다. 문화콘텐츠의 창작 원천이 되는 것은 문화재, 미술품, 골동품, 건축물, 생활용품 등 실물實物 형태의 유형문화물을 비롯하여 신화, 설화, 야담, 전설, 야사, 기록물, 이야기, 생활양식 등에 추상적 또는 이미지 형태로 내재해 있는 무형의 문화 요소에 이르기까지 그 폭이 넓고 다양하다고 할 수 있다.

하드웨어가 산업의 중심이 되던 시대에서 소프트웨어의 시대로 바뀌더니 오늘날은 콘텐츠웨어의 시대가 되었다. 미국 하버드대학의 정치학자 조셉 나이(Joseph S. Nye)에 의하면 하드 파워(hard power)는 군사력이나 금력같이 타자를 강제로 누르는 힘이고 소프트 파워(soft power)는 상대를 매료하는 힘이나 설득력으로 자기가 원하는 결과를 타자에게서 끌어내는 힘이라고 한다. 이제 우리는 하드 파워와 소프트 파워를 합친 스마트 파워(smart power)가 요구되는 시대를 살고 있다.

콘텐츠웨어 시대는 기업, 지역 사회, 개인이 데이터나 정보가 아니라 이야기를 바탕으로 스마트 파워를 발휘하여 성공하게 되는 드림 소사이어티(dream society)의 사회이다. 바로 그 드림 소사이어티를 만들 수 있는 기반이 다름 아닌 이야기 속에 무궁무진하게 갇혀 있음을 주목할 필요가 있다.

오늘날, 문헌 중심으로 저장·보존·유통·소비되고 있는 인문학적 성과물은 주로 문화콘텐츠의 원천으로서의 의미만을 갖는 것으로 그 가치가 축소되고 있다. 그간 이야기는 지면을 통해 문자를 읽는 '독서 텍스트'로 변형되어 소비되다가 영상매체의 발달로 인해 점차 영화나 만화, 애니메이션, 드라마 등으로 적지 않게 활용되어 왔다. 즉 각종 미디어의 발달로 문자텍스트가 순수언어예술 형식의 문화 산물에서 상업적으로 대량 복제·소비되는 문화상품으로 재가공되기 시작한 것이다.

현재 남원에서는 혼불 문학공원, 혼불 기념탑, 혼불 공원, 혼불 문학마을, 최명희 문학관, 혼불 문학답사코스 등 하나의 문자텍스트를 다각도로 활용하는 문화산업조성에 심혈을 기울이고 있다. 남원시는 이미 <춘향전>의 주인공인 춘향과 이도령, <변강쇠전>의 변강쇠를 캐릭터 상품으로 개발한 바 있다.

완주군 또한 <콩쥐와 팥쥐>의 활용 방안에 고심하고 있고, 무주군에서는 태권도 공원 조성을 위해 무술 관련 이야기를 찾고 있다. 전주에서는 한지산업 활성화를 위해 초지공(종이 만드는 사람) 이야기를 발굴하는 한편, 한방을 산업화하는 방안의 하나로 한약이나 한의 관련 이야기들을 연구하고 있다. 심지어 술 산업에도 술 관련

한지 만드는 과정

설화나 문자 텍스트 속의 술 이야기가 중요한 연구 아이템이 되고 있는 실정이다.

이러한 여러 움직임은 문자 텍스트에서의 문화 요소 발굴이 문화 콘텐츠 창출에 필요한 아이디어를 제공하고 있음을 입증하는 것이다. 그리고 또 다른 한편으로는 문자 텍스트 속의 등장인물이 캐릭터 산업으로의 경쟁력과 잠재력을 내재하고 있다는 증거를 보여주는 것이기도 하다.

문자 텍스트에 담긴 유·무형의 여러 문화 요소들을 발굴하는 것은 문자 텍스트를 문화콘텐츠화 하는 작업인 동시에 쓰는 작업을 일면 거꾸로 돌려 문자 텍스트를 활용하여 우리의 문화를 리모델링 하는 작업이기도 하다.

문자 텍스트의 문화콘텐츠화 작업은 그간의 단순한 '문자 텍스트 읽기' 차원을 넘어 현재 우리가 보고, 듣고, 느끼고, 생각하고 체험하고 있는 모든 문화 요소에 이야기를 부여함으로써 화석의 형태로 남아 있는 것들을 생기 있는 활물(活物)로 전환시키는 것이다. 나아가 이러한 실천은 우리가 살고 있는 현재적 문화 상황이 어떠한 맥락에 놓여 있는 것인지, 그 역사적 좌표를 가늠하고 인식하게 하는 민족문화 재건 작업이기도 하다.

이제 세계는 여러 가지 기술적 발전에 편승해서 문화 요소가 상품이 되고 문화산업이 국가 경쟁력을 판가름하는 시대가 되었다. 각종 미디어에 담는 내용물인 콘텐츠의 비즈니스가 가능해지면서 '꺼리 문화'의 다른 이름인 문화 콘텐츠는 디지털 혁명에 의해서 고부가가치를 창출함은 물론 무한 재생산이 가능하다.

이야기는 직접적으로 인간의 삶을 다루고 있고 인간이 하는 모든 행위에 걸쳐 있다. 이야기의 이러한 광범위한 점은 기술적인 측면

이 어떻게 발전하든 간에 인간이 존재하는 한, 인간 사회에서 멀어질 수 없음을 의미한다.

그런데 아직까지 문학 소비의 방식은 작가-출판사-독자 내지 작가-인터넷-독자로 이어지는 단선적인 채널을 크게 넘어서지 못하고 있다. 그간 문학의 독서 방법은 '표준화'되어 있었다. 문학작품의 소비도 일면적이었다. 그러나 디지털 시대는 모든 분야에 걸쳐 분산된 생산, 분산된 소비가 필수적이다.

이에 발맞추어 문학 또한 분산된 독서, 분산된 소비를 지향함으로써 다방면·다매체적으로 분산될 수 있는, 그리하여 다양한 가치를 무한히 파생시킬 수 있는 잠재력이 적극 발굴되어야 할 것이다. 중요한 것은 문학도 일차적인 소비로 그치는 것이 아니라 일차적인 소비를 거쳐 간단한 수정·조작을 통해 이차, 삼차적인 소비에 접근하는 독서 패러다임의 전환이 절실히 요구된다.

소설 『혼불』의 모델이 된 최씨 종가

문학 읽기가 달라져야 한다. 문학 독서는 목가적인 취향의 문학인뿐만이 아니라 다양한 분야의 다양한 목적을 가진 사람들의 접근성을 용이하게 하는 방안을 찾아야 한다. 즉 문학 작품을 처음부터 끝까지 차근하게 읽어 내려, 한 작품의 전체적인 줄거리나 인상, 그 느낌을 반추하는 전통적인 문학 독서 방법은 다른 매체적 가치로의 전환이 용이하게끔 해체와 통합과 융합의 전략 가능성을 다각도로 모색해 보는 스마트 독서로 전환되어야 할 것이다.

디지털 시대를 맞이하면서 미디어는 복합 미디어, 미디어 믹스 등 전방위 연관 형태로 발전되기 시작했다. 이에 따라 문화산업도 산업적 측면과 문화적 측면 이외에 사회적·교육적·경제적 측면에서의 가치가 상호 유기적으로 밀접하게 연관되기에 이르렀다. 이러한 멀티미디어 시대의 사회적 요구와 필요성을 고려한다면, 순수 예술로서 향유되었던 문학도 예술적 측면 외의 다른 분야와 연관되어 복합적으로 향유될 잠재적 가능성이 개발되지 않을 수 없다. 이제 순수 문학연구자들도 문학을 문화 콘텐츠화 할 수 있는 여러 측면의 전방위적 방법들을 모색해야만 하는 상황에 놓여 있다.

디지털 기술력의 전방위적 혁명은 이미 누구나 간단한 프로그램을 통해 이미지와 그래픽, 동영상을 만들어 낼 수 있는 전 사회적인 멀티미디어 시스템 환경을 구축했다. 구비문학으로만 인식되던 신화나 전설이 입체적인 영화나, 만화, 애니메이션, 게임, 방송 영상, 발레, 오페라, 뮤지컬, 만화, 음반 등으로 바뀌면서 장르 간 경계가 불분명해지고 장르구분마저 무의미하게 되었다. 각 예술 간의 장르 구별은 물론 예술과 산업 간의 경계도 그 의미를 상실한지 오래다. 그간 잠자고 있던 온갖 이야기들 또한 디지털 사회가 요구하는 새로운 가치사슬 속에 편입되어 다른 매체적 가치로 전환되고 있다.

바야흐로 이야기가 고소득의 '삶의 질'을 창출하는 인프라가 되었다. 아침, 저녁을 가릴 것 없이 드라마가 방영되는 한국 TV가 입증하듯, 이야기를 좋아하고 문학을 애호하는 한국인들은 이제 문학을 통해 꿈을 먹고 살 수 있는 꿈을 꿀 수 있게 된 것이다. 이야기가 많은 전라도는 이제 꿈을 먹고 살 수 있다는 꿈을 꾸게 되었다.

(글 : 장미영)

2부. 전라도 터, 이야기의 산실

전라도, 특히 전북 지역의 가장 큰 특질은 평야지대 뿐만 아니라 산간과 해안을 두루 포함하고 있다는 사실이다. 이는 전주, 익산, 김제를 중심으로 하는 평야지대와 군산, 부안, 고창 일원을 중심으로 형성된 해안선, 그리고 무주, 진안, 장수, 순천 등을 접근지대로 삼고 있는 데서도 확인할 수 있다.

이처럼 평야와 산간, 그리고 해안을 아우르는 지리적 특질은 전라도 사람들이 다른 지역과 변별성을 갖는 특유의 전라도 정신을 일구는 데 크게 기여하였다.

즉, 넉넉하면서도 이웃을 배려할 수 있는 여유 있는 풍미는 일순간에 갑작스럽게 형성될 수 있는 것이 아니다. 전라도에서 판소리와 같은 여흥문화가 발달할 수 있었던 것도 이와 같은 문화에 경제적 후원이 가능했던 지역 특성에 힘입은 바 크다.

지리적 특성과 관련하여 전북 지역의 특징은 산간지역을 포함하고 있으면서도 다른 지역에 비해 눈에 관한 설화가 적다는 점이다. 그 이유는 이 지역이 비록 무주, 진안, 장수와 같은 산간지대를 포함하고 있지만 강원도처럼 많은 눈이 내리지 않기 때문이다. 설천(雪川)과 같은 지명도 눈과 직접 관련되는 내용이 아니라 단지 눈의 이미지를 차용하는 데 그치고 있다.

전북 지역과 다른 지역의 차이는 온유하다는 일반적인 평가에서도 확인이 가능하다. 전라방언에서 확인할 수 있듯이, 전북 지역은 강인함을 드러내기보다는 온유함을 근간으로 삼는다. 따라서 전북

지역 사람들은 같은 전라도라 할지라도 광주나 전남 지역에 비해 상대적으로 부드럽다는 중평을 얻고 있다.

이와 같은 부드러움은 전북 지역이 갖는 경제적인 풍요로움과 무관하지 않다. 경제적인 풍요는 사람들의 마음에 여유를 만들고, 그 여유는 다시 나눔으로 이어진다. 이 지역의 경제적 환경이 생존을 위협할 만큼 급박하게 돌아가는 상황이 아니기 때문에 자연스럽게 타인에 대해 인심이 후덕해질 수 있는 것이다.

전라북도의 도청소재지인 전주는 태조 이성계의 본향으로서 경기전, 오목대, 이목대 등과 같은 역사 유적이 적지 않다. 뿐만 아니라 전주 외에도 전북 지역에는 최영 장군이나 이성계와 관계있는 공간이 적지 않다.

반면, 유배와 관련된 이야기는 다른 지역에 비해 상대적으로 적은데, 그 이유는 전북지역이 유배지라기보다는 유배지를 가기 위해 거쳐 가는 경유지였기 때문이다. 유배의 경우, 해당 당사자가 혜택

전주 풍남동 한옥마을

을 누리기보다는 고통을 받아야 하는 것이 기본이다.

하지만 전북과 같은 곡창지대에서는 다른 지역에 비해 인간으로서의 기본적인 생활뿐만 아니라 인격적인 품성을 유지할 만한 여건이 충분했다. 따라서 전북은 유배지로 삼을 만큼 특별히 척박한 곳이 없는 관계로, 유배와 관련된 이야기는 전남이나 제주도 등에 비해 상대적으로 훨씬 적다.

(글: 장창영)

1강. 평야지역 옛 이야기

전주, 완주, 익산, 김제를 중심으로 하는 평야 지역은 기복이 별로 없다. 이 지역은 넓고 낮은 평지로 되어 있다. 전라북도는 지형적으로 노령산맥을 경계로 하여 동부 산악권과 서부 평야권으로 나눌 수 있는데, 전주는 그 산간지대와 호남평야의 접경지대에 위치하고 있다. 전주의 동쪽은 규암이 능선을 따라 분포하여 마치 성벽처럼 보이고, 서쪽은 중생대 쥐라기의 편마상 화강암이 넓게 분포하여, 변성퇴적암 분포지역보다 해발고도가 낮다.

전라북도의 도청 소재지인 전주는 서쪽 일부와 북쪽 일부가 김제시와 익산시에 접하고, 전라북도의 중앙부는 북동으로부터 남서로 뻗어있는 노령산맥의 지류인 기린봉, 고덕산, 남고산, 모악산 그리고 완산칠봉 등이 시가지의 동, 남, 서쪽에 둘러싸여 분지를 이루고 있다.

전주의 북동쪽, 동쪽, 남쪽은 모두 노령산맥에 속하는 산지로, 북동쪽에 종남산(591m), 동쪽에 만덕산(762m), 남동쪽에 고덕산(603m), 남쪽에 모악산(793m) 등 완주군의 외곽에 솟아 있는 산지를 배경으로 북쪽에 건지산(103m), 동쪽에 기린봉(271m), 승암산(306m), 남고산(248m) 등의 산지가 성벽처럼 둘러싸고 있으며, 남쪽에는 완산칠봉(100-150m)이 능선을 이루고 있다. 이 밖에도 전주에는 북서쪽에 가련산, 서쪽에 홍산, 천잠산과 전주천 주변의 다가산 등이 있다.

하천은 만경강의 상류쪽 지류인 전주천과 삼천천이 있다. 전주천은 남동쪽 노령산맥의 분수령인 임실군 관촌면 슬치(230m)에서 발원하여 전주 시가를 관통하면서 북동쪽으로 흐른다. 삼천천은 정읍시, 임실군 등 노령산맥의 서사면에서 발원하여 전주시가의 남서부를 흘러 서신동에서 전주천에 합류한 후 삼례에서 고산천과 합류하여 만경강이 된다.

전라북도 도청소재지 전주의 모습

전주에는 견훤의 출생 설화인 '물왕멀 이야기', '은행나무골목 이야기', '콩쥐팥쥐 이야기', '수숫대로 부하를 이긴 이서구 감사의 지혜'와 같은 이야기가 있다. 또 전주에는 지명이야기가 많은데, '승암마을이 형성되기까지'를 비롯하여, '물탕골의 유래', 전주의 '진산', '승암산', '찰방 마을의 유래', '배미실 마을'의 유래, '용터와 틀물 방죽' 등의 이야기가 전해내려 온다.

전주시를 둘러싸고 있는 완주군은 노령산맥의 서쪽 사면과 호남평야의 북동부를 차지하고 있다. 완주군의 동쪽은 노령산맥의 주능선을 경계로 진안군과 충청남도 금산군, 서쪽은 익산시, 김제시, 남서쪽은 정읍시, 남쪽은 임실군과 접하며, 북쪽은 충청남도 논산시, 금산군과 인접하여 도계를 이루고 있다.

도로는 전주를 중심으로 사통팔달(四通八達)의 교통 요충지로서 군산, 서울, 부산, 대구, 목포, 광주, 여수로 통하는 국도와 지방도가 있고, 철도는 전라선이 남북으로 관통한다. 완주군의 북, 동, 남부는 노령산맥으로, 대둔산(878m), 운장산(1,126m), 고덕산(603m), 만덕산(762m), 모악산(793m) 등의 험준한 산이 둘러싸고 있다. 완주군의 서쪽은 적색황토로 뒤덮여 있고 이 사이를 서쪽으로 고산천, 소양천 등이 흐르다가 합류하여 만경강을 이루고, 그 주변에는 넓은 충적평야가 형성되어 있다. 특히 고산천 상류의 대아, 경천 저수지는 고산천의 수량을 조절하고 간선수로의 관개용수를 공급하여 호남평야의 쌀 생산에 큰 도움을 준다.

완주군 지역 또는 지명의 유래와 관련된 이야기로는 '애통이 마을' 이름의 유래, '앵곡 마을' 이야기, '희여티 마을' 이야기, '구암 마을'의 유래, '계실이 된 이야기' 등이 있다.

완주군의 동쪽에 접해 있는 익산시는 서쪽으로 군산시, 충청남도 부여군, 남쪽은 김제시, 북쪽은 금강을 경계로 충청남도 부여군, 논산시와 접하고 있다. 익산시는 호남, 전라, 군산선이 교차하며 호남고속도로가 동부를 지나는 금마 진입로가 있고, 1번, 23번 국도 등 10여개의 국도와 지방도를 이용하여 전국으로 연결되는 교통의 중심지이다.

익산시의 대부분은 구릉과 충적층으로 이루어진 평야지대이다. 남부의 충적평야는 만경강 본류에서 발달한 것으로 이 충적지 위를 예전에는 만경강이 자유롭게 흘렀는데, 1930년대 이후로는 만경강 유역의 농업개발로 만경강 제방이 축조됨에 따라 넓은 충적평야의 농경지대로 바뀌었다.

익산시의 설화에는 '마동이와 오금산 이야기', '서동과 선화공주', '미륵탑과 왕궁탑 쌓기', '미륵 삼불 이야기', '태봉산의 유래 이야기', '뜬 바위 이야기', '매제미 고개 이야기', '독산과 흑산 이야기',

지평선이 보이는 김제평야

'고양이의 무덤으로 미륵사를 망쳤다는 이야기' 등이 있다.

　전주시, 익산시 등의 전북 지역 주요 도시와 접하고 있는 김제는, 호남선 철도와 호남고속도로가 통과하는 교통의 중심지이다. 특히 김제의 만경 평야는 막히는 것이 없이 탁 트여 있어서 그 끝이 하늘과 맞닿아 있는 것 같은 착각에 빠지게 만들 정도로 넓은 들녘이다. 김제 만경벌은 한반도 땅에서 유일하게 지평선을 이루어내는 곳이다. 소설가 조정래는 대하소설 <아리랑>에서, 만경벌을 '징게 멩게 외에밋돌'이라 하여 '너른 들', 곧 평야를 일컫는 말로 '김제 만경 너른들'이라 묘사했다.

　김제는 몇몇 산지를 제외하면 시 전체가 높이 50m 미만의 구릉지로 되어 있다. 이곳은 동진강, 원평천, 만경강 주변의 광대한 충적 평야 지대로 이루어져 호남평야의 중심으로 일컬어진다. 북쪽의 만경강과 남쪽의 동진강 사이에 펼쳐진 망망대해의 만경평야를 껴

김제 벽골제 기념관

안고 있으며 전체 면적의 거의 절반이 논으로 이루어져 있다.

이처럼 광활하게 펼쳐진 비옥한 옥토로 인하여 김제는 우리나라에서 벼농사가 가장 먼저 시작되었다. 김제의 부량면 원평천 하류에 남아 있는 삼한시대의 농경용 저수지 벽골제도 바로 그 증거이다. '벽골'이라는 지명도 '볏고을'의 음차어라고 한다. 지금은 벽골제 터에 석주(石柱) 2기만 덩그러니 남아 있지만 건립 당시에는 둑이 3.3km이고 둘레만도 44km에 이르렀다고 한다.

김제시의 설화에는 '단야 아가씨', '지네로 변한 이무기와 화선지', '까막샘 전설', '용자칠총', '구렁이와 홍복사 이야기', '용이 된 강 처녀', '벽골제 이야기', '금산사 이야기', '모악산 이야기' 등이 있다.

(글: 장미영)

1. 전주, 완주

가) 물왕멀 이야기(견훤의 출생설화)

옛날 어느 마을에 한 부자가 살았는데 그에게는 아름다운 딸이 하나 있었다. 어느 날 갑자기 딸이 사색이 되어 아버지에게 아뢰기를, 밤마다 자색 옷을 입은 남자가 침실에 와서 자고 간다고 하였다.

그 말을 들은 아버지는 무척 놀랐지만 곧 마음을 가라앉히고 침착하게 '그 남자의 옷에 실을 꿴 바늘을 꽂아 두라'고 딸에게 일렀다. 그 딸은 아버지의 말대로 하였다.

이튿날 집안 식구들이 모두 그 실을 따라가 보니 북쪽 담 밑에서 실 끝이 발견되었는데, 바늘은 큰 지렁이의 허리에 꽂혀 있었다. 얼마 지나지 않아 그 부자의 딸에게는 태기가 있었고, 열 달 후에 아들을 낳았다. 그 아들은 15세가 되는 해에 자기 스스로 이름을 견훤

이라 하였다. 견훤은 본래 이 씨였는데 후에 견 씨로 고쳤다고 전해
진다.

견훤은 900년에 후백제를 건국하고 완산군(현 전주)에 도읍을 정
했다. 견훤이 전라도 사투리로는 진훤으로 발음되기 때문에 사람들
은 지렁이의 정기가 떠돌고 있다고 생각하게 되었다.

견훤은 물왕멀의 구릉지대를 중심으로 궁궐을 짓고 성곽을 쌓아
도읍으로서의 방위를 튼튼히 했다 한다. 물왕멀은 20여 년 전만 해
도 좁은 고샅길이었는데 현재는 전주의 주요 도로 중의 하나인 남북
로로 넓혀졌다.

나) 은행나무골목 이야기

전주 시내에는 도(道)나무 한 그루를 비롯해서 시(市)나무 6그루,
동(洞)나무 20그루가 있다.

그 가운데 단연 수적으로 우세한 나무가 은행나무이다. 그런데도
전주에서는 유달리 '풍남동 은행(銀杏)나무'라고 하면 모르는 사람
이 없으며 은행나무가 있는 거리는 '은행나무 골목'으로 알려져 있
다. 정확한 위치는 현재 전주의 리베라호텔 앞길에 있는 세종당 한
약방으로부터 오래 전 동사무소가 있던 사거리까지이다.

이 은행나무는 조선조 태종(太宗) 2년에 최덕지(崔德之)가 심었
다고 한다. 최덕지는 인품이 뛰어나고 오복을 다 갖춘 사람으로 알
려져 있다. 최덕지는 학문을 하는 많은 후학(後學)들이 흠모하였을
뿐만 아니라, 동네 여인네들까지도 상사병을 앓을 만큼 남자다운
기상이 넘쳐흘렀다.

그가 세상을 떠나자 과거를 보러 떠나는 과객들은 알성 급제를
위해 은행나무 앞에서 그의 학문을 숭상하는 묵념을 올렸다고 한

다. 그리고 매년 정월 초하루에 그들은 최덕지를 추모하기 위해 제
사를 지냈다.

　최덕지와 관련하여 이 은행나무에는 재미있는 설화가 전해내려
온다. 최덕지를 사모하던 여인들은 그의 모습을 한 번이라도 더 보
고 싶어 했다. 그렇지만 당시는 아무런 이유 없이 여염집 부인네가
다른 집 남자의 얼굴을 바라본다는 것이 용납되지 않는 시대였다.
이에 여인들은 헛소문을 퍼뜨렸다.

　소문의 내용은, 이 은행나무에 제사를 지내면 애를 못 낳아 쫓겨나

최덕지가 심었다는 풍남동 은행나무

려던 부인네도 떡두꺼비 같은 사내아이를 낳을 수 있다는 것이었다. 그 후 매년 정월 초하루가 되면 전국의 여인네들이 구름처럼 몰려와 아들 하나만 점지해 달라고 눈물을 흘리며 빌게 되었다고 한다.

전주 은행나무 중에서도 풍남동의 은행나무가 그 명성을 떨치게 된 데에는 이와 같은 사연이 숨어 있다. 오늘날에도 정월 초하루의 밤 깊은 시간에는 간혹 부인네들이 은행나무 앞에서 묵념을 하고 서있는 모습을 볼 수 있다.

다) 콩쥐팥쥐 이야기

조선시대 중엽 전라북도 전주 근처에 살던 퇴리(退吏) 최만춘(崔滿春)과 그의 부인 조씨(趙氏) 사이에 콩쥐라는 딸이 태어났다. 조씨는 해산을 하자마자 병을 얻어 죽었다. 이에 최만춘은 과부 배씨(裵氏)를 후처로 맞아들였고 그 사이에서 팥쥐라는 딸이 태어났다.

그 후 계모와 팥쥐는 콩쥐를 몹시 학대했다. 계모는 콩쥐에게 나무호미로 돌밭매기, 밑 빠진 독에 물 붓기, 베 짜기, 곡식 찧기 등의 어려운 일을 시켰으나 그때마다 검은 소, 두꺼비, 직녀선녀, 새떼 등이 나타나 도와주었다.

얼마 지나지 않아 콩쥐는 시냇가에 빠뜨린 신발이 인연이 되어 감사(監司)와 혼인하게 되었다. 이를 시기한 계모와 팥쥐는 흉계를 꾸며 콩쥐를 연못에 빠뜨려 죽였다. 그리고 팥쥐는 콩쥐 행세를 했다. 그러나 귀신이 되어 구천을 떠돌던 콩쥐는 감사를 찾아가 자초지종을 고했다. 감사는 귀신의 말을 따라 연못의 물을 퍼내 콩쥐의 시신을 건져냈다. 그러자 콩쥐는 다시 살아났다. 이에 감사는 팥쥐를 처형하여 배씨에게 보냈다. 이를 받아본 계모는 그 자리에서 즉사했다.

라) 수숫대로 부하를 이긴 이서구 감사의 지혜

옛날에 이서구라는 분이 전라감사가 되어 부안(扶安郡)으로 순행(巡行)을 갔다. 그러자 그곳 아전들은 어린 감사를 우습게보고 함부로 대했다. 이서구 감사는 아전들의 태도를 바로 잡고자 고심하였다.

하루는 이서구 감사와 아전 일행이 수수밭을 지나가게 되었다. 이서구 감사는 좋은 생각이 하나 떠올랐다. 감사는 수수밭을 가리키며 옆의 아전들에게 물었다.

"여봐라. 저 수수밭에 있는 수수가 몇 해나 큰 것이냐?"

아전들은 어린 감사가 멋모르고 묻는 것이라 생각하여 건성으로 대답했다.

"당연히 올 한 해 밖에 안 큰 것이지요."

"그럼 그 수숫대를 꺾어 와서 각자 자기 소매에 넣어보아라."

영문도 모르는 아전들은 되지도 않을 것을 시킨다고 생각하며 속으로 비웃었다. 그러나 감사의 명령이라 그들은 그대로 따를 수밖에 없었다. 하지만 사람 키만큼이나 자란 수숫대가 옷소매에 들어갈 리가 없었다.

가만히 이 광경을 지켜보고 있던 이서구 감사가 아전들에게 물었다.

"수숫대가 옷소매에 들어가느냐?"

"이렇게 긴 수숫대가 어찌 옷소매에 들어갈 수 있겠습니까요?"

"그렇지! 그것이 들어갈 리가 없지."

이서구 감사는 아전들의 수근거림이 멈추기를 기다려 입을 열었다.

"내가 이 고을에 도착해서 여기까지 오는 동안 자네들은 내가 어리다는 이유로 나를 무시하는 태도를 보여 왔네. 하지만, 겨우 1년 자란 수숫대 하나도 자네들 마음대로 하지 못하면서, 어찌 20년을 넘게 살아온 나를 얕잡아보고 마음대로 휘두르려 하는가?"

그제야 아전들은 나이 어린 이서구 감사 앞에 머리를 숙였다. 그 후 부안 고을의 아전들은 이서구 감사 일행이 그 곳에 머무는 동안 아주 극진한 태도로 대했다.

2. 익산, 김제

익산은 전라북도 북서부에 위치한 유서 깊은 도시이다. 본래 이름은 이리였으나 1995년에 이리시와 인접한 익산군이 통합되면서 익산시로 개명하였다. 익산시는 금강과 만경강 사이의 비옥한 평야 지역에 위치하고 있다. 또한 오래 전부터 호남 지역 교통의 중심지였다. 특히 철도가 개설되면서부터는 호남선, 전라선, 군산선이 통과하는 교통의 요충지로 성장하였다.

지금의 익산시는 옛 익산군(益山郡), 여산도호부(礪山都護府), 용안현(龍安縣), 함열현(咸悅縣)이 통합되어 이루어진 곳이다. 그 중에서 옛 익산군 지역에는 많은 유적들이 남아 있다. 이는 고조선의 준왕(準王)이 위만의 세력을 피해 내려와 이 지역에 나라를 세우고, 그 이름을 마한이라고 했다는 설을 뒷받침해 주고 있다. 특히 왕궁리에서는 백제시대 문화를 잘 보여주는 여러 유물들을 살펴볼 수 있다. 대표적으로 금마면 기양리에 국내 최대의 백제시대 석탑인 미륵사지석탑(彌勒寺址石塔 : 국보 제11호)과 미륵사지당간지주(보물 제236호), 왕궁면 왕궁리에 익산 왕궁리 5층 석탑(益山王宮里五層石塔 : 보물 제44호), 삼기면 연동리에 익산 연동리 석불좌상(益山蓮洞里石佛坐像 : 보물 제45호), 석왕동에 백제시대 말기의 석실묘인 익산쌍릉(益山雙陵 : 사적 제87호) 등을 들 수 있다.

이 지역에는 이 유적들과 관련된 설화가 풍부하게 전해져 내려온다. 특히 익산 지역에는 서동과 관련한 설화들이 오금산, 금마 등지에서도 많이 전해지고 있다. <삼국유사>에도 기록되어 전해지는 '서동과 선화공주 이야기'를 비롯하여, 선화공주가 무왕에게 청하여 미륵사를 건립했다는 등의 이야기가 있다. 또한 백제 관련 설화도 풍부하다. 가장 대표적인 이야기가 후백제의 견훤이 신라를 견제하기 위해 세웠다는 왕궁탑(王宮塔) 건립 설화이다.

익산시는 매년 마한 민속예술제와 익산 돌문화 축제를 개최하고 있다. 매년 10월에 개최되는 마한 민속예술제는 삼국유사에 기록된 1300여 년 전의 신라와 백제의 국경을 초월한 서동·선화의 애틋한 사랑이야기를 익산 시민의 날을 맞아 재현하는 축제이다. 자매도시인 경주시에서는 선화공주를, 익산시에서는 서동왕자를 선발하여 서동과 선화의 혼례식, 무왕즉위식, 무왕행차 등 역사를 생생하게 재현하는 축제로 익산 지역의 전통과 역사에 바탕을 둔 향토 고유의 축제로 발전시켜 나가고 있다.

익산 돌문화축제 역시 매년 10월에 개최되고 있다. 익산시는 신라 다보탑과 석가탑을 세운 석장 아사달의 고장이자 마한, 백제 거석문화의 숨결을 잇고 있는 지역으로 미륵사지석탑, 왕궁리 5층 석탑, 연동리 석불입상 등 과거 찬란했던 석조예술 문화재가 남아 있는 곳이다. 돌문화축제는 석재문화 발상지로서의 익산시의 문화적 특징을 잘 살린 축제라 할 수 있다. 이 축제에 아사달 관련 설화나 각종 석탑 관련 설화를 결합시킨다면 이야기가 있는 축제로 거듭날 수 있을 것으로 보인다.

김제는 전라북도 중서부에 있는 도시이다. 이 지역은 삼한시대부터 농경문화의 중심지였으며, 호남평야의 중심을 이루는 지역으로 농업생산활동을 주요기반으로 하는 도내 농업인구 집중지역 중 하나이다. 이 지역에는 농경 중심지답게 능제·대율 저수지·백산 저수지·선암 저수지 등 크고 작은 저수지가 곳곳에 위치하고 있다.

특히 백제시대에 쌓았다는 벽골제는 약 2천여 년의 오랜 역사와 함께 숱한 사연들이 얽혀 내려오고 있다. 벽골제에 관한 설화(說話) 중에서 '벽골룡 이야기'는 이 지역의 민속놀이인 쌍룡놀이의 바탕 설화이다.

쌍룡놀이는 1975년 9월 제16회 전국민속예술경연대회에서 민속놀이 부문 최우수상인 문공부장관상을 받았다. 또한 김제 지역은 농경지가 많다 보니 물이 매우 중요하게 생각되어서 물과 관련한 설화가 많이 전해진다. '화선지 전설'이나 '까막샘 전설'처럼 연못과 샘에 관한 이야기, 또는 용이 되려다가 못 되었다는 이야기들이 전해지고 있다.

김제 지평선축제의 한 장면

　김제시는 호남평야의 젖줄인 만경강과 동진강 유역의 광활하고 풍요로운 평야에서 펼쳐지는 황금물결 넘실거리는 전국 유일의 비경인 지평선을 볼 수 있는 곳이다. 또한 도작문화의 발상지로 동양 최고 최대의 수리시설인 벽골제가 보존되어 있고, 도작문화와 함께 쌍룡놀이와 같은 전통민속놀이가 전승되고 있는 지역이다. 김제 지평선 축제는 이러한 자연환경과 문화를 바탕으로 하여 개최되는 축제이다.

　또한 벽골제 앞에는 수리민속박물관이 위치해 있어서 우리나라 농경문화의 흐름을 한눈에 살펴볼 수 있다. 벽골제 쌍룡놀이 역시 당시 벽골제 주위에 살면서 보수공사를 방해하던 청룡의 노여움을 풀어주기 위해 스스로 제물이 되었다는 단야낭자에 얽힌 전설을 극화한 것이다. 또한 수리민속박물관 근처에는 아리랑문학관이 위치해 있어서, 일제시대 김제평야를 배경으로 한 조정래의 대하소설 <아리랑>에 관한 자료들도 관람할 수 있다.

(글: 이수라)

가) 서동과 선화공주

　백제 제30대 무왕의 어렸을 때 이름은 장이다. 과부였던 장의 어머니는 혼자서 연못가에서 살아가던 중 그 연못의 용과 교통하여 장을 낳았다. 그는 집이 가난하여 항상 마를 캐어 팔아 생활해 나갔다. 이를 본 사람들이 그의 이름을 서동(薯童)이라 하였다.

　서동은 어려서부터 재주가 뛰어나고 총명하였다. 어느 날 서동은 신라 진평왕의 셋째 공주 선화가 세상에 둘도 없이 아름답다는 소문을 듣고 신라로 향했다. 신라의 서울에 도착한 서동은 아이들에게 마를 나누어 주며 환심을 샀다. 그리고는 노래 한 편을 지어서,

아이들이 그 동요를 부르고 다니도록 하였다.

이 노래는 아이들의 입을 통해 서울의 거리에서 거리로 번져나가 드디어는 대궐에까지 알려지게 되었다. 조정 대신들은 노래의 내용을 빌미로 삼아 선화공주를 먼 곳으로 유배시킬 것을 주장하였다. 이로 인해 선화공주는 궁에서 쫓겨나게 되었다. 공주의 어머니인 왕비는 누명을 쓰고 유배지로 떠나가는 공주에게 순금 한 말을 남몰래 건네주었다.

서동은 유배지로 향하는 공주의 앞에 나타나 자신이 누구인지를 숨긴 채 공주를 잘 호위하겠다고 하였다. 선화공주는 서동이 갑자기 나타난 낯모르는 사람이었지만 웬일인지 그가 믿음직스러웠다.

그리하여 서동은 선화공주를 수행하게 되었고, 함께 시간을 보내는 동안에 둘은 사랑하는 사이가 되었다. 나중에야 선화공주는 그가 바로 노래의 주인공이자 자신을 궁궐에서 쫓겨나게 만든 당사자임을 알게 되었다. 그러나 선화공주는 서동의 총명함과 강직함에 깊이 감화가 되어 있었던 터라 기꺼이 그를 받아들였다.

선화공주와 서동은 함께 백제로 왔다. 선화공주는 자신의 어머니가 준 순금을 서동에게 보여주면서 앞으로의 생활을 계획하려 하였다. 그러자 서동은 의아해하며 물었다.

"이게 무엇입니까?"

"이건 황금입니다. 이것만 가지고도 평생 동안 살아갈 수 있을 거예요."

공주가 말을 마치자마자 서동은 이렇게 말했다.

"이건 내가 어려서부터 마를 캐던 곳에 흙처럼 쌓여 있는 것인데, 이것이 그렇게도 귀한 물건이란 말입니까?"

공주는 서동의 말을 듣고서 깜짝 놀랐다.

"이것은 이 세상에서 가장 가치 있는 보물입니다. 황금이 그토록 많이 쌓여 있다면, 그 황금을 신라에 계신 저희 부모님께 보내드리면 어떨까요? 그리하면 저에 대한 분노가 많이 가라앉으실 겁니다."

서동은 흔쾌하게 그러자고 했다.

그래서 둘은 그 황금을 한 곳에 모았다. 황금을 모아놓고 보니 작은 동산만 했다. 서동과 공주는 용화산(지금의 익산 미륵산) 사자사에 있는 지명법사에게 가서 황금을 신라의 왕궁까지 옮길 방법을 의논하였다. 그러자 지명법사가 말했다.

"내가 신통력으로 보낼 수 있다. 황금을 가져오너라."

선화공주는 편지를 써서 황금과 함께 지명법사에게 맡겼다. 지명법사는 신통력으로 하룻밤 사이에 그 황금과 공주의 편지를 신라의 왕궁으로 전달했다.

진평왕은 지명법사의 신통력이 경이로워서 법사를 무척 존경하게 되었으며 항상 글을 띄워 안부를 물었다. 그 일로 서동은 신라왕의 마음을 얻었으며 결국 왕위에 올랐다.

하루는 서동, 즉 무왕이 왕비 선화와 함께 사자사로 가는 길이었다. 용화산 아래의 큰 연못가에 이르자 미륵 삼존이 연못 속에서 나타났다. 그들은 수레에서 내려 절을 올렸다. 왕비는 왕에게 그곳에 큰 절을 세우는 것이 소원이니 자신의 소원을 이루게 해달라고 간청했다. 그러자 무왕은 왕비의 소원대로 그 곳에 절을 지을 것을 허락하였다.

무왕은 지명법사에게 가서 그 큰 연못을 어떻게 메울 수 있을지 여쭈어 보았다. 지명법사는 이번에도 신통력으로 하룻밤 사이에 산을 무너뜨려 연못을 메워 놓았다. 법사는 평지가 된 그곳에 미륵상 셋과 탑을 각각 세 군데에 세우게 하고 그 절 이름을 미륵사라 했다. 미륵사는 지금도 그 흔적이 남아 있다.

나) 미륵탑과 왕궁탑 쌓기

옛날 어느 마을에 어떤 노인이 아들 하나와 딸 하나와 함께 살고 있었다. 하루는 어떤 관상쟁이가 와서 노인을 물끄러미 쳐다보더니 '당신은 아들과 딸 중에 하나만 데리고 살아야지 그렇지 않으면 불행한 일이 생길 것'이라고 말했다. 그 말을 들은 노인은 고민을 하다가 딸을 내쫓기로 결심을 하고 꾀를 내었다. 노인은 딸에게는 큰 미륵탑을, 아들에게는 작은 왕궁탑을 쌓으라고 하였다. 그리고는 두 사람 중에서 탑 쌓기를 먼저 마친 자식만 이 집에 남게 하고, 늦게 쌓은 자식은 집에서 나가야 한다고 말하였다.

작은 왕궁탑을 쌓게 된 아들은 천천히 대충 탑을 쌓았다. 탑이 작으니 자신이 이길 것이라고 생각했기 때문이다. 그러나 큰 미륵탑을 쌓게 된 딸은 경기에서 질 것은 아랑곳하지 않고 치마폭으로 돌을 날라 가며 열심히 쌓아 올렸다. 그러다가 딸은 반절도 쌓지 못했는데, 아들이 먼저 탑을 완성하였다.

딸이 그처럼 큰 탑을 정성스럽고 튼튼하게 쌓아 올렸으니 당연한 일이었다. 결국 엉성하게 탑을 쌓은 아들이, 단단하게 탑을 쌓아 올린 딸을 이기게 되었다. 경기에서 진 딸은 탑을 다 쌓지도 못하고 집에서 쫓겨나는 신세가 되었다. 그래서 미륵탑은 지금 반절만 쌓은 채로 남아 있다.

다) 단야아가씨

신라 원성왕 때 벽골제는 무너지기 직전의 상태였다. 이에 왕은 벽골제를 보수하기 위하여 원덕랑이라는 기술자를 파견하고 김제 태수에게 명을 내려 주민들을 동원하게 하였다. 원덕랑은 김제 태수와 상의하여 벽골제를 보수하게 되었다. 이때, 아버지를 돕던 태수의 딸 단야는 같이 일을 하던 원덕랑과 친해졌고 또한 그를 흠모하게까지 되었다.

벽골제 주위에는 청룡과 백룡이 살았다. 백룡은 백성들이 농사를

김제 벽골제 수문

잘 지을 수 있도록 도와주며 벽골제를 수호해 주었다. 그런데 청룡은 백성들을 괴롭히기도 하고 심지어는 해치기도 하여서 백성들의 피해가 이만저만이 아니었다. 벽골제 보수공사가 거의 끝나가자 심술궂은 청룡은 천둥과 번개를 일으켰고, 폭우를 쏟아지게 하여 공사를 방해하였다. 그래도 백성들이 공사를 진행하자 청룡은 직접 제방을 허물어뜨리려고 하였다.

그러자 백룡이 나타나 청룡의 행동을 말리고자 하였다. 하지만 청룡은 막무가내였다. 드디어 백룡과 청룡은 제방을 사이에 두고 처절한 싸움을 시작하였다. 그러나 백룡은 사납고 난폭한 청룡을 당해낼 수가 없었다. 백룡은 피투성이가 되어 물러났고, 이에 청룡은 단번에 제방을 허물어 버렸다.

청룡의 횡포로 인해 두려움에 떨던 백성들은 청룡의 노여움을 풀어 주려면 처녀를 바쳐야 한다고 입을 모았다. 이윽고 백성들은 청룡에게 바칠 아가씨를 찾았다.

그때 마침 원덕랑의 약혼녀인 월내가 원덕랑을 만나기 위해 고향에서부터 벽골제까지 찾아왔다. 그러자 김제 태수는 자신의 딸과 원덕랑을 맺어주고 월내를 용의 제물로 하면 좋겠다고 생각하여 계략을 꾸몄다. 단야가 이러한 사실을 알게 되었다. 단야는 고민 끝에 아버지의 살인도 막고, 원덕랑의 행복을 위해 스스로 용의 제물이 되기로 결심하였다.

단야는 제 발로 청룡을 찾아갔다. 그리고는 '수많은 백성들이 목숨을 바쳐가며 쌓은 제방이니 제발 허물어뜨리지 말고 벽골제를 수호하여 풍년이 되도록 도와 달라'고 간절히 애원하고는 제물이 되었다.

뒤늦게야 단야의 고운 마음씨를 알게 된 백성들은 청룡이 사는 곳에 배를 띄우고 그녀의 넋을 위로하였다. 또한 백성들은 그녀의 효심과 희생정신을 기리기 위해 단야가 희생된 자리에 단야각과 단야루를 세워 단야의 영정을 모시게 되었다.

라) 지네로 변한 이무기와 화선지

옛날 만경현 남상면(지금의 김제시 진봉면) 가실리와 정당리 사이에 화선지라는 못이 있었다. 여기에 오래 전부터 심술궂은 이무기가 한 마리 살고 있었는데, 이 이무기는 부근 주민들에게 막대한

김제 단야로 표지판

피해를 주었다. 이무기 때문에 집에서 기르던 가축이 없어지기 일쑤였다. 그리고 이무기는 사람들에게까지 위협을 주고 있었다. 하지만 주민들은 속수무책으로 불안한 나날을 보내야만 했다.

백성들은 이를 고을 원님에게 몇 번이고 알렸으나 번번이 허사로 끝나고 말았다. 이 이무기가 워낙 신출귀몰하는 터라, 관아에서도 어떻게 처치를 해야 할지 손을 못 쓰고 고민만 하고 있었다.

그때 마침 남정당리 출신인 함장군이 고향에 잠깐 들르게 되었다. 주민들은 함장군에게 이무기를 처치해 줄 것을 간청하기에 이르렀다. 함장군도 이무기로 인한 피해를 잘 알고 있었던 터인지라 주민들의 간청을 받자 이무기를 처치하기로 결심을 하였다.

함장군은 막상 결심은 했으나 흔적도 보이지 않는 이무기를 어떻게 처치해야 할지 난감하였다. 며칠 동안 생각한 끝에 묘안이 떠올랐다. 어린 송아지를 이무기가 살고 있는 화선지 못가에 방치해 두고 송아지 고삐 끈을 자신이 은신하고 있는 데까지 늘여 놓고 끈의 움직임에 따라 정체를 알아 처단할 계교를 세운 것이다. 그래서 함장군은 다음날 계획대로 실천에 옮기기로 했다.

이른 새벽녘 안개가 자욱해서 앞이 잘 안 보였다. 얼마나 지났을까? 이윽고 미동도 하지 않던 풀잎에 찬 기운이 감도는가 하더니 끈이 소리 없이 사라졌다.

때를 놓칠세라 함장군은 몸을 날렸다. 그는 20여보 앞에 나타난 검은 물체를 보았던 것이다. 함장군은 귀신처럼 검은 물체를 향해 칼을 내려쳤다. 그러자 신출귀몰했던 이무기도 함장군의 무술 앞에 순식간에 두 동강이 나고 말았다,

이무기가 처치되는 순간 핏줄기가 공중으로 솟구치고 연못은 핏물로 변했다. 이무기를 처단한 함장군은 피 묻은 칼을 닦아서 칼집

에 넣고 못가에 앉아 막 손을 씻고 있었다.

그런데 이때 어디선가 지네 한마리가 손 씻는 쪽으로 헤엄쳐와 함장군의 손끝을 물었다. 바로 이무기의 죽은 넋이 지네로 둔갑하여 함장군에게 보복을 한 것이다. 지네에 물린 함장군은 끝내 이로 인해 죽고 말았다.

마) 까막샘 전설

지금의 김제시 봉황동에는 해발 143m쯤 되는 황산이 있다. 이 산 기슭에 '까막샘'이라는 약수터가 있다. 사람들 사이에는 '황산 약수'로 더 잘 알려진 샘이기도 하다. 이 약수터에는 다음과 같은 이야기가 전해내려 온다.

오랜 옛날, 황산 어느 골짜기에 할머니 한 분이 아들과 함께 살고 있었다. 그 아들은 벙어리에 귀머거리인데다 정신마저 흐릿하였다.

김제 만경 저수지

그러나 태어날 때부터 그런 것은 아니었다. 일곱 살 때 까치알을 꺼
내려고 나무에 올라갔다가 떨어진 뒤부터였다. 할머니는 그것이 목
에 가시처럼 항상 걸렸다. 할머니는 천리가 멀다 않고 용하다는 의
원을 찾아가고 좋다는 약은 무엇이든 먹였다. 그러나 아들은 조금
도 나아지지 않고 항상 그대로였다.

　‘내가 죄 많은 탓이야, 내 죄를 용서받고 정성을 다하여 비는 길
밖에 없어.’

　이렇게 생각한 할머니는 그날부터 장독대에 정화수를 떠 놓고 빌
었다. 비가 오나 눈이 오나 하루도 거르지 않았다. 그러나 아들은
조금도 나아지지 않았다.

　할머니가 정성을 들여 빌기 시작한 지 1,000일이 되었다. 나이 든
할머니가 찬바람을 맞으며 밤새 기도하다 보니 몸이 여월 대로 여

예전에는 어머니들의 기도장소로도 이용되던 장독대

위어 한 번 쓰러지면 다시는 일어나지 못할 것 같았다.

그러던 어느 날이었다. 그날도 할머니는 장독대 앞에 꿇어 앉아 있었다. 찬바람이 쌩쌩 불고, 눈보라가 몰아쳤다.

"비나이다. 비나이다. 칠성님께 비나이다. 불쌍한 우리 자식 하루 속히 낫게 하시어 한이 된 어미 마음 편케 하여 주옵소서. 비나이다. 비나이다. 불쌍한 우리 자식 굽어 살펴 주옵소서."

할머니는 빌고 또 빌었다. 머리에는 눈이 수북하게 덮이고, 손발은 꽁꽁 얼어붙었지만 할머니의 기도는 끝이 없었다. 그러다가 끝내 그 자리에 쓰러지고 말았다.

"일어나거라. 네 정성이 지극하여 너를 도우러 왔느니라."

깜짝 놀라 깨어난 할머니 앞에 하얀 수염을 발끝까지 늘어뜨린 할아버지 한 분이 나타났다.

"뉘신지요?"

할머니가 놀라서 물었다.

"황산에 사는 산신령이니라. 내일 아침 날이 밝거든 너희 논 구석에 있는 너럭바위에 가 보아라."

"우리 논에요?"

"그렇다. 거기에 가면 까막까치가 파놓은 웅덩이가 있을 것이니 그 물을 아들에게 먹이거라. 그러면 아들의 병이 나을 것이다."

"그 말씀이 정말이옵니까? 그 물만 먹이면 우리 아들이 낫는다는 말씀이옵니까?"

할머니는 기쁜 마음에 소리쳐 되물었다. 그러나 산신령은 바람처럼 사라졌다.

"산신령님, 산신령님!"

산신령만을 넋 나간 사람처럼 부르던 할머니가 겨우 자리에서 일어났다.

먼동이 트고 있었다. 할머니는 서둘러 아들의 손을 잡고 논으로 향했다. 몸에는 힘이 하나도 남아 있지 않았지만 다리는 날개라도 단 듯 가벼웠다. 눈길을 헤치고 논에 도착한 할머니는 소스라치게 놀랐다. 정말로 산신령이 말한 너럭바위에 웅덩이가 있었기 때문이었다. 할머니가 도착하자 까막까치 몇 마리가 날아가고 있었다.

"산신령님, 고맙습니다. 이 은혜는 죽어 백골이 되어도 잊지 않겠습니다."

할머니는 두 손을 모아 큰 절을 올리고 웅덩이 가장자리를 곱게 쓸었다. 순간 할머니는 또 한 번 놀랐다. 웅덩이 네 구석에 반짝반짝 빛나는 동전이 놓여 있었기 때문이었다.

할머니는 산신령께 감사를 드리며 정성스럽게 웅덩이 물을 떠서 아들에게 먹였다. 그러자 꿈같은 일이 일어났다. 이제껏 벙어리요 귀머리거리요 칠푼이였던 아들이 온전한 사람이 된 것이다. 그날부터 할머니는 아들과 함께 행복한 나날을 보내면서 웅덩이 물이 더럽혀지지 않도록 보살폈다.

웅덩이 물로 몹쓸 병을 고쳤다는 소문은 날개를 단 듯 방방곡곡으로 퍼져 나갔다. 소문을 들은 사람들이 몰려들었다. 벙어리, 귀머거리, 절름발이, 문둥병, 앉은뱅이, 곱추……. 병을 가진 사람은 너나할 것 없이 모여들었다. 할머니는 찾아온 모든 사람에게 까막까치가 판 웅덩이 물을 골고루 나누어 주었다. 물을 마신 사람들은 하나같이 병이 나아 기쁜 얼굴로 돌아갔다. 이렇듯 웅덩이 물의 약효는 놀라운 것이었다.

그런데 한 가지 더 놀라운 일이 있었다. 상을 당한 사람이라든지 비린 생선이나 개고기를 먹은 사람이 샘물을 마시려고 하면 갑자기

지렁이가 나타나거나 죽은 미꾸라지가 떠다니는 것이었다.

　사람들은 이 웅덩이를 까막까치가 판 샘이라 하여 '까막샘'이라 불렀다.

　얼마 후, 할머니는 사랑하는 아들의 품에 안겨 세상을 떠났다. 할머니의 죽음과 함께 까막샘의 신비한 약효는 없어져 버려 지금은 그저 보통 우물에 지나지 않는다고 한다.

바) 용자칠총(龍子七塚)

　전라북도 김제의 효정리에는 용자칠총이라는 곳이 있다. 이 곳에는 한 효성스런 청년의 안타까운 이야기가 전해온다.

　옛날 이 곳에 진표라는 사내가 병환으로 고생하시는 어머니를 모시고 살고 있었다. 그는 언제나 어머니 생각뿐이었다. 그러던 어느 날 어머니가 갑자기 생선 요리를 먹고 싶어 하였다. 하지만 한겨울이라 고기를 잡는다는 것은 매우 어려운 일이었다. 그래도 그는 바로 냇가로 향했다. 낚싯줄을 던지고 기다렸지만 감감 무소식이었다.

　그렇게 시간은 흘러 저녁이 되었다. 자기의 효성이 부족하여 고기가 잡히지 않는다고 자책하던 중 그의 낚싯줄에 묵직한 느낌이 전해왔다. 그런데 낚은 것은 고기가 아닌 한 마리의 자라였다. 자라를 들고 돌아온 그에게 어머니는 자라보다는 고기가 생각난다고 하였다. 진표는 하는 수 없이 자라를 독 안에 두고 또다시 밤길을 걸어 냇가로 나갔다. 밤은 더욱 그를 괴롭히고 추위도 한결 더했다. 진표는 다행히 몇 마리의 고기를 잡아 집으로 돌아 왔다.

　그런데 놀라운 일이 벌어져 있었다. 상 위에 진수성찬이 차려져 있는 것이었다. 진표는 의아해 했지만 바로 어머니께 상을 올렸다. 그 후부터는 진표가 고기를 잡으러 나갔다 오기만 하면 반드시 상이 차려져 있었다. 어느 날 진표는 궁금함을 참지 못하고 일을 나가다 말고 몰래 집으로 돌아와 엿보았다. 그런데 이게 웬일인가! 한 여인이 독에서 나와 밥을 짓고 있는 것이었다.

"뉘신데 이러시오. 그 동안은 감사했소."

진표가 나서서 여인에게 감사를 표했다.

여인은 그 동안의 자신의 행동을 이해해 달라고 했다. 진표는 워낙 심성이 착한 사람이라 그 여인의 행동이 그저 고맙기만 하였다. 그런데 그것도 인연이었던지 둘은 마음이 통해 혼인을 하게 되었다. 진표와 여인은 서로를 위하며 행복하게 살았다고 한다.

그러던 중 하루는 아내가 이상한 말을 꺼내었다.

"저를 사랑하신다면 몇 달만 저와 떨어져 있어 주십시오."

진표는 당혹스러웠다. 진표는 여인이 그 이유를 말해 주지 않아 답답할 뿐더러 몇 달 동안 사랑하는 아내와 떨어져 있기가 너무 힘들 것 같았다. 하지만 아내의 청을 들어주지 않으면 아내를 사랑하지 않는다는 말이 되니 진표는 어쩔 수 없이 잠시 집을 떠나게 되었다.

이곳저곳 여행을 다녔지만 진표의 마음은 항상 집에 있었다. 그는 아내가 너무 그리운 나머지 일주일 만에 집으로 돌아오고야 말았다. 그런데 집에서는 이상한 일이 일어나고 있었다. 방 안에 큰 용이 작은 용 일곱 마리와 엉켜 있는 것이었다. 깜짝 놀란 그는 방문을 열며 큰 소리로 아내를 찾았다. 진표를 본 용은 소스라치게 놀라더니 여인의 모습으로 돌아와 흐느꼈다.

"약속을 지키지 못하셨군요. 저는 원래 용궁의 용녀인데 효성스런 당신의 아내가 되기 위해서 밖으로 나왔습니다. 이 일곱 마리 어

전주의 한정식 상차림

린 용들을 사람으로 만들기 위해서는 열 달의 시간이 필요했는데……."

그 말을 마친 여인은 인연이 다했다는 말을 마치고 어디론가 사라지고 일곱 마리 용들은 죽어버렸다. 진표는 자신의 행동을 크게 울며 후회하였지만 이미 엎질러진 물이었다.

그 후 그는 용들을 위해 일곱 개의 무덤을 만들어 묻어주고 자신은 절에 들어가 불도에 정진하였다. 후에 사람들은 이 일곱 무덤을 용자칠총이라 불렀다.

2강. 산간지역 옛 이야기

전북 지역은 산세가 험한 강원도에 비해 산간 지역이 차지하는 비율이 그리 높지 않다. 전북 지역 중 산간지대에 해당하는 곳은 무주, 진안, 장수 일원이다. 이들 산간지대의 특징은 험준한 산세로 인해 다른 지역과의 원활한 교류가 이루어지기 어렵다는 지리적 특성 외에 상대적으로 문화적 소외 현상이 심하다는 데서도 찾을 수 있다.

이는 직접적으로는 다른 지역과의 교류를 비롯하여 교통이나 통신이 원만하게 이루어지지 못하는 데서 오는 생활의 불편과 문화 접근의 제한적 요인으로 작용한다. 그러나 더 큰 문제는 이들 지역에 사는 사람들이 평야나 다른 도심 지역에 비해 상대적으로 심한 결핍감과 소외감에 시달리고 있다는 점이다. 산간지대에 사는 주민들은 사회의 주류에 속하기보다는 비주류에 가까우며, 사회 소외층에 해당하기 때문이다.

비록 이들이 지역의 특질을 대변하기는 하지만 그 대표성이나 사회적 발언력은 도심이나 다른 지역에 비해 상대적으로 떨어진다고 할 수 있다.

이와 같은 이유에서 산간지대를 배경으로 하는 이야기에는 사회에서 버림받은 존재인 도적이나 소금 장수가 자주 등장한다. 이들은 자신들보다 약자인 산간지대 주민들 위에 군림하면서 우위를 확보하지만, 그 우위는 그리 오래 가지 않고 스쳐 지나듯 일시적일 뿐이다.

이처럼 설화 속에 등장하는 이들은 중앙으로부터 소외 받을 수밖에 없는 처지에 놓여 있는 산간 지대에 사는 주민들의 욕망과 울분을 대변한다. 설화에 등장하는 지역민들의 행태는 산간지대의 특성상 살아남기 위해 벌여야 하는 생존 전략을 바탕으로 순박함과 함께 야성성을 동시에 간직하고 있다.

그 결과 지역민들은 사람보다는 자연과의 교류 폭이 넓으며, 여우나 호랑이와 같은 산짐승과의 교감을 시도하면서 자신의 정체성을 확인하는 속성을 보이기도 한다. 특히 짐승이나 암행어사가 등장하는 설화 등에서 확인할 수 있듯이, 문제 발생 시 사건 진행에 주도적인 역할을 수행하는 것은 지역민이 아니다.

즉, 문제 해결을 현지의 지역민이 자체 처리하는 것이 아니라 짐승이나 타지 출신이 주도적으로 수행한다는 점에서 이 지역이 갖고 있는 근원적인 한계를 알 수 있다.

이들 산간지역의 또 다른 특징은 지세가 험하고 숲이 울창한 대신 사람이 많이 살지 않는다는 점이다. 따라서 인간이 이야기의 중심을 이루기보다는 사슴이나 여우, 말, 호랑이와 같은 들짐승, 까치나 까마귀, 꿩과 같은 날짐승 등이 주축을 이루고 있다.

산간지역에서는 이를 관장하는 산신령이 자주 등장하며 평야지대나 해안지대에서는 찾아볼 수 없는 신이한 일들이 벌어진다. 이 과정에서 최영 장군이나 이성계와 같은 역사 속 영웅이 등장하기도 한다.

또한 산악 지역의 특성상 소금이 귀한 관계로, 소금장수의 하루 여정과 그를 배경으로 발생하는 사건이 주축을 이루기도 한다. 따라서 사건의 진행이 낮 시간대보다는 밤에 이루어지는 특징을 보이고 있다. 인간의 공포와 두려움이 극대화되는 시간대인 밤이야말로 짐승의 야성성이 힘을 발휘하는 시간대이기 때문이다.

(글: 장창영)

1. 남원, 임실, 순창, 오수

이야기가 갖는 보편성과 지역적 특수성을 살펴보기 위해서는 가장 먼저 이 지역의 옛이야기들을 읽는 것이 전제되어야만 한다. 이 지역의 옛이야기들도 다른 지역의 옛이야기와 마찬가지로 충(忠)·효(孝)·애(愛)에 대한 보편적 주제와 관련된 것들이 대부분이다.

이것 외에도 각 지역마다 존재하는 지리적 특성과 관련된 이야기, 마을의 유래에 대한 이야기, 사찰과 관련된 이야기, 동식물에 관련된 이야기, 귀신과 도깨비 이야기, 영웅 이야기 등이 이 지역에도 폭넓게 분포하고 있다. 보편성을 지닌 이런 이야기의 경우, 등장인물의 이름과 배경만 바뀌었을 뿐 이야기의 기본 구조는 동일하다. 때문에 타 지역과 확실한 변별성을 갖는 이야기의 특성을 추출한다는 것은 무척 어려운 일이다.

그러나 그럼에도 불구하고 이 지역에는 각 지역을 대표할 만한 이야기로 대중성을 확보한 옛이야기들이 상당수 존재한다. 또한 이들 옛이야기들 속에는 이 지역의 특성을 보여주는 여러 요소들이 포함되어 있다.

세계문화유산으로 지정된 판소리의 고장으로 잘 알려진 남원은 그 명성에 걸맞게 판소리의 모태가 되는 옛이야기들이 여러 지역에서 구전되고 있다. 그 대표적인 예가 판소리 <춘향가>의 근원 설화인 '박색춘향설화'와 <흥보가>의 근원 설화인 '춘보 설화'와 '박첨지 설화'이다.

또 이 지역의 옛이야기에는 다른 지역에 비해 민중의식이 강하게 드러난다. 우리에게 너무도 잘 알려진 판소리 <춘향가>의 춘향은 구전설화에 따르면 원래 천하의 박색이었다고 한다. 춘향은 못생긴 자신을 버리고 떠난 이도령을 원망하며 그가 준 비단수건으로 광한루에 목을 매 비극적 최후를 맞이했다. 현대에 우리가 알고 있는 춘향은 박색춘향을 위로하려는 후대 사람들의 염원이 투영된 것이다. 덕분에 판소리와 고전 소설 속의 '춘향'은 박색이 아닌 절세가인으로 이도령의 사랑을 얻어 비천한 신분의 굴레를 벗어나게 되었다. 이로써 박색춘향설화에 담긴 양반에 대한 불신과 원망의 감정은 믿음과 희망으로 전환되었다.

이 점은 원래 남원지역에서 구전되어 온 '박색춘향설화'가 갖는 민중성이 주 향유층이 양반이던 판소리로 오면서 정절이데올로기를 강화하는 방향으로 퇴색된 것이라 볼 수 있다. 그러나 그럼에도

남원 혼불 문학관

불구하고 '춘향 이야기'는 전 세계적이고 범인류적 보편성을 갖는 '사랑'이라는 테마를 주제로 이제는 남원을 넘어 이 나라를 대표하는 이야기로 확고하게 자리매김 하고 있다.

각 지역에는 지역마다 지역을 대표할 만한 역사적 인물에 얽힌 이야기들이 존재한다. 그 가운데서도 남원과 임실에는 기존 지배체제의 억압에 맞서 저항하거나 혹은 이들을 조롱한 인물들에 대한 이야기가 자주 등장한다. 가령 이성계가 고려를 무너뜨리고 조선을 건국하려 할 때 각 지역의 산신들에게 허락을 구했다.

모든 산신들이 이를 허락했지만 남원 지리산 산신만이 허락하지 않아 '지리산이 귀양을 가게 된 이야기'가 구전되고 있다. 조선을 건국한 태조 이성계에 대한 부정적 평가는 전북의 다른 지역에 분포되어 있는 이성계 이야기와 특히 변별되는 점이다.

이러한 남원지역의 민중 지향적 의식은 '유자광 이야기'에서도 찾을 수 있다. 남원은 유자광이 태어난 곳으로 그와 관련된 설화들이 풍부하게 남아 있다. 유자광은 조선조 서얼(庶孼)이라는 신분을 뛰어넘어 정치적으로 크게 이름을 떨친 인물이다. 그런데 신분제를 중시한 조선 시대에 문자로 기록된 사료가 그에 대해 부정적인 입장인데 반해 민중들에게는 절대적인 지지와 긍정적 평가를 받고 있다. 이는 불합리한 신분제에 대한 민중의 저항과 신분상승의 욕망이 투영되었기 때문이다.

한편 순창의 옛이야기에 자주 등장하는 홍성문 또한 유자광과 마찬가지로 양반 아버지와 종인 어머니 사이에서 태어났지만 도를 닦아 신선이 되었다고 전해온다. 그는 풍수지리에 밝아 순창은 물론이고 전국을 돌며 명당을 팔고 다니면서 양반을 조롱하던 인물이다. 권위를 내세우고 허위에 가득 찬 양반들에게는 명당을 팔려하

지 않고 혹시나 팔 경우에는 감당하기 힘들 만큼의 거금을 요구했
다. 그러나 힘없고 착한 백성들한테서는 닭 한 마리만을 받고 명당
자리를 팔곤 했다는 홍성문의 일화는 그의 민중지향적 의식을 잘
나타낸다.

유난히 문화적 유산이 풍부하게 남아있는 남원시는 이를 바탕으
로 지역문화를 전국에 알리고 지역 경제를 활성화하기 위해 해마다
이와 관련한 풍성한 축제를 마련하고 있다. 그 중 가장 잘 알려진
축제는 5월에 시작하는 '춘향제'이다.

1931년 처음 시작된 춘향제는 전국 축제 중 가장 오랜 연륜을 지
닌 전통문화 축제로서, 한국 여인의 사랑과 절개를 대표하는 춘향
을 기리기 위한 전통문화예술축제로 그 역사를 이어오고 있다. 남
원을 대표하는 춘향제는 새로운 천년, 사랑과 희망의 세기를 상징
하는 '세계 사랑의 축제'로 창무극 춘향전, 춘향국악대전, 전국판소
리명창대회 등 다채로운 문화행사와 춘향선발대회, 춘향일대재현
전통길놀이, 전통목기축제, 용마놀이, 남원농악 등 남원의 전통 민
속을 느낄 수 있는 축제로 펼쳐진다.

또한 춘향테마파크를 조성하여 그곳을 찾는 사람들로 하여금 자
신이 주인공이 되어 사랑가를 부르며 역사 속으로 걸어 들어가 춘
향과 이도령의 사랑을 재현할 수 있는 체험의 장을 제공하고 있다.
한국의 전통문화예술을 사랑하며 계승 발전시키고 있는 백두대간
남방의 중심도시 천년고도 남원에서 한국여인의 사랑과 함께 전통
과 현대가 조화된 다양하고 생생한 문화체험을 할 수 있을 것이다.

소설 <흥부전>이나 판소리 <흥보가>에서 보은표와 보수표 박씨
를 물고 오는 제비노정기에 보면 "전라도는 운봉이요, 경상도는 함
양이라. 운봉 함양 두 얼품에 박가 형제가 사는지라. 놀부는 형이요,

흥부는 동생이라"는 구절이 있다. 지리적으로 봤을 때 '운봉 함양 두 얼품'은 인월면 성산리와 아영면 성리로 추정된다. 곧 남원은 <춘향가>의 무대이기도 하지만 <흥보가>의 무대이기도 한 것이다.

남원시에서는 1993년부터 매년 음력 9월 9일이면 '흥부제'를 개최하고 있다. 흥부제에서는 남원을 찾는 사람들에게 흥부마을을 홍보하기 위해 창극 흥부전 공연, 흥부마을 탐방행사, 흥부학술 세미나를 개최하고 있다. 또한 사랑의 흥부가족잇기, 흥부 박타기, 흥부 놀부 가족 화초장 매고 달리기, 놀부 가요제 등 형제간의 우애와 가족간의 화목을 주제로 하는 다양한 행사를 마련하고 있다.

임실군은 사선대와 관련된 옛이야기를 바탕으로 해마다 10월이면 '사선 문화제'를 열고 있다.

남원 흥부정

특히 사선녀가 내려와 놀다갔다는 사선대에 특설 무대를 마련하고 '사선녀 선발대회'를 개최하고 있다. 또한 의견 설화를 지역 차원에서 발전시켜 임실군에서는 희생과 충성이 담긴 의견의 넋을 위로하고 의로운 정신을 길이 보존하고자 해마다 4월이면 '의견 문화제'를 열고 있다. 의견문화제에는 의견선발대회, 경견대회, 애견 장기자랑 등 다양한 행사가 마련되어 있으며 부대행사로 애견사진 콘테스트가 준비되어 애견을 사랑하는 사람들의 눈길을 사로잡고 있다.

이상에서 살펴본 것처럼 남원과 임실은 각각의 대표 설화를 적극적으로 활용하여 이야기의 대중화에 성공했고 이를 발판으로 세계화의 길을 모색하고 있다. 또한 지역에 널리 퍼져있는 옛이야기를 문화콘텐츠로 활용하여 지역 홍보와 경제 활성화의 길을 열어나가고 있다. 그러나 아쉽게도 순창지역의 경우 매우 풍부한 옛이야기들을 간직하고 있음에도 불구하고 아직 이렇다 할 대표 설화를 발굴하지 못한 상태이다. 남원의 '춘향', 관촌의 '사선대', 오수의 '개'처럼 지역을 대표할 만한 옛이야기를 콘텐츠화 하는 작업이 뒤따른다면 남원과 임실의 경우처럼 다양한 문화축제를 개발할 수 있을 것이다.

(글: 고은미)

가) 반선 뱀사골 유래

지금으로부터 약 2,300년 전 지금의 지리산 국립공원 관리사무소 자리에 송림사라는 절이 있었다. 이 사찰은 신라고찰인 구산선문 실상사보다 100년이 앞선 대찰로서 많은 고승들이 모여 수도하는 사찰이었다고 전해진다. 이 절과 관련해서는 다음과 같은 이야기가 전해오고 있다.

이 절에는 1년에 한 번씩 음력 칠월 백중날(불교에서는 그믐이라고 함) 불심이 가장 두터운 스님 한 분을 뽑는다. 절에서 뽑힌 스님은 목욕재계를 하고 새 옷으로 갈아입은 다음 신선바위에 올라 정성을 다해 기도를 드린다. 기도를 마친 스님은 그 날 밤 안으로 신선이 되어 하늘로 올라가게 된다. 송림사에서는 해마다 이러한 행사를 계속해 왔다. 그러던 어느 날 송림사에 고승이 한 분 찾아왔다. 송림사의 스님들은 자랑스럽게 절의 오랜 전통으로 내려오는 이 행사에 대해 고승에게 말하였다. 지금까지의 일들에 대해 자세히 듣고 난 고승은 혼자서 골똘히 생각에 잠겼다.

'죽어서 신선이 된다는 것은 믿을 수가 있으나 살아서 신선이 된다는 것은 도저히 믿을 수가 없는 일이로구나.'

고승은 아무래도 미심쩍은 마음을 가눌 수 없어 송림사의 행사를 자세히 살펴보기로 했다. 고승은 모 절도사와 상의한 끝에 임금님께 상소를 올려 이러한 사실을 전달하였다. 임금님은 무슨 생각에서인지 그 해에 송림사에서 선발된 스님께 비단 도포 한 벌을 하사하시었다.

그리고 송림사의 스님들 모르게 옷깃에 비상을 발라 두도록 명하였다. 이 사실을 알지 못하는 송림사의 스님은 임금님이 하사한 비단옷을 입고 신선바위에 올라 기도를 드리기로 했다.

한편 송림사에서는 그날 신선이 되어 승천하게 될 스님을 위하여 100여명의 고승들이 모여 산에 들어가 100일 기도를 올렸다. 100일 동안 정성껏 기도를 드린 스님들은 승천할 스님을 모시고 신선바위로 올라갔다. 이때 고승은 스님 모르게 명주실을 옷깃에 달아놓고 그곳에서 훨씬 떨어진 바위에서 기도를 드리고 있었다.

　한참이 지난 후 새벽 축시경 어디선가 찬바람이 일면서 깜박한 순간 불이 번쩍 하더니, 골짜기가 무너질 듯한 괴성이 일어났다. 모두가 깜짝 놀라 쳐다보니 신선바위에 올라있던 스님이 온데간데없이 사라져 보이지 않았다. 스님들은 정신을 가다듬고 날이 밝기를 기다렸다. 스님들은 고승의 명에 따라 명주실의 흔적을 좇아 계곡으로 올라갔다.

　스님들이 계곡에 도착하자 하늘로 승천한 줄 알았던 스님이 용소가에 단정히 정좌하여 합장하고 있었다. 그리고 스님의 앞에는 어마어마한 크기의 이무기가 죽어 있었다. 고승의 지혜와 임금님이 비단옷에 발라 둔 비상 덕에 스님은 죽지 않고 살아난 것이었다. 이후부터 스님이 기도를 드린 산봉우리를 영험한 산이라는 의미에서

지리산의 일몰

반야심경을 따 반야봉이라 부르게 되었다.

한편 용소는 용이 아닌 이무기가 살고 있었다 하여 용소에서 뱀소로 격하시켰다. 또한 이곳의 이름을 뱀이 죽은 골짜기라 하여 뱀사골이라고 부르게 되었다. 그런데 다른 한편에서는 신선바위에 올라간 스님들이 절반은 신선이 되었다하여 반선(伴仙)이라고도 부르고, 임금님이 비단도포를 하사하였다하여 금포정이라고도 불렀다.

그때에 살아서 돌아온 스님이 정진 스님이었다. 정진 스님은 송림사 스님들이 100일 기도를 드렸던 장소에 절을 짓고 은혜를 갚기 위하여 평생 동안 수도를 하다가 일생을 마쳤다 한다. 사람들은 그가 입적할 당시 사리가 많이 나와 사리탑을 쌓았다고 하며 그 암자를 정진암이라고 했다. 지금 정진암 터에는 기와조각만 흩어져 전설을 뒷받침하고 있다.

그러나 이 이야기와 관련된 이설이 있다.

어느 해 섣달 그믐날 밤, 나이 순서에 따라 신선이 되어 올라갈 차례가 된 스님이 승천하기 전에 동문수학하던 정승 친구를 찾아갔다. 스님이 신선이 되기 위해 바위에 올라간다는 이야기를 들은 정승은 스님에게 비상(독약)을 바른 장삼을 선물로 주었다. 스님은 정승이 준 장삼을 입고 신선바위에서 기도를 올리다 다른 스님들과 마찬가지로 하늘로 올라갔다.

그런데 다음 날 아침 산천이 뒤흔들리고 하늘이 무너지는 소리가 들려 그 소리가 나는 곳에 가보니 물가에 용이 못 된 이무기가 죽어 있었다. 물은 이전의 맑고 투명한 색이 아닌 붉은 핏빛으로 변해 있었다. 스님들이 죽은 이무기의 배를 가르니 장삼을 입은 바로 그 스님이 안에 들어 있었다. 이제껏 신선이 되어 승천한 줄로만 알았던 스님들은 모두 이무기의 먹이가 되었던 것이다. 남은 스님들은 어찌할 바를 몰라 죽은 스님의 친구인 정승을 찾아가 내막을 이야기 했다.

전후 내막을 들은 정승은 절을 불태워 버리고 이무기가 죽은 고랑을 반선(返仙) 뱀사골이라 부르라고 말했다. 이때 반선(返仙)은 신선이 되지 못하고 다시 지상으로 되돌아 왔다는 의미를 갖는다. 이후부터 원래는 비단을 펼쳐놓은 듯하다 해서 '금포정'이라 부르던 이곳을 '반선 뱀사골'이라 부르게 되었다고 전해진다.

나) 박색 춘향

박색 춘향 이야기는 차정언(車鼎言)의 <해동염사(海東艶史)>에 실려 전해오고 있다. 이 책에 따르면 춘향은 현재 널리 알려져 있는 것처럼 절세가인이 아니고 천하의 박색(薄色)이었다고 한다.

춘향은 관기(官妓) 월매의 딸로 얼굴이 추물이어서 삼십이 넘도록 통혼하는 사람조차 없었다. 그러던 어느 날 춘향이 요천에서 빨래를 하다가 이도령을 보게 되었다. 그 뒤로 이도령에게 연정을 품어 오던 춘향은 상사병이 나고 말았다. 이에 춘향의 어머니 월매는 딸의 병을 낫게 하기 위해서 방자를 꾀어 이도령을 광한루로 유인하기 위해 계책을 세웠다.

월매는 얼굴색이 곱고 자태가 우아한 춘향의 몸종 향단을 치장하여 광한루로 보냈다. 광한루에 놀러 나온 이도령은 아름다운 향단에게 첫눈에 반해 술자리를 갖게 되었다. 향단은 이도령에게 계속 술을 권하여 취하게 한 뒤 술에 취한 이도령을 춘향의 집으로 모시고 가서 춘향과 동침하도록 하였다.

다음날 아침 이도령이 잠에서 깨어 보니 그 옆에는 절세가인이 아닌 박색 춘향이가 있었다. 놀란 이도령은 급하게 방문을 열고 도망치듯 마당으로 뛰어나왔다. 그러나 춘향의 방문 밖에서는 이미 월매가 기다리고 있었다. 월매는 급히 도망쳐 나오는 이도령에게 춘향과 첫날밤을 같이 보냈으니 그 증거로 정표(情標)를 달라고 하였다. 이도령은 자기 소매 속에 넣어 두었던 비단 수건을 정표로 주었다.

그 뒤 이도령은 아버지 남원 부사를 따라 서울로 올라갔다. 매일같이 이도령을 사모하며 기다리던 춘향은 이도령에게서 아무런 소식이 없자 광한루에서 목을 매어 죽었다. 그러자 이 곳 남원부내 사람들이 그녀를 불쌍히 여겨 이도령이 떠난 고개에다 그녀를 장사지내 주었다. 이것이 오늘날 '박석고개'이다.

일설에 따르면 춘향이가 광한루에서 목을 매달 때 사용한 수건은 이도령이 정표로 준 비단 수건이었다고 한다. 또한 남원 사람들은 이도령이 지나가던 일심고개에 춘향을 장사지냈는데, 요절해서 죽었기 때문에 일부러 자갈이 많은 곳에다 묻어주었다. 그래서 이 고개를 박석고개라 한다고도 전한다.

한편 정노식(鄭魯湜)은 남원의 박색춘향에 대해 그의 은사 석정(石亭) 이정직(李定稷)에게 들은 바를 그의 저서 <조선 창극사(朝鮮唱劇史)>에 소개했는데, 그 내용은 다음과 같다.

남원의 어떤 늙은 기생에게 딸이 하나 있었는데 얼굴이 매우 추하였다. 그녀는 당시 남원부사의 아들 몽룡(蒙龍)과 매우 친근하게 지냈다. 그런데 몽룡이 뒷날 출세한 뒤 그녀를 찾아주지 아니하므로 그녀는 원한을 품고 죽었다. 그 뒤 남원지방에는 3년 동안 계속해서 흉년이 들고 재앙이 끊이지 않았다. 이곳 주민들은 그와 같은 흉년과 재앙이 모두 원한을 품고 죽은 춘향의 혼귀 때문이라 생각하였다. 이에 이방(吏房)이 <춘향전>을 지어 춘향의 원혼을 위로

하였다. 그 후로는 남원에 흉년과 재앙이 없어지게 되었다.

남원 지방에는 이와 비슷한 이야기가 지금도 여러 곳에 전해오고 있다. '춘향'과 관련한 이러한 옛이야기는 후에 판소리 <춘향가>와 고소설 <춘향전>의 모태가 되었다. 설화 속 박색춘향의 한을 풀어 주기 위해서였을까. 판소리와 고소설 속의 춘향은 더 이상 박색이 아닌 절세가인으로 그려지고 있다. 또한 이도령을 향한 춘향의 일방적인 사랑으로 인한 비극적 결말은 후대 사람들에 의해 행복한 결말을 맺는 아름다운 사랑이야기로 각색되었다.

춘향전은 최근 영화와 TV 드라마로 패러디되어 두 주인공 춘향과 이도령은 현대인들의 사랑을 듬뿍 받고 있다.

다) 사선대(四仙臺)

옛날 지금의 관촌면 소재지 일대에 큰 강이 흐르고 있었다. 성미산(城米山)을 끼고 흐르는 강의 어귀에는 배나드리(現 舟川의 옛지명)라는 나루터 마을이 있었다. 지형으로 볼 때 남쪽에서 전주 혹은 한양을 갈 때는 이곳으로 가는 것이 빨랐다. 그런데 이 강에는 강을 건너고자 하는 신선들을 태워 강을 건네주는 천년 묵은 거북이가 한 마리 살고 있었다.

어느 따뜻한 봄날 거북이가 강어귀에서 낮잠을 자고 있었는데 마침 건너 마을로 시집을 가는 새색시가 강가에서 나룻배를 기다리고 있었다. 그런데 새색시의 가마를 메고 있던 가마꾼들이 거북의 등을 바위로 잘못 알고 발을 딛고 올라섰다. 그러자 거북이가 깜짝 놀라 몸을 움츠리는 바람에 그만 새색시가 강물에 빠져 죽고 말았다. 새색시가 어이없이 죽자 사람들은 그 넋을 달래 주기 위하여 시신을 건져 나루터 옆 거북이 형상을 한 자리에 묘를 써 주었다. 이후 점차 강물이 줄어 지금의 관촌 지형이 형성되었다. 사람들은 큰 바위 옆에 새색시의 무덤을 만들었는데 그 바위가 무덤의 표석이 되었다. 그로부터 한참이 흐른 후, 이곳을 지나던 한 도인이 무덤의 표석을 보고 예언처럼 말하였다.

"이 근방은 이 묘석 때문에 매우 융성할 것이다."

과연 새색시의 묘가 자리한 그곳은 도인의 예언대로 융성해져서 오늘의 관촌면을 이루게 되었다.

이런 유래를 지니고 있는 관촌면에는 임실군 내에서도 손꼽히는 명승지 사선대가 있다. 사선대 밑으로는 진안에서 발원한 오원천(烏院川)이 흐르고 주변에 울창한 송림(松林)과 잡목이 들어차 운치를 더한다. 사선대의 유래에 대하여는 다음과 같은 이야기가 전해지고 있다.

지금으로부터 2천 년 전 마이산(馬耳山)의 두 신선과 운수산(임실면)의 두 신선이 하루는 이곳 관촌의 오원강 기슭에 모여 놀다가 병풍처럼 아름다운 주위의 풍경에 취하여 대(臺)에 오르기도 하고 혹은 바위 위를 거닐기도 하면서 맑은 물에 목욕하고 즐기니 까마귀 떼가 날아와 함께 어울리기도 하였다. 하루는 홀연히 네 명의 선녀들이 하늘에서 내려와 네 사람의 학발 신선(鶴髮神仙)들을 호위하여 사라졌다.

그 후로 해마다 그맘때가 되면 신선과 선녀들이 내려와 놀았다. 그리하여 후대 사람들은 네 선녀가 내려와 놀던 곳을 사선대(四仙臺)라 하고 까마귀가 놀던 강을 오원강(烏院江), 신선이 놀던 바위는 놀음바위라 불렀다. 지금도 놀음바위의 검은 절벽 사이에는 해마다 이름 모를 꽃들이 만개하고, 그 밑을 흐르는 강물과 어우러져 선경을 이루고 있다.

한편 사선대와 관련한 다른 일설이 있다. 정조 때 관촌면(館村面) 주천리(舟川里)에 상산 이씨 이달효가 살았다. 그는 아호가 호산(湖山)으로 문장이 뛰어나 <호산집일책(浩山集一冊)>을 펴내기도 했다. 그는 평소 친하게 지내는 호남의 명사들과 풍류를 즐겼다. 그 명사들 가운데서도 호산은 당시 임실 현감(任實縣監) 이도재(李道在)와 막역한 사이였다. 이달효와 이도재 현감, 전주 판관, 남원 부사 이들 네 사람은 항상 오원강 위에 배를 띄워 놀며 명승을 자주 찾곤 하였다. 이미 노년에 접어든 네 사람은 서로 나이도 비슷하였다. 모일 때마다 이들은 언제나 관복을 벗고 평복을 하였는데 멀리서 바라보면 그 모습이 꼭 신선 같았다. 때문에 후대 사람들은 그들이 놀던 대(臺)를 사선대라 부르게 되었다.

라) 용소 이야기

호남의 금강산이라 불리고 있고, 군내 유일의 군립공원인 강천산 계곡에는 두 개의 용소가 있다. 위에 위치한 용소를 윗용소, 아래 위치한 용소를 아랫용소라고 한다. 아랫용소는 선녀들이 목욕을 하던 곳이라 하여 옥녀담이라 부르기도 한다.

아주 까마득히 먼 옛날, 이곳 강천산 계곡 물은 지금처럼 강천 입구를 벗어나 팔덕면 소재지를 지나 순창읍으로 흐르지 않고, 강천 입구에서 구림 쪽으로 흘렀다. 그래서 팔덕면은 물론 순창읍과 유등면, 풍산면 일부에는 해마다 가뭄이 들어 농민들이 고생을 해야만 했다. 물론 이 마을 사람들은 하늘에서 때맞추어 내려주는 비에만 의존해야 했다.

그러던 어느 해 농사철이었다. 순창 들에서 홀어머니를 모시고 농사를 지으며 살고 있는 노총각이 한 사람 있었다. 총각은 너무도 가난하여 혼기를 놓치고 말았다. 그는 노총각 신세를 면하지 못한 채 농사만 짓고 있었다. 총각은 그 해에도 역시 가뭄이 들어 농사를 짓지 못할 지경이 되었다. 총각은 어떻게 해서든 물을 구해보려고 다랑이를 가지고 논밭 이곳저곳을 파헤쳐 보았으나, 물 한 방울 발견할 수 없었다. 총각은 다른 곳으로 떠나야 하겠다고 한탄하며 수심에 잠겨 있었다. 바로 그때 총각의 눈앞으로 세상 사람같지 않은 어여쁜 여인이 총각을 향해 살며시 웃으며 지나가고 있었다. 너무 황홀하여 깜빡 정신을 놓을 뻔한 총각은 정신을 차리고 벌떡 자리에서 일어나 여인의 뒤를 따라 걸었다. 총각은 여인을 놓치지 않기 위해 최선을 다해 빨리 걸었지만 웬일인지 여인과의 거리는 좁혀지지가 않았다.

여인은 서쪽 산길로 가고 있었다. 뒤따라가던 총각이 걸음을 멈추면 여인도 그때마다 어서 따라오라는 듯이 멈춰 서서 뒤를 돌아보곤 했다. 따라가기에 지쳐 그만 돌아가고 싶은 마음이 생길 때쯤이면 여인은 뒤돌아 총각을 바라보았다. 총각은 여인의 아름다운 모습을 보고 나면 다시금 힘을 내 정신없이 뒤를 따랐다. 그러기를 몇 번인가 거듭하다가 드디어 강천 입구에까지 이르자 여인은 비로소 멈추었다. 여인은 총각을 바라보며 입을 열었다.

"나는 섬진강 행가리 용소에 사는 용이다. 오늘 네가 꼭 필요해서 이곳까지 데리고 온 것이니 나를 좀 도와주어야겠다. 이 강천 계곡을 따라 가면 아랫용소가 나오는데 이곳에도 나와 같은 용이 살고 있다. 우리 둘은 땅에서 살기를 천 년! 이젠 몇 년 전에 승천하여 우리를 기다리고 있는 남편 곁으로 올라갈 때가 되었다. 그런데 문제가 있다. 우리 둘이 함께 승천할 수는 없는 것이다. 둘 중 하나만 승천해 남편을 만나게 되어 있다. 원래 강천 아랫용소의 용은 본처

이고, 나는 첩이다. 본처와 싸우지 않고서는 내가 승천할 길이 없다. 그러나 똑같이 지상에서 천 년을 살아온 우리가 싸우면 승부가 나지 않을 것이 뻔하니 네가 나를 도와주어야겠다."

아랫용소의 용은 총각이 도와주어야 할 일을 자세히 일러주었다. 총각은 무서운 마음에서 거절을 하지 못하고 시키는 대로 하기로 결심하고 고개를 끄덕였다. 처녀로 화한 아랫용소의 용은 총각에게 날카로운 칼을 건넸다. 총각은 여인이 내준 칼을 오른 손에 쥐고 용소 아래쪽 바위에 앉아 용소 안쪽으로 뻗은 나무 가지를 붙잡고 때를 기다렸다.

얼마쯤 시간이 지나자 과연 용의 말대로 천지를 진동하는 뇌성벽력이 일고 용소의 물이 뒤끓으며 두 마리의 용이 얽혀 물위로 불쑥 솟구쳤다. 바로 그 순간 한 마리 용이 노총각 곁으로 밀리는 것이었

섬진강

다. 여인이 일러준 대로라면 그 용을 칼로 찔러야 할 때였지만 노총각은 너무도 겁에 질려 움직이지도 못하고 있었다.

　잠시 후 두 마리의 용이 다시 또 솟구쳤다가 밀리곤 했다. 그러기를 세 번째, 마지막 기회가 왔다. 노총각은 이래도 저래도 죽기는 매일반이라 생각하면서 그 세 번째 순간에 한 마리의 용이 자기 쪽으로 밀리고 있을 때 힘껏 칼을 내찔렀다. 그리고 정신을 잃었다.

　얼마 후에 정신을 차려보니 세상은 다시 조용해지고 햇볕이 비치고 있었다. 총각이 눈을 뜨자 여인이 웃음을 지으며 총각을 내려다보고 있었다.

　"애썼다! 네가 나를 도왔으니 나도 너를 도와주어야지. 이제 집에 가면 한 여자가 와 있을 테니 같이 살도록 해라."

　여인은 말을 마치자마자 사라졌다. 총각은 후에라도 다시 이곳을 찾게 될지 몰라 길을 잃지 않으려고 나뭇가지를 한아름 가슴에 안고 군데군데 꽂으면서 급히 집으로 돌아왔다. 총각이 집에 도착했을 때는 이미 주위에 어둠이 깔리고 난 뒤였다. 총각이 방으로 들어가니 어머니가 반갑게 맞았다. 그런데 어머니 곁에는 과연 꿈에서나 볼 듯한 아름다운 젊은 여인이 앉아서 총각을 보며 환하게 웃고 있었다. 여인은 총각에게 자신은 갈 곳이 없는 몸이니 함께 살자면서 보따리 하나를 내밀었다. 여인이 가져 온 보따리는 금은보화가 가득 담긴 보물 보따리였다. 총각이 여인과 꿈같은 밤을 보내고 아침 일찍 일어나 밖으로 나와 보니 집 앞에는 어제까지도 없었던 내(川-지금의 강천)가 생겨 물이 흐르고 있었다. 총각이 나뭇가지를 꽂으며 왔던 길이 시내가 된 것이다. 그로부터 순창은 이 노총각으로 인하여 가뭄을 잊고 살 수 있게 되었다.

마) 홍성문 대사

순창군에는 <회문산가(回文山歌)>를 지은 홍성문 대사와 관련된 이야기가 광범위하게 분포되어 있다. 홍성문 이야기는 순창을 넘어 진안과 무주 등에서도 채록되고 있다.

홍성문은 약 250여년 전에 임실군 운남면 턱골 홍진사의 아들로 태어났다고 전해진다. 구전되는 바에 따르면 홍성문의 어머니는 턱골 마을 앞에서 술장사를 하던 주모였다. 성문의 아버지 홍진사는 가끔 무료한 시간을 달래러 이 주막을 찾곤 했다. 그러던 중 주모가 홍진사의 아이를 갖게 되었고, 이렇게 태어난 아이가 홍성문이었다.

홍성문은 10세에 어머니를 여의고 아버지 홍진사 댁으로 들어가 살게 되었다. 집안의 누구도 홍성문을 반겨하는 이가 없었다. 홍성문은 온갖 구박과 멸시를 받으며 살아야만 했다. 그런데 엎친 데 덮친 격으로 3-4년 후 아버지 홍진사마저 세상을 뜨게 되었다. 홍성문은 큰형의 몸종이 되어 겨우 목숨을 유지해갔다.

그러던 어느 날 홍성문은 큰형의 방에 불을 지피다 형제들의 말을 엿듣게 되었다. 벽 너머로 셋째 형의 말이 들렸다.

"형님, 아버지도 돌아가셨는데 가문의 수치인 저 성문이를 없애버립시다."

그러자 큰형이 이를 만류하는 소리가 들렸다.

"그래도 아버지의 손이며 우리의 아우인데 그럴 수야 없지 않겠느냐."

이들 형제의 말을 들은 성문은 무작정 집을 나와 정처 없이 길을 떠났다. 한참을 걸어가 그가 당도한 곳은 순창 회문산의 만일사였다. 그는 만일사에서 머리를 깎고 불가에 입문하였다. 그는 사자암을 지어 열심히 불도를 닦는 한편 풍수지리를 공부하여 득도하였다.

사자암에서 득도한 홍성문은 출가한 지 30년 만에 고향산천을 밟았다. 그러다 마을 뒷산에서 맹호출림 명당을 발견하고 이를 큰형에게 알려 아버지 홍진사의 묘를 이장하도록 하였다. 이에 큰형은 크게 기뻐하며 길일을 택해 홍진사의 묘를 이장하기로 하고 이날 홍성문이 아버지 홍진사의 장사를 지낼 수 있도록 배려하기로 약조하였다. 그러나 이를 마땅치 않게 여긴 셋째 형은 큰형에게 말하였다.

"이미 명당자리가 어디인지 알았으니 더 이상 성문이가 필요 없습니다."

그런 다음 하인들에게 명령하였다.

"어서 저놈을 잡아 오너라."

그러나 하인들은 산 속 바위 위를 날아가듯 옮겨 다니는 홍성문을 잡을 수 없었다.

사자암으로 돌아온 홍성문은 양반들의 위선과 횡포에 분노를 느끼고 그들을 혐오하게 되었다.

홍성문은 순창 장날이 되면 상좌를 앞세우고 장바닥에서 외치고 다녔다.

"봉 사려."

"용 사려."

"소 사려."

"꿩 사려."

그가 파는 것은 바로 명당 자리였던 것이다.

이후로 홍성문은 신선이 되어 승천하였다고 전해진다.

홍성문은 풍수가사인 회문산가(回文山歌)를 남겼다. 이 가운데 오선위기(五仙圍碁) 명혈은 묘를 쓴 지 5년 내에 청상과부가 하나

나오나 그것은 아홉 마리 소에서 털 하나 빠진 것 같은 형상에 불과하고, 당대에 발복하여 59대를 간다고 하여 모든 사람들이 욕심내는 혈이 되었다.

회문산에는 유독 무덤이 많다. 우리나라 5대 명당 중의 하나로 옛날부터 영산으로 이름난 회문산은 홍문대사(홍성문)가 이 산에서 도통하여, 회문산가 24혈의 명당 책자를 만들었다고 해서 유래되었다.

이 책에는 회문산 정상에 24명당과 오선위기가 있는데, 이곳에 묘를 쓰면, 당대부터 발복하여 59대까지 갈 것이라 했다. 이 설을 입증하듯 회문산 정상과 주변에는 많은 묘들이 자리 잡고 있다.

'다섯 신선이 둘러앉아 바둑을 두고 있는 형국'인 오선위기혈(五

묘지

仙圍碁穴)은 조선 후기 호남의 풍수가들 사이에서 가장 많이 회자
되던 명당자리였다. 현재에도 풍수 마니아들은 이 전설적인 명당을
찾으려고 회문산 일대를 수없이 답사하곤 한다.

2. 무주, 진안, 장수

산간지대는 천혜의 자원이라 할 수 있는 청정한 자연환경을 대상
으로 하여 벌이는 축제가 많다. 그 중 대표적인 것이 무주지역의 반
딧불이 축제이다. 해마다 8월이면 청정지역 무주에서는 친환경, 문
화, 관광 축제를 모토로 삼아 반딧불이의 일생, 서식 분포 및 환경
교육을 수행하는 생태체험관을 운영하는 한편 반딧불이 신비탐험
등의 다채로운 행사를 진행한다.

청정지역을 상징하는 기준으로 통하는 '반딧불이'는 '그루밭 개똥
불 같다', '개똥불로 별을 대적하랴'와 같은 속담으로도 우리에게 친
숙하다. 여기에서 그루밭은 보리나 밀을 베고 심은 밭으로 이곳에
반딧불이가 여기저기서 반짝인다는 것을 비유한 말이다. '개똥불'과
'별'을 대상으로 하는 속담은 작은 불빛으로 대상도 모르고 큰 불빛
과 싸우려고 하는 어리석은 짓을 비유한 말이다. 이 속담은 자만에
빠지기 쉬운 이들을 경계하는 의미를 갖고 있다.

청정고원지대인 진안의 축제로는 봄에 열리는 '마이산축제'가 있
다. 마이산은 놀이와 휴식에 적합한 관광 등산코스로도 유명하다.
또한 입구 3km 진입로에 벚꽃나무가 터널을 이루고 있어 매년 벚
꽃이 만개하는 4월 중순경에 남부주차장 입구에서 진안군 주관으
로 벚꽃축제가 열리고 있다.

이와 함께 진안의 대표적인 축제는 '몽금척무(夢金尺舞)'이다. 금

척무(金尺舞)는 궁중정재(대궐잔치의 歌舞)다. <조선왕조실록>에 의하면 임금(태조)이 등극하기 이전에 꿈에 신인(神人)이 '금으로 된 자'(金尺)을 가지고 하늘에서 내려와 주면서 말하기를, "이것을 가지고 나라를 바로잡을 사람은 경이 아니고 누구겠는가?"라고 하였다고 기록되어 있다. 이에 정도전이 태조2년(1393) 7월에 몽금척무의 가사와 악보를 지어 올리므로 이후 국가의례의 3대 주악으로 제정되어 조선왕조 500년간 나라의 경사 때마다 시행되어 온 것이다.

궁중정재인 이 '몽금척무'가 진안 지방에서 재현되어 공연되는 까닭은 <조선환여승람> 등의 기록에 태조가 신인으로부터 금척을 받은 장소가 진안 마이산이었다는 데서 유래한다. 기록에 의하면 운봉에서 왜구를 소탕하고 돌아오는 길에 마이산에 들른 이태조는 산의 모양이 꿈속에서 본 금척과 너무도 흡사하여, 이에 그 산 이름을 고쳐 이르기를 속금산(束金山)이라 명하였다고 한다. 여기에 유래하여 마이산이 소재한 진안지방에서 몽금척무를 발굴하여 복원하게 된 것이다.

전통예향을 내세우는 장수지역을 대표하는 축제로는 '논개제'가 있다. 이는 이 지역 출신인 논개를 기리기 위해 벌이는 행사이다. 논개를 기리기 위해 설립한 '의암사'는 지방기념물 제 46호로, 장수현감 정주석이 주(朱)논개의 충절을 찬양하며 탄생일을 기리기 위하여 1846년 논개생장향수명비(論介生長鄕豎名碑)를 세운 후, 1955년에 군민들의 성금으로 남산에 사당을 건립하였으며, 1974년에 현 위치로 옮겨왔다. 경내에는 '촉석의기논개생장향수명비(矗石義妓論介生長鄕豎名碑)'가 있고, '의암사'라는 현판이 걸린 사당에는 논개의 영정(김은호 화백 작)이 있으며, 외삼문과 내삼문, 충의문이 차례로 있다. 기념관에는 약간의 논개 유품과 남편 최경회 장군의 유품이 진열되어 있다.

조정에서는 그녀의 순절을 높이 찬양하며, 예문관으로부터 의암이라는 시호를 내리고, 진주 촉석루 곁에 사액 정문을 지어 그 넋을 위로, 추모하게 하였고, 투신한 바위를 의암이라 부르게 되었다. 1955년 장수에 사당을 지어 '의암사'라 명하고 논개의 영정을 모셨으며, 매년 음력 9월 3일 '주(朱)논개제'에는 논개 선발대회를 비롯하여 각종 문화행사가 치러지고 있다.

(글: 장창영)

가) 무주군 덕유산 무주구천동

심산유곡의 대명사로 불리는 무주구천동은 그 이름의 유래와 관련하여 여러 가지 설이 전하고 있다. 구천동이 발원하는 덕유산은 전라북도 무주에 속해 있으나 북으로는 충북 영동, 동으로 경북의 김천, 남으로 경남의 거창을 아우른다. 덕유산의 계류는 북쪽의 무주로 흘러 금강의 지류인 남대천과 합쳐지는데 설천까지의 28km 계곡을 '무주구천동'이라 지칭한다.

예로부터 무주구천동은 산세가 험악하고 지세가 뛰어난 고장으로 알려져 왔다. 이곳을 배경으로 하는 여러 설화가 있지만, '설천'이라는 이름 유래와 관련한 설화는 당시 불교의 융성 정도를 가늠할 수 있는 좋은 증거라 할 수 있다. 호국의 성격을 띤 불교의 융성은 불교가 단순히 종교적인 차원이 아닌 국민의 정신과 의식세계에까지 영향을 미친 결과라 하겠다.

옛날 덕유산 중턱에 백련암이란 절이 있었다. 암자를 둘러싼 빼어난 절경이 팔도에 소문이 나자 수도승들이 몰려들기 시작했는데 그 수가 구천 명에 이르러 그때부터 구천동이라 불렀다고 한다. 산 아래 마을인 설천면에 대한 이름 유래가 이 설을 뒷받침해 준다. 구천 명이나 되는 스님들의 공양 준비를 위해 쌀을 씻어야 했는데 그 쌀 씻은 뜨물이 냇물을 희게 물들여 눈 설(雪) 자에 내 천(川) 자를 써서 이 마을을 설천면이라 부르게 되었다는 것이다.

두 번째 이야기, 옛날 중국의 순제 임금이 황제의 상징인 옥쇄를 잃어버렸을 때의 일이다. 몇 날 며칠을 찾아 헤매었으나 옥쇄는 보이지 않았다. 그러던 중 순제 임금의 꿈에 산신령이 나타나 한 인물을 주지해 주었다.

"고려의 주해현(구천동)에 가 보시오. 그곳에 '유해'라는 이인(異人)이 사는데 그가 옥쇄를 찾아 줄 것이오."

임금은 당장 신하를 시켜 주해현에 사는 '유해'를 데려오라 했다. 과연 주해현에는 유해라는 인물이 있어 분부대로 유해를 상좌 앞에 데려 올 수 있었다.

"그대가 고려의 이인이라니, 3일 안에 옥쇄를 찾아 주시오. 만일 못 찾는 날에는 목숨이 위태로울 것이오."

유해는 답답했다. 아무런 단서도 주지 않은 채, 자신의 꿈만 믿고 지극히 평범한 소작인에게 옥쇄를 찾아내라는 임금의 제안은 너무도 어이없는 일이었다. 허둥지둥 갈팡질팡 아무생각 없이 궁궐 안을 서성이다 보니 어느새 약속한 날짜가 다 되어 버렸다. 그는 불안감을 누를 길이 없었다.

"이그, 담배나 죽이자!"

그때였다. 갑자기 웬 사내 둘이 들이닥쳤다.

"죽을 죄를 지었습니다. 제가 담거라는 놈입니다."

"제가 배소입니다."

막무가내로 사죄하는 그 둘은 담배라 불리는 단짝이었다. 유해가 무심코 던진 말에 그들이 자진해서 자백해버린 것이었다. 순제 임금은 옥쇄 도둑을 잡은 유해에게 벼슬을 내리고 유해가 살았던 곳을 구천동이라 이름 지었다 한다.

나) 무주구천동과 어사 박문수

지금으로부터 300년 전 숙종 때의 일이다. 하늘을 찌를 듯한 울창한 숲, 겹겹이 둘러싸인 산봉우리, 해질 무렵 구천동 산골짜기에 남루한 옷차림의 나그네가 발걸음을 재촉하고 있었다.

불 켜진 어느 민가에 도착했을 때 방안에서 두 부녀의 격한 목소리가 들려왔고, 불빛이 비치는 방문에는 칼을 들고 날뛰는 노인의 그림자가 일렁대고 있었다.

사연인즉, 이 마을에 욕심 많기로 이름난 거부 천석두가 살았는데 집 주인 구재서에게 누명을 씌워 구씨의 아내를 자기 아내로 삼고, 며느리도 자기의 며느리로 삼겠다고 얼러대고 있었고 바로 내일이 그 식을 올리는 날이었다. 결국 구씨는 치욕을 못 이기고 자살을 도모하고자 했었던 것이다. 처음에는 관에 이 사실을 말하려고 했으나 포악한 천씨 집안의 보복이 두려워 달리 방도가 없었다. 이 얘기를 전해들은 다음날, 나그네는 산길을 따라 급히 무주 관가로 내달았다.

그는 고을 사또의 협조를 얻어 광대 네 명에게 황, 청, 흑, 백색의 옷을 준비케 한 다음, 다시 구천동으로 향했다. 그 시각 구씨 노인네 집에는 혼례 준비가 한창이었고 마을 사람들은 이 해괴망측한 혼례를 보러 모여들었다. 식이 시작되자 천석두 부자가 초례청으로 나왔다. 바로 그때 누런 두건과 누런 옷, 누런 털이 달린 도끼를 한 손에 든 괴물이 눈을 부라리며 식장 안으로 들어왔다.

누런 괴물은 초례상을 내리치면서 용을 그린 푸른 깃발을 든 괴물, 흰 호랑이 깃발을 든 괴물, 붉은 봉황을 그린 깃발을 든 붉은 괴물, 검은 거북을 그린 괴물을 차례로 불러 들였다.

온 마당이 괴물에 둘러싸여 쥐 죽은 듯 숨소리마저 얼어있을 때 누런 괴물이 사방을 한 바퀴 훑어보더니 "나는 옥황상제의 심부름을 받아 이곳에 왔느니라. 상제께서 명하시기를 오늘 이 마을의 극악한 두 사람이 결혼을 한다 하니 그 두 사람을 잡아 바치라 해서 장군들을 불렀으니 당장 끌고 가거라." 했다. 그러자 괴물들은 넋을 잃고 이 광경을 바라보던 천씨 부자를 거두어 바람처럼 사라졌다. 이렇게 억울한 사람을 구하고 악명 높은 천씨 부자를 교묘히 잡아들여 혼을 내준 이가 바로 암행어사 박문수였다. 그 후 마을엔 평화가 찾아왔고, 구씨와 천씨들은 사이좋게 어울려 살게 되었다고 한다.

다) 무주 적상산성과 장도바위

무주 나들목에서 사산삼거리로 향하는 길 중간 오른편으로는 적상산으로 올라가는 입구가 보인다. 이곳은 서창마을을 통하여 적상산으로 올라가는 길목이다. 적상산성 서문에 도달하기 전 우뚝 솟은 거대한 바위가 양쪽으로 갈라져 그 사이로 길이 나있는데 이 바위의 이름이 장도바위다.

때는 고려 말, 남쪽 해안에는 왜구들이 떼를 지어 출몰하고 나라 안팎으로 몹시 어수선했던 시기다. 제주 본토에서는 조정의 통제가 어려운 틈을 타 말을 키우던 목호들이 반란을 일으키는 사건이 발생했다. 이에 공양왕은 삼도통제사 최영 장군을 제주로 보내어 반란을 평정하고 개선하는 길에 주계(지금의 무주)를 지나게 되었다.

어느 깊은 가을, 온 산이 단풍으로 아름다움을 더해 갈 무렵이었다. 최영 장군은 잠시 행군을 멈추고 만산홍엽으로 물든 산을 올려다보았다. 장군은 연인의 붉은 치마폭을 연상케 하는 아름다움에 이끌려 병사들을 주계로 행군케 한 후, 부장 몇 사람을 데리고 산에 올랐다.

정상이 얼마 남지 않은 지점에 이르렀을 때 최영 장군 앞에는 절벽 같은 높은 바위가 길을 막고 있었다. 정상을 앞에 두고 발길을 돌릴 수 없었던 장군은 허리에 차고 있던 장도를 뽑아 바위를 힘껏 내리쳤는데 순간 바위가 양쪽으로 쪼개지면서 길을 열었다. 이 바위가 최영 장군의 장도바위다.

붉은 치마를 연상시키는 가을 단풍

정상에 오른 장군은 이곳이 천혜의 요새임을 감탄하고 공양왕께 성을 쌓고 승병을 양성할 것을 간언했다. 훗날 이 곳에는 적상산성과 안국사가 창건되었다.

라) 무주 안국사 극락전과 학대사

조선왕조실록을 봉안했던 적상산 사고 터에는 유서 깊은 사찰인 안국사 극락전을 정면으로 바라보고 왼편으로 돌아 위를 올려다보면 단청을 칠하다만 자리를 볼 수 있다.

고종원년(1864), 조정에서는 적상산 사고의 포쇄관(사고의 서책을 햇볕에 말리는 일을 맡아보는 직책)으로 난대학사 이면광을 임명하였는데 사고의 수호사찰인 안국사가 너무 낡아 보수 작업을 하게 되었다. 그러나 마침 조정에서 경복궁 중건을 하는 바람에 단청공을 구할 수 없게 되었다. 그래서 절은 지어졌으나 옷단장을 하지 않은 형국이었다.

당시 주지스님이었던 인아대사와 불자들이 백방으로 알아보았으나 단청공을 찾을 수 없었다. 모두들 낙담하고 있던 때에 늙은 몸을 간신히 지팡이에 의지한 노승 한 분이 주지스님을 찾아와 단청을 맡겨달라는 청을 하였다. 주지스님은 썩 내키지는 않았지만 할 수 없이 단청을 맡겼다. 노스님은 다시 마을로 내려가 며칠 후 지게에 잔뜩 짐을 진 장정을 대여섯 명이나 데리고 돌아왔다.

그런데 짐을 풀어보니 단청에 필요한 물건은 하나도 없고 쓰다 버린 홑이불과 휘장 백여 장뿐이었다. 노스님은 휘장을 극락전에 둘러치고서는 석 달 열흘 동안 일을 마칠 때까지 누구도 들여다보지 말라고 단단히 당부하고 휘장 안으로 들어갔다.

시간이 지날수록 인아대사는 궁금하기 짝이 없었고 공연한 일을 시킨 게 아닌가 하는 걱정이 들었다. 더 이상 의구심을 참을 수 없게 된 인아대사는 석 달 아흐레가 되는 날 그만 휘장을 들춰 보고 말았다. 순간 새 한 마리가 극락전 뒷추녀에 매달려 있다가 푸드득 소리를 내면서 휘장을 찢고 날아올랐다. 깜짝 놀라 하늘을 보니 학 한 마리가 너울거리며 향로봉 너머로 날아가고 있었다.

휘장이 벗겨진 안국사 극락전은 마치 극락세계에 온 듯한 착각에 빠질 정도로 아름다웠다. 그런데 학이 날아가 버린 극락전 뒤편 추녀 밑을 보니 단청을 하다 미처 끝내지 못한 부분이 그대로 남아 있었다. '내가 하룻밤만 참았더라면.'하고 인아대사는 자신의 경솔함을 뼈저리게 뉘우치며 눈물을 흘렸다. 지금 안국사 극락전 추녀 밑의 단청을 하다만 자리는 노승으로 변한 학이 단청을 하다 그친 자리로, 그 후 사람들은 노승을 학대사라 부르게 되었다.

단청

마) 마이산 설화

먼 옛날 전라도 진안에 부부 산신이 정답게 살고 있었다. 이들은 아기를 낳고 하늘나라로 올라가게 되었다. 그런데 이들이 승천하는 모습을 아무도 보아서는 안 되었다.

남편 산이 아내에게,

"여보, 우리가 하늘에 올라가는 것을 사람들이 보면 안 되니 밤에 몰래 갑시다."

라고 했다. 그러자 아내는,

"밤은 무서우니 낮에 올라가요."

하며 남편에게 졸라댔다. 아내산은 애들이 피로하니 한숨 자고 새벽에 가자고 졸랐다. 아내 산의 속셈은 인심 좋고 산수 좋아 구름도 쉬어가는 진안 땅에 눌러 앉고 싶은 것이었다. 남편산도 아내를 사랑하여 새벽녘에 떠나기로 하였다.

그들은 좋은 날을 택해 승천을 하려는데 아내 산이 게으름을 피워 동네 아낙네에게 들켜버렸다. 그때 마침 새벽에 물 길러 나온 아낙네가 커다란 산이 떠오르는 것을 보고 놀라서 그만 "악" 하고 소리를 질렀다. 그래서 구름을 뚫고 하늘에 닿을 듯 높이 솟아올랐던 부부산은 그 자리에 주저앉고 말았다. 화가 잔뜩 난 남편산은 두 아이들을 아내로부터 빼앗고는 보기 싫다고 아내를 꾸짖었다.

그리하여 두 산신은 제자리에 주저앉았다. 그 산이 지금의 마이산이라고 전한다. 아내가 자신의 말을 듣지 않아 이런 일이 생겼다고 화가 머리끝까지 난 남신이 여신에게서 아기를 빼앗았는데, 수마이산 옆에 있는 작은 봉우리가 그 아기라 한다.

또한 일설에는 조선 태종이 이 앞을 지나가다가 당나귀의 귀를 닮은 산을 보고 마이산(馬耳山)이라 명명하였다고 한다.

마이산에 얽혀 있는 또 다른 이야기가 있다.

옛날에 장사가 한 사람 있었는데 사람들은 그를 '이대신'이라 불렀다. 그의 아버지는 전라도 동부 산간지대에 있는 일곱 개 읍의 수령이 부임하면 찾아와 볼 정도의 세도가였는데, 그가 공을 들여 얻은 아들이 바로 이대신이었다. 이대신은 기골이 장대하였으며, 기운이 세어 장사로 소문이 나 있었고, 가끔 다른 곳에 있는 장사로부터 도전을 받았다.

하루는 한 끼에 한 말 밥을 먹는다는 장사가 찾아와 바위 옮기기 시합을 걸어왔다. 두 장사는 마이산에서 큰 바위 한 개씩을 나르기로 하였다. 두 장사가 들고 온 바위는 누구의 것이 더 무거운지 구별할 수 없었다. 크기가 비슷하고 모양도 같았기 때문이다. 그래서 이제는 바위 올려놓기를 하였다. 자기가 들고 온 바위를 상대편이 가져온 바위 위에 올려놓으면 이기는 내기였다.

결국 이대신이 이기게 되었다. 이대신이 올려놓은 바위는 바람이 불면 흔들흔들 움직이면서도 떨어지지 않았다. 그래서 이대신이 올린 바위를 선들바위라 부르게 되었다. 선들바위는 두 사람이 실을 가지고 바위 밑으로 넣고 앞으로 오면 실이 바위에 걸리지 않고 빠져 나온다고 하니 무거운 바위와 바위 사이가 떨어져 있다는 것이었다.

또한 어느 날 이대신이 금당사에 가다가 용변을 보려고 마이산 기슭에 앉아 있는데 무엇이 뒤에 와서 해치려고 하는지라 한 손으로 허리춤을 잡고 한 손으로 움켜잡고 보니 호랑이였다 한다. 이 호랑이를 나뭇가지 사이에 끼워 놓은 것을 본 금당사 스님들이 이 장사의 힘을 시험해 보기로 하였다.

금당사에서 가장 힘센 스님과 줄다리기를 하였는데 전혀 움직이지 않는지라 스님 모두가 달려들었으나 이 장사를 움직이게 할 수 없었다고 한다. 당시 금당사는 융성하여 백여 명의 스님이 있었다고 한다. 진안에서 전주를 향하여 가다가 처음 고개인 강령제를 넘어 자동차 정비공장을 지나 구비를 돌 때 왼쪽으로 눈을 돌리면 큰 바위 위에 또 하나의 바위가 올려져 있다. 바로 이것이 선들바위라 한다.

바) 쌀바위

 진안군 주천면 용덕리 북쪽에는 쌀바위라는 바위가 있다. 이 바위에는 다음과 같은 이야기가 전해오고 있다.

우리 민족의 주식, 쌀

옛날 이 바위 뒤쪽에 보살사라는 큰 절이 있었다. 이 절은 동네로부터 멀리 떨어져 있어 대낮에도 호랑이나 늑대 같은 맹수들이 들끓어 누구 한 사람도 불공을 드리려는 사람이 없었다. 인적이 끊어지게 되니 절을 지키던 중들도 생계가 어렵게 되자 절을 떠나버려 폐사의 위기까지 이르게 되었다.

마침내 보살사의 주지스님도 절을 떠나기로 작정하고, 마지막 남은 쌀로 저녁밥을 지어먹고는 일찍 잠자리에 들었다. 그런데 꿈속에서 부처님이 나타나 몹시 꾸짖으면서 날이 새면 절 뒤의 벼랑으로 가보라고 하였다. 다음날 그 곳에 가보니 하루에 한 사람이 먹을 만큼의 쌀이 있었다. 스님은 부처님의 뜻이라는 걸 깨닫고 하루하루 불도에 전념하였다.

어느 날 먼 곳에서 한 손님이 찾아왔다. 스님은 반가웠지만 한편으로 걱정이 되었다. 왜냐하면 벼랑에서 얻을 수 있는 것은 한 명이 먹을 수 있는 쌀 분량이었기 때문이다. 이튿날 아침, 스님은 벼랑 밑을 가보았다. 그런데 어찌된 일인가? 거기에는 두 사람이 하루 먹을 만큼의 쌀이 있었다.

이렇게 이곳에는 손님이 두 명 오면 세 사람 몫이, 열 명 오면 열한 명 몫의 쌀이 어김없이 있었다. 이렇듯 이곳에서 양식 부족을 모르게 되자 절을 떠났던 중들도 하나 둘 되돌아오고, 불공을 드리는 사람도 많아지게 되었다. 빽빽이 나무가 우거진 산에도 길이 나기 시작하고 절은 번창해갔다. 그런데 스님은 기뻐하는 반면 매일 나오는 쌀에 대한 궁금증으로 어느 날 어디서 어떻게 쌀이 나오는지를 지켜보기로 했다.

그날 밤 몸을 숨기고 바위를 지켜보았다. 그러나 깜박 잠이 들고 말았다. 눈을 떠보니 먼동이 터 있고 옷자락엔 쌀이 쌓여 있었다.

다음 날 또 다시 실수 없이 시도하기로 했다. 자정이 되자 벼랑 중간쯤에서 바위 하나가 움칠 움칠하다가 한쪽의 바위가 옆으로 구르고 하얗게 구멍이 뚫리며 쌀이 쏟아졌다.

그러더니 떨어졌던 바위 쪽이 그 구멍을 막아버리고 아무 일도 없었다는 듯 커다란 바위만 달빛에 자태를 드러내고 있었다. 스님은 며칠 밤을 세워가며 그 광경을 지켜보다가 문득 욕심이 생겼다.

'저 구멍을 닫히지 않게 하면 물 흐르듯 쌀이 나올게다.'

스님은 그날 밤 튼튼한 장대 하나를 준비하고 벼랑 밑으로 갔다. 마침내 자정이 되어 바위문이 열리자 재빨리 장대로 바위를 막았다. 그러나 쌀은 나오지 않고 장대를 붙잡은 스님이 그 구멍으로 딸려 들어가 바위 대신 스님이 그 구멍을 막아버리고 말았다. 결국 스님은 분수에 넘치는 욕심으로 그런 변을 당하게 된 것이다.

이런 유래로 이곳은 쌀바위라는 이름이 붙여졌다. 쌀이 나왔다는 곳은 흰색으로 되어 있어 멀리서도 구별할 수 있다. 그리고 그 절터가 있었다는 곳은 큰 샘이 되어 금강 상류인 용담저수지의 원류가 되고 있다.

사) 각시꽃 설화

계북면 장현마을 어귀의 풍욕대와 사성정 바로 옆에 위 아래로 나란히 소가 있다. 장수팔경 매산청풍의 경관이기도 한 이곳에는 옛날에 과년한 처녀가 코 흘리는 나이 어린 신랑에게 시집을 왔다는 이야기가 전해진다.

신랑은 서당에 갈 때마다 부엌에 와서 누룽지를 긁어 달래서 가져갔다. 각시는 신랑이 동생 같았지만 남편으로 받들어 하늘같이 공경했다. 옛부터 시아버지 사랑은 며느리고, 장모 사랑은 사위라고 했는데, 이는 며느리를 사랑하는 시어머니가 없다는 뜻이기도 하다. 이 집 시어머니는 유별나게 악독해서 며느리가 어린 남편을 공경하는 꼴을 보려하지 않았다. 시어머니는 별별 생트집을 다 잡아서 며느리를 못살게 했다. 철없는 어린 남편은 밤이면 엄마 옆에서 자기 일쑤였고 시어머니가 나무라면 덩달아 엄마 편을 들었다. 사랑해 줄 시아버지가 안 계시니 며느리는 어느 한구석 정을 붙일 데가 없었다.

한숨만 쉬며 나날을 보내던 어느 날 시어머니는 갑자기 며느리에게 생트집을 잡았다. 그것은 며느리가 이웃집 총각과 눈이 맞아 틈만 나면 도망가려고 마음이 들떠서 먼 산만 바라본다는 것이었다. 시어머니가 서당에서 돌아 온 남편에게 근거도 없는 거짓 이야기를 하니 분별없는 남편은 앞뒤를 가릴 새도 없이 아내를 마구 두들겨 팼다. 며느리는 참으로 원통하고 기가 차서 못 살 지경이었다. 자기의 순결을 죽음으로 밝히고자 결심한 며느리는 밤이 깊어지자 냇가로 가서 치마를 둘러쓰고 물속으로 뛰어들어 스스로 목숨을 끊었다.

남편은 세월이 흘러감에 따라 점차 철이 들고 동네 사람들로부터 아내의 정절에 대해 이야기를 들을 적마다 아내가 못 견디게 그리워졌다. 남편은 자신의 무능했던 과거를 후회했다. 이후 남편은 아내에 대한 죄책감 때문에 매일같이 아내가 빠져죽은 냇가에 가서 물만 쳐다보았다. 그러던 어느 날 남편이 냇가에 몸을 던지니 후세 사람들이 각시가 죽은 곳을 '각시소', 서방이 죽은 곳을 '서방소'라 이름했다 한다.

해마다 봄이 되면 각시소 옆에는 예쁜 꽃이 피는데, 이 꽃을 각시꽃이라 한다. 그래서 지금도 서방소에서 각시소로 흐르는 물소리가 사랑을 애원하는 애절한 호소같이 들린다고 한다.

아) 왜적의 간담을 서늘케 한 논개

전북 장수군 장계면 대곡리 주촌마을 출신인 논개(論介, 1574-1592)는 임진왜란 때의 의기(義妓)이다. 논개는 주달문이라는 훈장의 딸로 태어났다. 논개는 아버지가 서당의 훈장으로 계셨기 때문에 어려서부터 한학과 서예를 익히며 행복하게 살았다. 그러나 15세 때 아버지가 돌아가시자 그녀의 삶에는 불행의 그늘이 드리워지기 시작하였다. 아버지가 돌아가신 후 논개와 어머니는 숙부의 집에 몸을 의탁하였으나 숙부집도 생활 형편이 몹시 어려웠다.

그러자 숙부는 논개를 어떤 집안의 민며느리로 팔아버리고 말았다. 이 사실을 눈치 챈 논개와 어머니는 멀리 도망을 갔다. 이에 그 집안에서는 장수 현감 최경회에게 상소를 올려 두 모녀를 잡아줄 것을 요청하였다.

장수 현감은 논개와 어머니를 잡아다 문초를 하던 중 논개 모녀의 사연을 듣고 그들의 신세가 너무 가련하여 무죄 방면하였다. 그런데 모녀는 갈 곳이 없어 장수 현감 부인에게 있을 만한 곳을 부탁하였다. 그래서 논개는 현감 부인의 침방으로 있게 되었다고 한다. 평소에 몸이 약한 현감 부인은 논개의 됨됨이를 살피어 현감의 부실로 삼게 하였다.

한편 세월이 흘러 민족의 비운인 임진왜란이 일어나게 되자 최경회는 의병 육천여 명을 거느리고 진주성으로 떠났다. 이때 최경회의 부실인 논개도 그를 따라 진주로 가게 된 것이다.

1593년 6월 김천일(金千鎰), 최경회, 황진, 고종후(高從厚) 등 관군과 의병의 결사적인 항전에도 불구하고 가토 기요마사(加藤淸正), 고니시 유키나가(小西行長), 구로다 나가마사(黑田長政) 등이 이끄는 일본군에게 진주성이 함락되었다. 진주성 싸움에서는 의병과 주민들이 합심하여 왜병에게 강력하게 대항하였다. 그러나 의병군은 워낙 수적으로 열세인데다가 왜병의 신무기인 조총에 견디지 못하였다. 이에 성이 함락되었으며 최경회 공도 장렬히 전사하였다.

이때 논개는 기생의 적에 들어 있었다. 그런데 진주성을 함락한 왜병들은 진주의 모든 기생을 불러 축하연을 열었다. 이 축하연에 논개도 물론 참석하였다. 논개의 미모가 여러 기생 중에서 가장 빼어나게 아름다운지라 왜장이 가까이 하였다. 논개는 열 손가락 마디마디에 반지를 끼고 술에 만취한 왜장 게야무라 후미스케(毛谷村文助)를 껴안고 남강에 뛰어들어 함께 죽었다. 이리하여 논개는 남편인 최경회 공은 물론이고 민족의 원한도 함께 갚게 되었던 것이다. 이때부터 논개가 떨어졌던 바위를 의암(義巖)이라 부르게 되었다.

이 사실을 안 의병들은 거룩한 논개의 넋이라도 위로하고자 시신을 건져 운반해 가던 중 현재의 함양군 서상면 금당리 방지부락에 논개의 집안인 주씨들이 살고 있음을 알고 이곳에 안장을 했다고 전한다. 그러나 그 당시 주씨 집안에서는 기생이 있다는 것이 집안의 수치라고 여겨 은폐시켜 왔다. 그래서 논개의 묘는 지금껏 찾는 사람이 없어 황폐화 되었다고 전한다.

3강. 해안지역 옛 이야기

　전북지역의 해안지대는 고창을 비롯하여 군산, 위도, 부안 등지를 포함하는 서해안 권역 전반이 해당한다. 이들 도서와 해안지역은 육지에 비해 물이 흔하면서도 정작 먹을 수 있는 물은 귀한 지역이기 때문에 물과 관련한 이야기가 많이 전해져 온다.

　육지에서 발원한 샘물이 강을 지나 바다로 향하면서 연속성과 도도한 물길을 얻게 되는데 이곳 서해안 권역의 바다는 만경강을 발원지로 하여 형성된 것이다. 만경강은 완주군 동상면에서 발원하여 전주시, 군산시, 익산시, 김제시, 완주군 등지에서 고산천, 소양천, 전주천, 익산천, 탑천의 지천을 거느린 유역 면적 1418.2㎢으로 전북에서 가장 큰 강이다. 이 강은 주위의 온갖 생활하수와 축산폐수를 몰고 와서 새만금 갯벌에 쏟아 놓는다.

　특히 이 지역은 바다와 관련한 어업, 용왕, 당산제 등이 많으며, 등장인물이나 내용 전개 또한 어민들의 실생활과 밀접한 관련을 맺고 있다. 도서지역의 특성상, 바다를 두려움과 공포의 대상으로 파악하는 속성이 강하며, 자신들이 해결할 수 없는 부분을 용왕이나 부처님의 힘을 빌어 극복하고자 하는 부분이 적지 않다.

　해안지역이 갖는 지역 특성은 인간 자체의 내면적인 요인보다는 외적인 요건의 영향이 절대적인 위력을 발휘한다는 사실이다. 특히 이 지역은 바다에 인접해 있기 때문에 바람이나 해수와 같은 자연의 영향을 많이 받으며, 그 영향력은 지역 주민들의 경제에서 정신세계에 이르기까지 포괄적이면서도 지속적으로 미치고 있다. 평야지대나 산간지대 주민들이 자신들의 생활토대를 바탕으로 하여 비교적 안정적인 생활을 영위할 수 있는데 비해 해안지역 주민들은 항상 생계와 미래를 걱정해야 하는 처지이다. 비록 이들이 어업이나 조개채취 등에 종사하면서 생활을 연명하고는 있지만 언제나 외부적인 조건에 의해 삶의 터전이 송두리째 뿌리 뽑힐 수 있는 운명에 놓여 있기 때문이다.

따라서 이들의 삶은 태풍이나 폭풍 등과 같은 외부 조건에 의해 행동의 제약을 받을 수밖에 없으며, 그것은 경제만이 아니라 지역민들의 생명까지를 아우르는 위력을 지니고 있다. 따라서 해안지역 주민들에게 바다를 주재하는 용왕과 그 대리인들이 갖는 상징적인 의미는 절대적이라 해도 과언이 아니다.

부안이나 고창의 또 다른 특징은 해안과 바다의 인접지역이라는 점에서 찾을 수 있다. 부안은 옛부터 들판에서는 농사를 짓고 앞바다에서는 그물질을 하던 반농반어의 대표적인 고장으로 알려져 있다. 부안은 예로부터 '춘변산 추내장'이라는 말이 있듯이 그 경치가 뛰어난 곳으로 유명하며, 해안과 평야를 아우르는 천혜의 지리적인 자연조건을 갖고 있다. 특히 바다와 인접한 해안지대 뿐만 아니라 평야지대를 거느림으로써 부안에서는 평야부와 해안부의 특성을 동시에 엿볼 수 있다는 특징이 있다.

고창 역시 해안과 평야의 접경지대라는 점에서 농사와 함께 어업이 동시에 행해지던 곳이었다. 미당의 출생지로 유명한 고창 선운리 일대는 일제 식민지 강점시절 개간 사업에 의해 바다가 육지로 변한 대표적인 지역이다. 따라서 이들 지역의 특징은 농업 문화적인 특색과 함께 어업 관련 문화가 함께 발달했다는 데서 찾을 수 있다. 특히 용왕이나 바다, 어업과 관련 있는 어휘들이 많이 등장한다는 점에서 김제를 비롯한 평야 지대나 산간지대와 뚜렷한 변별성을 확보한다고 할 수 있다.

이곳을 지배하는 정서와 사상적 특질은 바다와 무관하지 않다. 이 지대의 해안을 관장하는 이로 알려진 개양할미는 칠산바다를 관장하는 해신이다. 아득한 옛날 적벽강의 대막골 뒤 '여울굴'에서 개양할미가 나와 바다를 열고, 풍랑과 깊이를 조정하여 어부들의 생명을 보호하고 풍어를 관장하여 왔다고 전한다. 따라서 자연스럽게 이 지역사람들의 정서에는 어로, 용왕제, 당제 등을 중심으로 하는 생활 문화가 근간을 이루고 있다.

해안지역 지역민들의 운명은 자신이 주체적으로 계획을 세우거나 체계적으로 인생을 살아가면서 만들어지는 것이 아니다. 그들의 운명은 삶의 터전인 바다와 바다를 관장하는 용왕, 그리고 용왕 대리인에 의해 전적으로 달라진다. 이는 지역민들로 하여금 바다의

거센 바다 물결

절대 존재인 용왕과 그 대리인들과 맞서거나 존재를 부정하는 대신
화해 공존의 형태로 나아가게 만드는 힘으로 작용한다. 해안지역
주민들에게 바다를 포함한 모든 자연물과 용왕은 신이 주재하는 대
등한 성격을 띠며, 인간의 힘으로 범접할 수 없는 절대적인 힘의 영
역 내에 속하는 대상물이다. 이들에게 바다를 포함한 모든 자연은
결코 인간의 힘이 미칠 수 없는 초월적인 공간이며 초자연적인 힘
이 지배하는 절대 영역이다. 그 방식은 바다에서 죽은 이들과 바다
신을 달래기 위해 당집을 설치하고, 해마다 당제를 지니면서 지역
민들의 결속을 다지는 형태로 나타난다.

해안지역 주민들은 어업과 떼려야 뗄 수 없는 상황에서 오는 바
다에 대한 공포와 두려움에 익숙해져 있다. 이는 바다가 풍어를 바
탕으로 하는 풍요로움을 제공하는 한편 언제든지 자신들의 목숨을
빼앗을지도 모른다는 원초적인 불안감과 상대적인 결핍을 유발하
는 직접적인 요인이기 때문에 가능한 일이다. 따라서 이들이 바다
에 갖는 느낌은 애증을 포함한 복합적인 형태이며, 바다를 벗어나
고자 하는 탈출 욕망과 바다를 정복 내지 극복하고자 하는 도전 욕
망의 집적이라 할 수 있다.

(글: 장창영)

1. 군산, 옥구, 고군산군도

지금의 군산시는 옛 옥구현과 옛 임피현이 합해져 이루어졌으며
금강 하구의 군산진(郡山鎭)과 군산창(群山倉)이 있던 곳을 중심으
로 성장한 도시이다. 군산에는 평야가 많으나 시내의 곳곳에는 오성

산(五聖山 : 228m), 망해산(望海山 : 230m), 고봉산(高峰山 : 153m) 등의 낮은 산들이 솟아 있기도 하다.

금강과 만경강이 군산 주변의 농토를 적시며 흐르다가 서해로 흘러들며, 동쪽에서 남서방향으로 흐르는 탑천(塔川)이 대야면에서 만경강에 합류한다. 군산의 서쪽은 서해에 면해 있으며, 군산 앞바다에는 사람이 살고 있는 유인도가 17개 있으며 무인도도 50개나 된다.

군산 앞바다의 섬 무리를 고군산군도 혹은 고군산열도라 한다. 고군산군도의 본래 명칭은 군산도였으나 지금은 그 명칭을 현재의 군산시에 넘겨주고 옛(古)군산이라는 의미에서 '고군산군도'라 불린다. 고군산군도에 가보면 바다 위에 무리지어 있는 섬들의 모습

군산의 개항 100주년 기념광장

에서 산이 무리지어 있다는 뜻의 군산(群山)이라는 지명이 생긴 이유를 자연스럽게 알 수 있다.

고군산군도에는 선유도, 어청도 등 경치가 아름다운 섬들과 신시도, 내초도 등 역사적인 인물인 최치원의 일화를 남기고 있는 섬들이 있다.

군산의 대표적인 설화로는 금강 하류 '용담포에 관한 전설'과 '중바위전설', 그리고 경주최씨의 시조이며 통일신라시대의 문장가인 최치원에 대한 전설이 있다. 또한 고군산군도에는 각 섬마다 섬이 생겨나게 된 이유나 섬 명칭의 유래가 담긴 전설들이 풍부하게 전해지고 있다.

군산과 고군산군도는 바다를 삶의 터전으로 살아왔기 때문인지 바다나 용왕 등에 관한 설화가 많이 있다. 이곳에서는 '용왕의 딸과 소금장사'나 '용궁에서 가져온 해인'과 같이 용궁, 용왕의 딸, 용왕의 아들이 등장하는 이야기가 보인다. 이 이야기들은 착한 사람은 복을 받는다는 설화의 일반적인 주제의식을 보여주고 있으며, 또 한편으로는 용궁이라는 비현실적 공간에 대한 환상적인 상상 등이 표현되어 있다.

특히 '문어 때문에 생긴 오해'는 산골과 섬과 같이 자연환경이 판이한 사람들이 경험한 세계의 차이로 인해 빚어지는 오해를 소재로 한 재미있는 이야기이다.

고군산군도 지역에서는 비안도, 어청도처럼 섬 이름의 유래를 설명하고 있는 설화와, 장자도 할머니바위와 같이 자연물의 형상에서 파생했을 것으로 보이는 설화들이 전해진다. 또한 신시도 임씨 할머니 전설과 같은 이야기는, 영웅의 탄생과 파멸의 이야기를 담고 있는 아기장수형 설화들이 대부분 남성 영웅을 주인공으로 한 것과는 달리, 젊은 여성을 파멸하는 영웅으로 그리고 있는 것이 이채롭다. 고군산군도의 유래에 관한 설화는 일반적인 장자못 전설과 비슷하기는 하지만, 생존한 노인이 특정 성씨의 시조가 되었다고 끝맺고 있다는 점에서 다르다.

이 지역의 설화에서 자주 만날 수 있는 역사적 인물로는 최치원과 최호 장군이 있다. 최치원은 동방의 석학(碩學)으로 손꼽히는 인물이며 우리나라 18현에 속한다. 최치원의 출생지로 전해지는 옥구 지역의 향교에서도 최치원이 모셔진다.

옥구향교는 조선 태종 3년(1403) 옥구읍 이곡리에 창건되었으며, 성종 15년(1484)에 현재의 상평리로 옮겼다가, 인조 24년(1646)에 현 위치로 이전하여 오늘날까지 전해지고 있다. 대성전에는 공자를 중심으로 중국의 6현과 우리나라의 18현이 모셔져 있으며 최치원은 이곳 서벽에 배향되어 있다. 또한 이 향교 내에는 단군묘가 있으며, 그 옆에는 최치원의 영정을 봉안하고 있는 문창서원이 있다. 향교에서는 매년 음력 2월과 8월의 첫 번째 정일(丁日)에 석전대제를 모신다. 그러나 최치원이나 최치원 관련 설화를 주제로 하는 행사는 따로 없다는 점이 아쉽다.

최호 장군은 이 지역이 낳은 영웅이다. 장군은 조선 중종 27년(1532) 경주 최씨 최치원의 15대손 최한정의 4남 중 막내로 태어났다. 장군이 태어나고 자란 곳은 지금의 군산시 개정면 발산리로서 어머니 광주 김씨가 장군을 잉태하였을 때 넓은 호숫가에 백마가 놀다가 집안으로 힘차게 달려오는 꿈을 꾸어서 호수 호(湖) 자로 이름을 지었다고 한다.

최호 장군 시민추모제는 몇몇 뜻있는 사람들의 노력으로 1990년 9월 4일(음 7. 16) 제1회 추모제를 시작으로 현재까지 치러지고 있다. 최호 장군의 기일이 음력 7월 16일이지만 그 시기에는 무더위 때문에 추모제를 지내는 데 어려움이 있어 매년 양력 5월 7일에 추모제를 실시하고 있다.

군산지방은 바다와 연해 있는 지역답게 무속이 매우 성행하여 세습무인 당골이 많아 매년 음력 6월 초순이나 7월 초순에 용왕굿이 행해져 왔다. 그러나 1960년대부터는 이를 보기 어렵게 되었는데 극히 드물게 선주들이 중심이 되어 강신무를 불러 행하는 용왕굿이 있을 뿐이다.

용왕굿을 하는 목적은 물에 빠져 죽은 사람의 원혼을 달래어 하늘로 인도하며 용왕님과 서낭님의 은덕으로 여름의 태풍을 무사히 넘기고 사람이 다치지 않도록 하며 고기를 많이 잡고 뱃길의 안전을 꾀하는 데 있다. 군산 지역의 용왕굿은 육지의 용왕굿과 섬 지방

비행기에서 내려다본 서해의 섬들

의 특징이 섞여 있는데 이는 군산 지역이 육지와 연결되어 있으면서 섬 지방을 이어주는 지리적 조건과도 관계가 있는 듯하다.

용왕굿을 원래의 형태대로 복원하고 거기에 용왕이나 용왕의 아들, 딸과 관련된 설화들을 결합한 이벤트들을 개발한다면 좋은 문화제가 될 수 있을 것으로 보인다.

(글: 이수라)

가) 최호 장군

최호 장군이 아홉 살 먹어서 아버지를 잃게 되었다. 그때에 일지승(손가락이 하나밖에 없는 중이라는 뜻)이, 산소 앞으로 지나가다가 상좌(上座)에게 말하기를,

"여기 오니까 좋구나. 저게 무슨 자리인지 아느냐?"

"저기는 12대 문관지복(文官之福) 자리입니다."

"저기, 저기는 무슨 자리냐?"

"저기는 당대(當代) 병사(兵使) 자리입니다."

그때 마침 최호 장군의 어머니가 그곳에서 밭을 매고 있다가 그 이야기를 듣게 되었다. 일지승과 상좌가 지나가고 난 후에, 최호 장군의 어머니가 가만히 생각해보다가, 더 자세히 묻기 위해서 그들을 뒤따라갔다. 가다보니 신창이라는 포구였다. 그곳에 이르자 일지승과 상좌가 막 배를 타려는 참이었다. 최호 장군의 어머니는 급히 일지승을 불렀다.

"대사님, 아까 대사님께서 저기 십여 리쯤 되는 산 밑에서 어떤 자리는 12대 문관지복 자리라고 하고, 어떤 자리는 당대 병사 자리라고 하시지 않으셨습니까? 어떤 자리인지 좀 알려주십시오."

그러자 일지승이 최호 장군의 어머니 얼굴을 가만히 들여다보더니 상좌에게,

"이 부인이 그 자리 임자이니 가서 알려드리고 오너라."
라고 일렀다.

그래서 12대 문관지복 자리와 당대 병사 자리를 알게 되었다.

최호 장군의 어머니는 남편의 무덤을 12대 문관지복 자리에 쓰려고 묘자리를 모두 마련해 두었다. 그런데 그 딸이 몰래 마련해 둔 묘 구덩이에다가 물을 갖다 부어놓고는,

"어머니, 여기는 물이 나서 못 쓰겠습니다. 그러니 저 당대 병사 자리로 갑시다."

그리고는 남몰래 웃었다. 그래서 최호 장군 아버지는 당대 병사 자리에 모셔졌다.

그런데 당시 열대여섯 살 먹은 어린 최호 장군이 원두막을 지키다가, 어느 날 꿈을 꾸게 되었다. 꿈에 웬 머리가 하얗게 센 노인이, 상립(喪笠) 쓴 사람 세 명을 데리고 오더니 최호에게 호통을 쳤다.

"너 이놈, 너를 이 동아줄로 묶을거나, 쇠동아줄로 묶을거나?"

"이왕 묶을 테면 쇠동아줄로 묶으시오."

그러자 머리가 허연 노인이 최호를 쇠동아줄로 묶었다. 그런데 최호가 힘을 쓰자 쇠동아줄이 뚝 하고 끊어져버렸다. 그러자 노인이 말했다.

"네가 장군은 장군이다. 하지만 칼자루가 짧아서 성공을 못 하겠구나."

이 지역에는 아주 커다란 방죽이 하나 있었다. 그 방죽에 이무기가 떨어져서는 그 근방에 소를 매어 놓기만 하면 모두 잡아먹어 버려 마을에 근심거리가 되었다. 그러자 어느 날 최호가 화살 아홉 개

로 이무기를 쏘아 죽였다. 그 이무기 썩는 냄새가 삼년이나 진동하여 사람이 그 근처를 지나다닐 수가 없을 정도였다.

그리고 얼마 후에 한양에서 무과를 치른다는 말을 듣고 최호는 한양으로 올라갔다. 최호가 올라왔다는 소문을 들은 서울 활량들은,

"우리, 이번에는 무과에 급제하기 글렀네."

"아니, 왜 그러나?"

"이번에 시골에서 이무기를 활로 잡은 사람이 올라왔다네."

"아무리 그렇다 한들, 우리가 시골 놈에게 급제를 뺏길 리가 있나?"

이런 이야기들을 주고받았다.

드디어 무과를 치르는 날이 되었다. 한양 출신 활량들이 먼저 과거를 치르고, 지방에서 올라 온 활량들이 나중에 과거를 치렀다. 마지막으로 시험을 치르게 된 최호가 상시관(上試官)에게 말했다.

"여기서 주는 활로는 못 쏘겠습니다. 궁노(弓弩, 쇠활)로 쏘도록 허락해 주십시오."

그러자 상시관이 허락을 하였다.

최호가 쏜 첫 번째 화살에 과녁판이 부서져버렸다. 그렇게 하여 그는 무과에서 장원 급제를 하였다.

그는 강진 현감(縣監)을 시작으로 하여 여러 관직을 두루 거쳤다. 임진왜란 때는 많은 공을 세웠고, 충무공 이순신 장군이 제일 아끼는 부하였다. 그러나 정유재란 때 목숨을 잃게 되었다.

그 뒤에 12대 문관지복 자리는 청풍 김씨들이 써서 13대에 걸쳐 감사를 배출했다. 그에 비해 최호 장군의 집안은 당대 병사로 끝나고 만 것을 보면, 명당이라는 것이 과연 헛된 얘기는 아닌 듯싶다.

나) 용왕의 딸과 소금장사

옛날 어느 외딴집에 소금장사가 살고 있었다. 소금장사는 집이 가난한데다가 늦도록 장가도 못 간 노총각이었다. 하루는 소금을 팔고 해질 무렵에 집에 돌아오는 길이었다. 어떤 사람 셋이서 냇가에서 잉어 한 마리를 잡아놓고 있었다. 그런데 소금장사가 보니, 잉어 눈에서 눈물이 처르르 흐르고 있었다. 마음씨 착한 소금장사는 그것을 보고서 불쌍한 마음이 들었다.

"여보시오. 그 잉어 나한테 파시오."

"아이, 여보시오. 우리 세 사람이 오늘 하루 종일 고생해서 겨우 잉어 한 마리 잡았는데 팔라고 하시오?"

"달리 그런 것이 아니라 우리 어머니가 지금 많이 아프신데, 잉어를 잡수시면 낫는다고 해서, 지금 사흘째 잉어를 구하러 다니고 있습니다. 제발 저한테 좀 팔아주십시오."

"아, 그런 사연이라면 팔지요."

소금장사는 하루 종일 소금을 팔아 번 돈을 몽땅 털어주고는 그 잉어를 샀다.

잉어를 가지고 한참을 걸으니 커다란 방죽이 나왔다. 소금장사는 좀 전에 잉어가 눈물 흘리던 장면을 떠올리고는 가만히 방죽에다 잉어를 넣어 주었다. 그러자 잉어가 꼬리를 내두르며 물속 깊이 들어갔다. 그리고 집에 와서 생각하니 주머니에 돈이 한 푼도 남아 있지 않아서 내일 장사할 밑천이 없어서 장사도 못 하겠구나 싶은 마음에 시름에 겨워 잠이 들었다.

다음날 아침이었다. 아침 일찍 누군가가 와서 소금장사를 찾았다. 산골짜기 외딴집에 이렇게 이른 시간에 누굴까 하고 문을 열고 나가보았다. 그랬더니 부잣집 도련님처럼 차린 잘생긴 도령이 소금장사를 찾고 있었다.

"무슨 일이십니까?"

"어제 저녁에 잉어 한 마리를 방죽에다 넣어 준 일이 있으시지요?"

"예."

"그 잉어가 다름 아닌 제 누님이십니다."

"예?"

"저희 아버님은 용왕님이십니다. 아버님께서 당신이 아니었으면 하나밖에 없는 딸을 영영 잃을 뻔했다고 하시면서, 은혜를 갚고 싶으니 모셔오라고 하셨습니다."

소금장사는 갑작스러운 상황에 도무지 얼떨떨하였다. 도령은 이어서 말했다.

"용궁에 가면 제 누님은 고양이 모양을 하고 있고, 천리마란 말은 비루먹은 당나귀처럼 보입니다. 제 아버님께서 무엇이든지 원하는 것이 있으면 말을 하라고 하시거든, 고양이하고 당나귀만 달라고 하십시오."

소금장사는 도령을 따라 용궁으로 갔다.

도령의 말처럼 용왕이 소금장사에게 치하의 말을 한 다음에 원하는 것은 다 줄 테니 뭐든지 말하라고 하였다. 소금장사는 도령이 말한 대로 고양이와 당나귀를 달라고 하였다. 그랬더니 용왕은,

"네가 그리 원한다면 할 수 없다. 우리 딸 목숨은 네가 살린 것이니, 그럼 데리고 가거라."

하고 허락하였다.

용왕의 명을 받고 소금장사에게 다가온 고양이는 예쁜 아가씨로 변하였다. 소금장사는 아가씨와 비루먹은 당나귀를 데리고 용궁 밖으로 향했다. 그러자 방죽 물이 양쪽으로 갈라지면서 넓은 길이 펼

쳐졌다.

가난한 소금장사가 예쁜 아가씨를 데리고 와서 산다는 소문은 순식간에 마을에 퍼졌다. 하루는 아가씨가 예쁘다는 소문에 욕심이 난 고을 원님이 소금장사를 불렀다.

"너하고 나하고 내기를 하자. 장기를 두어서 네가 이기면 돈을 한 궤짝을 주고, 내가 이기면 네 아내를 내게 다오."

소금장사는 어쩔 수 없이 내기에 응할 수밖에 없었다. 하지만 장기를 둬 본 적이 없어서 걱정이었다. 집에 돌아와서 그 이야기를 하니 아내가 말했다.

"걱정 마십시오. 내일 장기를 두면 파리 한 마리가 그 장기판 여기에 앉았다가 저기에 앉았다가 할 것입니다. 그러면 파리가 앉는 자리에만 장기를 놓으십시오."

다음날, 원님과 장기를 두다보니 아내의 말대로 파리 한 마리가 있었다. 소금장사는 파리가 앉는 자리를 눈여겨 봐두었다가 그 자리에 장기를 놓고는 하였다. 그러자 장기는 소금장사의 승리로 끝났고 원님은 소금장사에게 돈 한 궤짝을 내주었다. 그러면서 또 다른 내기를 제안했다.

"내일은 물싸움을 한 번 하자. 네가 이기면 또 돈 한 궤짝을 줄 것이고, 네가 지면 네 아내는 내가 가진다."

원님의 말에 그러겠노라고 대답은 하였지만 소금장사는 걱정이었다. 그랬더니 아내가 걱정 말고 어서 잠이나 자라고 했다.

이튿날 아침이 되자 아내가 용궁에 다녀오라고 말했다.

"가시거든 병 세 개를 가져오십시오. 빨간 병 하나, 파란 병 하나, 노란 병 하나입니다. 오는 도중에 병뚜껑을 열어보면 큰일이 벌어질 것이니, 절대로 열어 보지 마십시오."

　소금장사는 아내의 말대로 용궁에 가서 병 세 개를 얻어왔다. 오는 길에 도대체 병 속에 뭐가 들었는지 궁금하여서 참다못해 빨간 병 뚜껑을 열었다. 그랬더니 갑자기 삽시간에 불이 번졌다. 집에 있던 아내는 그 상황을 알아차리고서 조화를 부려서 불을 병 속에 다시 잡아넣었다. 그리고는 집에 돌아온 소금장사를 나무랬다.

　“서방님, 열어 보지 말라고 당부하지 않았습니까? 하마터면 서방님이 불에 목숨을 잃을 뻔 하였습니다.”

　그리고는 소금장사와 아내는 말을 타고서 높은 산으로 올라갔다. 산꼭대기에 올라가 파란 병뚜껑을 열자 순식간에 물바다가 되어 버렸다. 물속에서 원님이 허우적거리는 걸 보고는 구해주었다. 그러자 원님은 돈 한 궤짝을 주고는 다시 내기를 제안했다.

　“이 번에는 이를 잡는 내기를 하자. 네가 만약 내일까지 이 서 되를 잡으면 내가 또 돈 한 궤짝을 주겠다. 만약 그리 못하면 네 아내는 내 것이 된다.”

　이튿날이 되자 소금장사의 아내는 소금장사에게 지푸라기로 엮은 자그마한 자루 하나를 주었다.

　“이걸 가져가서 그저 거꾸로 들고 흔들기만 하십시오.”

　소금장사는 아내가 주는 자루를 받아들고는 원님에게로 갔다.

　원님은 고을의 거지들을 모두 모아놓고 이를 잡았다. 그렇게 잡아도 겨우 한 되였다. 소금장사는 아내가 준 자루를 거꾸로 들고 흔들었다. 그러자 아무 것도 없던 자루 속에서 이가 우수수 떨어져 내렸다.

　“또 내가 졌다.”

　원님은 또다시 소금장사에게 돈 한 궤짝을 내주었다. 이번에는 또 다른 내기를 제안하지 않고 그냥 소금장사를 보내주었다. 그 덕분에 소금장사는 부자가 되었다.

그날 저녁, 아내가 말했다.

"저는 본래 용궁 사람입니다. 하지만 서방님은 육지 사람이니, 더이상 함께 하기가 힘듭니다. 이제 재산도 많이 가지게 되었고 하니, 새로 좋은 사람을 만나서 행복하게 사십시오."

그리고는 사립문 바깥으로 나가더니 종적이 묘연해졌다.

그 후 소금장사는 원님에게서 받은 돈으로 논과 밭을 사서 열심히 농사지으며 행복하게 살았다.

다) 전라감찰사를 한 머슴

옛날 어떤 집에 꼬마둥이가 있었다. 꼬마둥이는 꼴이나 베어 주고 소나 먹일 줄 알았지, 글은 전혀 배우지 못한 무식한 아이였다. 어느 더운 여름날이었다. 그 날은 전라감찰사가 부임하는 날이었다. 삼현육각(三絃六角)을 잡히고 나발을 불며 기생들까지도 팔패교군을 하여 가마를 타고 내려오는 거창한 부임 행렬이었다.

그 광경을 본 꼬마둥이가 제 주인에게 물었다.

"주인 어른, 저게 뭐하는 사람입니까?"

"거, 이놈아, 전라감찰사 행차시다."

"그래요? 대단한데요. 나도 그럼 전라감찰사나 한번 해봐야겠습니다."

"뭐라고? 야, 이놈아, 남의 소나 먹이는 네까짓 놈이 전라감찰사를 한다고? 허허."

주인은 하도 기가 막혀서 웃어버렸다. 그런데 꼬마둥이는 그 뒤에는 일은 하려고 생각지도 않고 사랑방에 누워서 뒹굴거렸다. 주인이 일을 하라고 아무리 재촉을 해도 꼼짝도 하지 않았다. 화가 난 주인은 그 동안의 새경을 계산해 주고는 꼬마둥이를 내쫓아버렸다.

꼬마둥이는 주인에게서 받은 새경을 들고 한양을 찾아갔다. 돌아가신 아버지의 신주를 자루에 넣어 짊어지고는 몇날 며칠을 걸어서 한양으로 올라갔다. 그런데 한양에는 아는 사람도 없는 터여서 밥을 사먹으며 그럭저럭 돌아다니다 보니 새경으로 받은 돈이 거의 없어지고 말았다.

그러던 어느 날 돌아가신 아버지의 제삿날이 되었다. 꼬마둥이는 시장에 가서 초를 사가지고 남대문 이층 꼭대기 네 구석에다가 초를 밝히고, 음식도 마련하여 신주를 잘 모셔놓고는 제사를 지냈다.

그때는 마침 세종대왕께서 백성들의 애환을 살피기 위하여 변복(變服)으로 잠행(潛行)을 하던 중이었다. 멀리서 보니 남대문에 불빛이 환하게 보였다. 세종대왕은 웬 일인가 싶어 남대문을 올라가 보았다. 그랬더니 어떤 꼬마둥이 놈이 제사를 모시는 중이었다.

"너는 누구인데 여기 와서 제사를 모시느냐?"

꼬마둥이는 지금 제 앞에 서 있는 사람이 누구인지도 모르고 대답하였다.

"예, 우리 집에도 손님이 오셨습니다."

그러면서 모주(母酒) 한 그릇을 따라서 내밀었다. 세종대왕은 어쩔 수 없이 모주를 받아 마셨다.

"제가 전라감찰사를 하려고 여기까지 왔는데, 어떻게 해야 전라감찰사가 될 수 있는지 모르겠습니다."

세종대왕이 이곳까지 이르게 된 사연을 묻자 꼬마둥이가 대답하였다. 세종대왕은 꼬마둥이에게 물었다.

"네가 전라감찰사를 시켜주면 할 수가 있겠느냐?"

그러자 꼬마둥이가 호기있게 대답하였다.

"아, 그까짓 것 못하겠습니까?"

꼬마둥이가 너무나 자신 있게 대답하는 바람에 세종대왕은 또 물었다.

"너, 그러면 임금자리도 주면 하겠느냐?"

세종대왕의 말이 끝나자마자 꼬마둥이가 세종대왕의 뺨을 올려 부쳤다.

"에이, 이 나쁜 놈아, 하늘에 해가 하나지, 두 개 뜨는 것 봤느냐?"

세종대왕은 뺨이 얼얼하였지만 기분은 나쁘지 않았다.

경기전 내에 있는 예종대왕 태실

“그러면 너 과거 한 번 보겠느냐?”

“그럼요, 과거 보러 여기까지 왔는데요.”

“그렇다면 내일 별과(別科)가 있다더구나. 너 그 과장(科場)에 한 번 가겠느냐?”

“가고 말고요.”

“그런데 그 과거 문제가 짐승만 그려놓고 한다더구나. 그 짐승 이름이 쫄르기라고 하더라. 그러니까 네가 쫄르기라고만 하면 과거에 급제하게 될 것이다.”

그리고는 세종대왕은 그 자리를 떠났다. 그 날부터 꼬마둥이는 밤새도록 쫄르기, 쫄르기, 쫄르기를 외웠다.

다음 날 별과가 열렸다. 그 소식을 들은 선비들이 모여 들었으나 아무도 문제를 풀지 못 하였다. 도무지 알 수 없는 짐승 한 마리를 그려 놓고 그 이름을 맞추라니 풀 수가 없는 게 당연하였다. 꼬마둥이는 밤을 지새다보니 늦게야 과장에 당도하였다.

시험관이 짐승 그림을 보여 주며 이름이 무엇인지 맞추어 보라고 하였다.

“예, 쫄르기입니다.”

시험관은 꼬마둥이를 합격시켰다. 세종대왕은, 제사 모시는 법도를 보아하니 양반의 자식이고, 전라감찰사를 하겠다니 배포가 큰 사람인데다가, 하늘의 해는 하나라고 낯선 양반의 뺨을 때리는 것을 보면 충심이 대단한 사람이라 판단하여 꼬마둥이를 발탁한 것이었다.

별과에 급제한 꼬마둥이는 전라감찰사를 제수 받고 전라도로 부임하였다. 내려와서는 전 주인집 딸과 혼인하였다. 그리고는 나랏돈을 훔쳐 먹는다거나 백성들에게 억울한 처사를 한다거나 하는 일 없이 전라감찰사의 일을 잘 수행하였다.

라) 용궁에서 가져온 해인(海印)

옛날 어느 마을에 이씨 성을 가진 사람이 살고 있었다. 그는 밭농사나 조금 지으면서 살아가는 가난한 농부였다.

어느 날 그 집에 개가 한 마리 들어왔다. 비쩍 마르고 지저분한 모습을 보니 제대로 먹지도 못 하고 여기저기 떠돌아다닌 듯했다. 이서방은 개를 보살펴주었다. 개는 신통하게도 순하고 말도 잘 알아들었다. 그런데 몇 달이 지나자 그 개가 온데간데없이 사라져버렸다.

개가 집을 나가고 며칠 후 작은 동자 하나가 찾아왔다.

"어르신, 얼마 전에 이 집에 개 한 마리가 우연히 들어 온 일이 있으시지요?"

"응. 그랬단다. 그런데 며칠 전에 갑자기 집을 나가버려서 지금은 집에 없단다."

"제가 바로 그 개입니다. 저희 아버지는 수중(水中)의 왕이신데, 아버지께 혼이 나고는 무서워서 개로 변신하여 이 집에 숨어 있었던 것입니다. 아버지께서는 몇 달 동안이나 제 종적이 보이지 않자 걱정하셨답니다. 저를 이렇게 잘 보살펴 주신 어르신께 보답을 하고 싶으시다고, 한 번 모셔오라 하여 이렇게 모시러 왔습니다."

"아, 그런 일이 있었는가? 하지만 수중하고 육지는 다른데, 어찌 육지 사람이 수중에 들어갈 수가 있는가?"

"걱정 마십시오. 저만 따라오시면 됩니다."

이서방은 동자의 말을 믿고 따라나섰다. 바닷가에 이르자 동자는 주문을 외웠다. 그러자 바닷물이 둘로 갈라지며 넓은 길이 펼쳐졌다. 길을 따라 가면서 동자가 이서방에게 이르기를,

"제 아버님께서 어르신이 육지로 나온다고 하면 정표를 하나 주

겠다고 할 것입니다. 그러면 다른 건 다 그만두고, 오각짜리처럼 생긴 동전 하나만 달라고 하십시오. 아마 쉽게 내주지는 않으실 겁니다만, 꼭 그 동전을 받아가지고 오십시오."

한참을 걸어 들어가니 웅장한 기와집들이 즐비하였다. 동자는 그 중에서도 가장 커다랗고 화려한 집으로 이서방을 이끌었다.

"여기 모셔왔습니다."

"이리 모셔 들여라."

용왕은 커다란 몸집에 눈이 부리부리한 게 좀 무서워 보였다.

"어서 들어오시오."

그러고는 용왕이 벽장문을 열었다. 육지는 한창 겨울인데, 벽장 속에 있는 나무는 새파랬다. 용왕은 깨벌레처럼 생긴 커다란 벌레 몇 마리를 젓가락으로 집어서 접시에 담아가지고는 이서방에게 내밀었다.

"이게 귀한 손님이나 와야 대접하는 것입니다."

이서방이 놀라서 바라보니, 그것은 달 속에 있는 계수나무에 사는 벌레라고 하였다.

용궁에 들어온 지 보름 정도 지나갔다. 이제 그만 육지로 가보겠다고 하자, 용왕은 곳간 문들을 열어 보여주었다. 곳간마다 금은보화며 산호지팡이 등으로 가득 차 있었다. 용왕이 이서방에게 말했다.

"뭐든 하나 원하는 걸 가져가야 하오."

이서방은 용궁으로 들어오면서 동자가 하던 말이 떠올랐다.

"저는 저런 것들은 필요하지 않습니다."

"무엇이든지 한 가지라도 가지고 가야 육지로 나갈 수가 있소. 뭐든 하나 고르시오."

이서방이 용왕의 책상 위를 얼핏 보니 거기에 오각짜리처럼 생긴 동전이 하나 있는 게 보였다.

"그렇다면 저 동전을 저에게 주십시오."

용왕은 내키지 않아 하였으나, 어쩔 수 없다는 듯이 명주 헝겊에 여러 번 싸서 내주었다. 용왕은 처음 이서방이 왔을 때처럼 계수나무 벌레를 주고, 이번에는 천도복숭아까지 주면서 배웅을 하였다.

이서방이 집에 와서 동전을 보니 아무 쓸데도 없어 보였다. 차라리 금이나 가지고 왔으면 팔아서 잘 쓸 텐데 싶은 마음까지 들었다. 그런데 어느 날인가 보니 난데없이 돈을 빌리고 쓴 차용증서 위에 차용증서에 써 있는 액수만큼의 돈이 있었다. 알고 보니 그 동전은 원하는 것은 뭐든지 할 수 있는 해인(海印)이었다.

이서방은 처음에는 가지고 싶은 건 뭐든지 가질 수 있고 원하는 일은 뭐든지 할 수 있어서 기분이 좋았다. 그러나 시간이 지날수록 '이러다가는 나라의 역적이 되겠구나' 싶은 마음이 들었다. 이서방은 임금님께 해인을 바치려고 하였으나, 임금님도 받으려고 하지 않았다.

마침 그때 합천 해인사를 중창 하고 있었다. 이서방은 팔만대장경 바닥에다가 해인을 싸서 두었다.

그때 정만용이란 중이 있었다. 그가 조선 땅을 바라보니 합천 해인사에서 보물의 빛이 비쳤다. 정만용은 풍수지리를 잘 알았다. 그는 적자가 아닌 군에게 왕이 날 자리를 써 주어서 왕이 되도록 해 준 사람이다. 왕이 정만용에게 소원을 묻자,

"중놈이 무슨 소원이 있겠습니까? 그저 합천 해인사의 팔만대장경이나 실컷 보았으면 하는 것이 소원이옵니다."

왕은 정만용의 청을 흔쾌히 허락하였다.

정만용은 해인사에 있는 팔만대장경 밑에서 그 해인을 찾아내어

도망쳐 버렸다. 그는 몇 백 살이 넘었는데 아직도 살아있다고 한다.

전하는 이야기에 의하면, 그 해인이 다시 세상에 나오는 날에는 천하가 통일된다고 한다. 군대가 몇 십만 명이 오든지 해인의 빛을 한 번 쏘이기만 하면 한 번에 전멸시켜 버릴 수도 있고, 총알이나 핵폭탄 같은 것도 무력화시킬 수 있다는 것이다.

마) 문어 때문에 생긴 오해

옛날에 어떤 산속에 사는 사람이 섬으로 장가를 가게 되었다. 첫 날밤은 달이 기가 막히게 밝은 밤이었다. 신랑이 신부와 함께 잠을

전통방식으로 만든 부부 베개

자려고 하는데, 어떤 사람이 삿갓처럼 생긴 것을 쓰고는 문에 딱 붙어 있다가는 멀어져 갔다.

이를 본 신랑은, '아, 내가 속아서 장가를 들었구나. 신부한테 남자가 있는 것도 모르고.'하는 생각을 하였다.

신랑은 앉은 채로 날이 새기를 기다렸다가 창문 밖이 밝아지자마자 집으로 돌아와 버렸다. 그리고는 아버지에게 하소연을 하였다.

"아버지, 신부한테 좋아하는 남자가 있는 것도 모르고 장가를 들었습니다."

"아니, 그게 무슨 소리냐?"

신랑은 첫날밤에 있었던 일을 이야기하였다. 그 이야기를 듣고 놀란 신랑 아버지는,

"그러면 너는 여기 있거라. 내가 가서 알아보고 오마."
하고는 신부네 집으로 갔다.

신랑 아버지는 신부를 다른 방에서 자도록 하고 신방에 들어가 밤이 되기를 기다렸다. 아닌 게 아니라 삿갓을 쓴 어떤 놈이 방문에 붙어 있다가는 가는 것이었다. 놀라기도 하고 화가 난 신랑 아버지는 신부 아버지를 불렀다.

"사돈 양반, 사돈 양반!"

"예! 왜 그러십니까?"

"제가 여기서 보니, 웬 삿갓 쓴 놈이 엿보고 달아납디다. 이게 어찌 된 일입니까?"

그 이야기를 들은 신부 아버지는 짐작되는 바가 있었다.

"잠시만 기다리십시오. 어찌 된 일인지 제가 다 말씀드리겠습니다."

그러고 나가더니 조금 있으니까 도리깨로 무언가를 두드리는 소

리가 들렸다. 그러면서 또 집안 식구들끼리 웃는 소리도 났다. 신랑 아버지는 이상하다는 생각이 들었지만 점잖은 체면에 내다 볼 수도 없어서 기다리고 앉아 있었다. 밖이 조용해지고 얼마 후에 신부 아버지가 다시 왔다.

“사둔 어른, 잠 드셨습니까?”

“아닙니다.”

“그럼, 좀 들어가겠습니다.”

신부 아버지는 술상을 앞세우고 들어왔다. 술상에는 허옇고 둥그렇고 기다란 것이 놓여 있었다. 신랑 아버지는 처음 보는 것이었다.

“좀 드시지요. 이것이 좀 전에 사둔어른께서 보신 것입니다. 지난 번에 사위가 봤다는 것도 이것이 틀림없습니다.”

“이것이 무엇입니까?”

“문어라는 물고기올시다. 이 섬에서는 문어라는 놈이 이렇게 달이 밝은 밤이면 활동이 활발해집니다. 허허허.”

신랑 아버지는 신부 아버지의 권유에 따라 문어를 한 점 집어서 맛을 보았다. 문어는 방금 잡은 싱싱한 놈이라서 아주 부드럽고 맛이 있었다. 신랑 아버지는 그제서야 자신이 오해했음을 깨닫고 사과를 했다. 그리고는 아들에게 갖다 주려고 문어를 좀 싸달라고 했다. 신부 아버지는 베보자기에 문어를 싸고 술도 한 병 챙겨서 들려 주었다.

집으로 돌아온 신랑아버지는 아들에게 자초지종을 이야기해 주고는, 아들을 다시 신부네 집으로 가보도록 했다. 신랑은 아버지의 말씀을 반신반의하면서도 따를 수밖에 없었다.

그날 밤, 신랑과 신부는 다시 신방에 함께 들었다. 그 날도 달이 밝았다. 얼마 동안을 앉아있었는데, 신부가 갑자기 일어나더니 바깥으로 뛰어 나갔다. 그러더니 도리깨로 문어를 두드려 잡아 가지고 맛있게 삶아서 술과 함께 받쳐 들고 다시 들어왔다. 신랑은 신부가 차려온 술상을 받고서야 자신이 오해했다는 것을 깨달았다.

"오해해서 미안하오. 앞으로는 서로 믿고 의심하지 말고 잘 살아 봅시다."

그 후 신랑과 신부는 아들 다섯에 딸 여섯을 낳고 행복하게 잘 살았다고 한다.

바) 내초도 금돈시굴

고운 최치원은 경주 최씨의 시조이며 신라 말기의 대석학이다. 최치원은 학문이 높아 신라는 물론이고 멀리 중국에까지 널리 알려진 대문장가이기도 하다. 그런데 고군산군도에 있는 섬 중의 하나인 내초도에는 최치원에 관한 기이한 전설이 하나 전해지고 있다.

원래 경주 최씨의 시조는 금빛 나는 돼지에서 낳았다 하여 일명 '돼지 최씨'라고도 한다. 최치원의 아버지가 하루는 내초도라는 섬으로 사냥을 나갔다가 누런 황돼지 한테 붙들려 바위 밑 토굴로 끌려가서 몇 달 동안을 함께 살게 되었다. 그러는 동안에 황돼지에게 태기가 있어 열 달 후에 아들을 낳았다. 그 아들이 점점 자라나자 아버지는 아들을 데리고 육지로 나오려고 해도 못 나오고 황돼지와 같이 짐승처럼 살게 되었다.

하루는 어미 돼지가 이웃 섬으로 사냥을 나가고 없는 사이에 아버지는 다섯 살이 된 아들에게 그동안 있었던 일을 모두 이야기하였다. 그리고는 아들을 육지로 데리고 가서 공부를 시키고 싶은 생각은 간절하지만 도저히 섬에서 빠져나갈 수가 없다고 한탄하였다. 이 말을 들은 아들은 어미돼지가 해다 놓은 나무토막을 날마다 조금씩 몰래 엮어서 배를 만들어서 타고 나가자고 하였다. 아버지는 다섯 살밖에 되지 않은 아들의 영민함에 놀라워하며 그 날부터 당장 배를 만들기 시작하였다.

드디어 뗏목이 완성되었다. 어느 날 어미돼지가 산에 나무를 하러 간 사이, 아버지와 아들은 뗏목을 타고 육지를 향해 온 힘을 다해 도망쳤다. 그런데 어느새 어미돼지가 이를 알고서 헤엄을 쳐 쫓아오고 있었다.

금세 앞발이 배에 닿을 듯하자 아들은 미리 잘라서 뗏목에 실어 놓았던 나무토막을 하나씩 던져 주었다. 욕심이 많은 어미 돼지는 나무토막이 떠내려갈까 봐 아까워서 얼른 물어다가 섬에다 갖다 두고 다시 쫓아왔다.

아들은 어미돼지가 뗏목에 가까이 다가오기가 무섭게 나무토막을 던져주고 던져주고 하였다. 그럴 때마다 어미돼지는 나무토막을 물어다 섬에 갖다 두고 갖다 두고 하였다. 그러던 끝에 어미돼지는 기진맥진하여 바닷물에 빠져 죽고 말았다. 아버지와 아들은 가까스로 육지에 닿게 되었다.

그 후 머리가 총명한 아들은 아버지의 가르침에 따라 열심히 공부하여 훗날 훌륭한 인물이 되었다. 그가 바로 경주 최씨의 시조요 신라의 대문장가였던 최치원이다.

군산과 주변 일대에서는 이 이야기가 광범위하게 전해지고 있으며 지금까지도 경주 최씨는 금돼지의 자손이라는 말을 한다. 또한 내초도에는 아직도 금돈시굴(金豚始窟)이라 일컬어지는 굴의 흔적이 남아 있다.

이 이야기 이외에도 군산 지역의 인근인 옥구 일대는 최치원과 얽힌 사연을 여러 가지 글에서 찾아 볼 수 있다. 그 중의 하나가 지금 옥구 상평마을에 있는 자천대이다.

자천대는 당나라에서 큰 벼슬을 하고 학문을 닦은 후 신라로 돌아온 최치원이 세상인심이 흉흉해지자 홀로 세상을 등지고 생활을 하였던 곳이라고 전해진다. 최치원은 이 바위에 올라 앉아 책을 읽으면서 시름을 달랬다고 하는데, 아직도 이 바위 위에는 최치원의 무릎 자국과 먹을 갈았던 흔적이 남아 있다는 전설이 전해진다.

2. 고창, 위도, 부안

고창군은 74km에 이르는 긴 해안선을 끼고 있으며 광활한 황토 야산 개발지를 바탕으로 수박, 고추와 채소 등 다양한 농산물을 생산하여 축복받은 고장으로 불려 왔다. 고창에서 생산되는 특산물 중 특히, 선운산 계곡 골바람과 인천강이 만나는 풍천지역에서 생산되는 풍천장어는 전국적으로 유명하다. 이 외에도 서해안 갯벌에서 생산되는 바지락과 김, 대하, 미꾸라지 등 수산물은 여타 지역에서 생산되는 수산물보다 맛이 좋고 청정하여 갈수록 명성을 더해가고 있다. 고창에서는 이들 특산물을 대상으로 해마다 '해산물 축제'를 벌이고 있다.

고창의 대표적인 축제는 '모양성제'이다. 모양성제는 매년 음력 9월 9일(중양절)을 전후로 열리는 행사로, 민간단체인 사단법인 모양성제전회 주최, 각 사회단체 주관으로 전국 유일의 답성 놀이, 전통 혼례식, 수령 부임행차 재현, 성 쌓기 재현, 각종 전시회 및 축하 공연, 보릿골 난장 등 화합의 한마당 잔치로 축제 분위기를 돋우어 꾸준히 발전해 오고 있다.

고창읍성에는 여자들이 돌을 머리에 이고 성을 밟으면 무병장수하고 죽어서 극락에 간다는 전설과 독특한 성밟기 풍속이 전해온다. 성을 한 바퀴 돌면 다릿병이 낫고 두 바퀴 돌면 무병장수하며 세 바퀴 돌면 저승길이 환히 트여 극락에 갈 수 있다는 것이다.

성밟기는 윤달, 그중에서도 윤삼월에 해야 효험이 많다고 한다. 특히 초엿새, 열엿새, 스무엿새 등 여섯 수가 든 날은 저승문이 열리는 날이라 하여 더욱 많은 여자들이 다른 먼 지방에서까지 모여 들었다.

성을 다 밟은 후에는 머리에 이었던 돌을 성 입구에 쌓아두도록 되어 있다. 여성들은 성을 돌면서 호국의지를 다지고, 몸무게에 돌 무게까지 더해짐으로써 성터를 굳게 다지는 효과를 거둔다.

그들이 이고 온 돌은 성 입구에 쌓아두어 해빙기 때 성터에 틈이 생기거나 보수가 필요할 경우 요긴하게 사용한다고 한다. 요즘에는 주로 음력 9월 9일에 열리는 모양성제 때에 한다.

신석정 시인 시비

  부안지방 역시 해산물의 보고라 할 수 있다. 작은 어항인 곰소에
서는 해마다 젓갈을 비롯하여 박대, 조기 등 각종 수산물들이 활발
하게 거래되고 있다. 매창이라는 걸출한 시인을 낳은 부안지역은
매창 사후 주옥같은 시어로 우리나라 국문학사에 크게 공헌한 매창
의 삶과 시문학 정신을 기리는 매창 추모제를 부안지방의 시인묵객
들로 구성된 부풍율사에서 수백 년 동안 지내왔으나, 2001년부터
전국적인 규모의 매창 문화제로 확대하여 다양한 장르의 행사를 개
최함으로써 그 의미를 더욱 새롭게 하고 있다.
  이외에도 부안지역은 해마다 석정을 기리는 '석정문학제'를 개최
함으로써 지역문학의 요람지로서의 명성을 더해가고 있다. 부안 출
신 시인 신석정은 박용철과의 인연으로 1931년에는 <시문학> 3호
에 <선물>을 발표하였다. 이후 부안으로 낙향하여 부안읍 변두리

청구원호에 <선물>을 발표하고 낙향하여, 부안읍 변두리 선은리에 초가

선은리에 초가를 마련하고 '청구원(靑丘苑)'이라는 옥호를 붙이고 시작(詩作)활동에 전념했다.

1939년 33살의 나이에 <촛불>이 나오자 문단에서는 시어(詩語)의 조탁, 각도의 참신, 형식의 세련 등에 주목하였다. 이 시집을 통해 석정은 종래의 감상 위주의 시 흐름을 일시에 변화시킨 서정적 목가시인으로 찬사를 받게 되었다.

오늘날에도 부안지역에서는 '이상향을 노래한 목가시인(牧歌詩人)'이자 '역사현실에 적극 입회하려 한 참여정신'의 소유자라는 평가를 받아온 석정을 재조명하기 위한 노력이 지속적으로 이루어지고 있다.

(글: 장창영)

가) 내소사 설화

내소사(來蘇寺)는 전라북도 부안군 변산면 석포리에 위치한 사찰로, 능가산(관음봉, 433m) 가선봉 기슭에 자리 잡고 있다. 이 때문에 내소사를 '능가산 내소사'라 부른다. 내소사(來蘇寺)는 백제 무왕 34년(633년)에 혜구두타(惠丘頭陀)가 '소래사'라는 이름으로 창건한 고찰(古刹)로, 창건 당시에는 대소래사와 소소래사가 있었는데 지금의 내소사는 예전의 소소래사다.

내소사는 과거에 '소래사(蘇來寺)'였음이 성종 17년(1486)에 간행된 <동국여지승람(東國輿地勝覽)>과 이규보(李奎報)의 <남행일기(南行日記)>에 기록되어 있다. 또 최자(崔滋)의 <보한집(補閑集)>에도 고려 인종 때 정지상(鄭知常)이 지은 <제변산소래사(題邊山蘇來寺)>라는 시가 기록되어 있는데, '소래사'가 언제 '내소사'로 되었는지는 분명하지 않다. 당(唐)나라 장수 소정방(蘇定方)이 절에 들러 시주했기 때문에 소래사가 내소사로 되었다는 말이 있지만 명확한 근거는 없다.

대웅보전은 1633년에 완공되었는데, 못 하나 쓰지 않고 나무를 깎아 서로 교합하여 만든 그 의장과 기법이 매우 독창적인 조선중기의 대표작이다. 황금비에 가까운 구성과 안정된 입체를 이루며 입면에서 나타나는 몸체와 지붕부의 적절한 균형, 그 사이에 삽입된 공포대의 매개역할은 건물전체형태가 세심한 비례적 감각에 의해 계획되었음을 보여준다.

청민선사가 내소사를 중건할 때, 대웅보전 재건을 맡을 목수를 불렀는데, 목수는 묵묵히 나무만 다듬었다. 말 한마디 안 하고 나무만 깎고 있으니 장난기가 발동한 한 사미승이 목수가 깎고 있는 나무토막 하나를 몰래 감추어 버렸다. 나무를 다 깎았다고 생각한 목수는 깎은 나무토막 수를 헤아렸고 결국 하나가 부족한 것을 알게되었다. 목수는 자신의 수양이 아직 부족한 것으로 생각해 청민선사에게 절을 지을 수 없다고 했지만, 청민선사는 그 부족한 한 토막은 이 절과 인연이 안 되는 것 같으니 그만 생각을 바꿔 절을 지어달라고 사정했다.

후에 사미승의 소행임을 알게 된 목수는 부정 탄 재목은 쓸 수 없다고 생각하여 그 나무토막을 빼고 법당을 완성하였다. 그래서 지금도 내소사 법당 안의 오른쪽 윗부분 공포 내 출목의 목침 한 개가 비어 있다고 한다.

나) 칠산바다 수호신 '개양할미'

변산반도는 노령산맥이 서해를 향해 달리다가 우뚝 멈춰 선 형국으로 서해상에 깊숙이 돌출되어 있다. 이곳 변산반도 서쪽 맨 끝 지점(변산면 격포리 죽막동) 해안가 높은 절벽 위에는 지방유형문화재 제58호 수성당이 있다.

이 당집은 서해를 관장하는 여해신(女海神)인 개양할미를 모신 곳이다. 전설에 의하면 개양할미는 딸 여덟을 낳아 칠산바다 각지에 시집보내고 막내딸만 데리고 살았다고 하며, 이러한 이유로 수성당을 구랑사(九娘祠)라고도 불렀다 한다. 언제부터 이 당집이 있어 왔는지는 정확히 알 수 없으나, 이전의 건물 상량에 '道光 三拾年 庚戌 四月二十八日 午時 二次上樑'이라고 기록한 것으로 보아 1850년 훨씬 이전부터 있었음을 알 수 있다.

1992년 전주박물관에서 수성당 주변을 발굴하여 이곳이 선사시대 이래로 바다 혹은 해신에게 제사를 지내왔던 곳(죽막동 제사유적)임을 확인한 바 있다. 이를 고려한다면 수성당의 연원은 조선조보다 훨씬 더 이전으로 거슬러 올라갈 수 있다.

이 개양할미와 관련 있는 전설 내용은 다음과 같다. 아득한 옛날 적벽강의 대막골 뒤 '여울굴'에서 개양할미가 나와 바다를 열고, 풍랑과 깊이를 조정하여 어부들의 생명을 보호하고 풍어를 관장하여 왔다고 한다.

그리하여 이 지역 사람들은 개양할미를 물의 성인으로 높여 수성할미라 부르고, 여울골 위 칠산바다가 한 눈에 보이는 절벽에 구랑사를 짓고 모셔왔다. 이는 개양할미가 딸 여덟을 낳아 위도, 영광, 고창, 띠목 등 칠산바다 요소에 보내 바다를 지키게 하고, 개양할미는 막내딸을 데리고 구랑사에 머물며 서해바다를 총괄했다고 전해지기 때문이다.

그런 개양할미는 키가 어찌나 크던지 굽나막신을 신고 바다를 걸어다녀도 버선도 젖지 않았다 하며, 다만 곰소의 '계란여'에 이르러

발이 빠져 치마까지 젖었는데, 화가 난 개양할미가 치마에 돌을 담아 날라 계란여를 메웠다고 전한다.

지금도 깊은 물을 보면 '곰소 둠벙 속 같다'는 속담이 전해오고 있다. 얼마 전까지도 음력 정월 보름이면 죽막동을 중심으로 한 주변 마을 어민들이 무사태평과 풍어를 비는 수성당제를 지내왔다고 하는데, 지금은 그 맥이 끊긴 상태다.

예로부터 변산은 장광팔십리(長廣八十里)의 겹산이라 칭해져 왔는데, 이는 소의 천엽 속처럼 겹겹의 모양을 한 험한 산이라는 의미를 담고 있다.

그래서인지 변산에는 호랑이가 많이 살았으며, 변산 호랑이는 특히 영악했다고 한다. 변산에 호랑이가 많아지면 여러모로 피해가 많아 주민들이 골머리를 앓았는데, 이 호랑이를 칠산바다를 관장하는 개양할미가 다스렸다는 것이다.

갯벌이 넓은 서해안

격포의 채석강 북쪽 끝에는 청동으로 만든 큰 사자가 있었다고 전한다. 변산 지역에 호환으로 인한 주민들의 원성이 높아지면, 개양할미가 청동사자 머리를 남쪽의 고창 선운산 쪽으로 돌려 선운산 쪽으로 쫓고, 또 선운산 쪽이 시끄러우면 다시 청동사자 머리를 변산 쪽으로 돌려가며 호랑이의 극성을 막았다는 것이다.

이처럼 개양할미는 산중의 왕이라는 호랑이까지도 다스렸다 하는데, 지금은 이 청동사자가 언제 없어졌는지에 대해서는 아는 사람이 없다.

다) 선운사 설화

1707년에 쓰여진 <도솔산 선운사 창수승적기>에는 다음과 같은 선운사 창건 설화가 전해지고 있다. 신라 진흥왕이 왕위를 버린 첫날 밤에 선운리에 있는 좌변굴에서 잠을 잤다. 진흥왕은 꿈속에서 미륵 삼존불이 바위를 가르고 나오는 것을 보고 감동하여 중애사를 창건하고 다시 이를 크게 일으켰다. 이것이 선운사의 시초라고 한다.

선운사는 전라북도 고창군 아산면 삼인리에 위치하고 있다. 백제 위덕왕 24년(577)에 창건된 선운사는 당시 89개의 암자에 3천여 명의 승려를 거느린 대사찰이었으나, 정유재란 때 대부분 소실되고 지금은 선운사, 도솔암, 참당암, 석상암 등이 남아 있다. 봄에는 동백꽃이 피고, 여름에는 깨끗하고 아름다운 계곡이 장관이며, 가을에는 단풍과 상사화가 어우러지고, 겨울에는 설경이 아름다운 선운사에는 해방 전까지도 이 일대 염전 사람들이 소금을 보내올 정도로, 소금과 깊은 관련이 있다.

전라북도 고창군 월산리 검당 마을은 25년 전만 해도 3백여 가구가 천일염을 생산하여 부유한 생활을 누려왔다. 그러나 산림법과 전매법 등 관계법에 묶여 천일염 생산이 어려워짐에 따라 주민들은 다른 지역으로 뿔뿔이 흩어져 이제 겨우 8가구만 남아 있다. 지금은 이름만 남아 있을 뿐 실제로는 염전으로서의 제구실을 다하지 못하고 있다. 이곳의 검당 마을과 염전에 얽힌 전설은 다음과 같다.

지금으로부터 1천 4백여 년 전 검단선사가 선운사를 창건할 즈음 선운사 계곡에는 많은 도적들이 은거하고 있었다. 도적들은 금품을 강탈하고 행패를 부리는 등 민폐를 거듭했다. 검단선사는 이들 도적을 깨우쳐 민폐를 막으려고 술수를 쓰기에 이르렀다. 도적들은 무력으로는 도저히 검단선사를 이길 수 없다고 판단했음인지 선사에게 생업을 도와달라고 호소하기에 이르렀다.

선사는 선운산에서 3Km쯤 떨어진 바닷가에 진흙으로 샘 같은 웅덩이를 만들었다. 그리고 그 샘에 바닷물을 집어넣었다가 수분을 증발시켰다. 그렇게 며칠 동안 수분이 증발된 뒤, 샘 안에 있던 바닷물은 바닥에 하얀 결정체를 남겼다. 이 결정체가 바로 소금이며 이런 방법으로 만들어진 소금을 천일염이라 한다. 검단선사는 이처럼 10수세기 전에 이곳 주민들에게 제염법을 가르쳤던 것이다.

이렇게 해서 생업을 찾은 도적들은 선량한 양민으로 개과천선하여 마을을 형성하였다. 이로부터 도적들은 부유하고 행복한 삶을 누렸다는 것이다. 이곳 주민들은 자기들에게 새로운 인생의 길을 열어준 검단선사의 이름을 따서 마을이름을 검당이라고 붙였다.

또한 이 마을에서는 50여 년 전까지만 해도 제염법을 가르쳐준 선사에게 보답하기 위해 매년 봄 가을에 걸쳐 두 차례씩 보은염 두 가마씩을 바쳐왔다고 한다. 이러한 검당마을 육염은 전매법에 묶여 생산이 어렵고 산림법으로 땔나무마저 구할 수 없어 자연 사양화됐

다. 게다가 해일이 밀어닥쳐 육염의 피해가 가중되면서 주민들은
살 길을 찾아 검당 마을을 떠났다고 한다.

라) 선운사 마애불

　내원궁 서편의 거대한 암벽인 칠송대에는 키가 17m나 되는 미륵
장륙마애불(彌勒丈六磨崖佛)이 새겨져 있다. 전라북도유형문화재 제
30호인 선운사 마애불은 우리나라 3대 마애불로 손꼽히는 것이다.
　이 마애불상은 도솔암 왼편 칠송대라 불리는 암벽에 양각되어 있
는 미륵좌상으로 머리 위 암벽에 사각형 구멍들이 10개 이상 있으
며 부러진 목재들이 보인다.

갑오동학혁명 당시 전주성을 함락시키는 농민군의 모습

이 마애불상의 높이는 약 5m, 무릎 폭은 약 3m이며 무릎 아래에

는 삼단 형식의 불단이 조각되어 있다. 가슴 한가운데에는 배꼽과 같은 돌출부가 있다. 이 마애불좌상은 원래 공중누각을 지어 공중 감실처럼 꾸몄는데 인조 26년(1648)에 건물은 내려앉고 동량을 걸었던 구멍만 남아있다.

이 불상 배꼽부위에 하얀 석회로 막은 흔적이 있는데 그곳에 무엇이 들어 있는가가 수수께끼였다. 실제로 암각마애불 배꼽에 해당하는 복장 감실에는 세상을 바꿀 비결(秘訣)이 숨겨져 있었다고 전해진다.

1820년, 새로 부임한 전라감사 이서구가 사다리를 타고 올라가 감실을 뜯고 책을 열었는데, 책 첫 문장이 이러했다. "이서구가 열어본다." 기겁하여 놀란 이서구 머리 위로 벼락이 쳤고, 이서구는 책을 되던져 놓고 도망갔다고 한다. 세월이 흘러 1892년, "이서구가 벼락을 맞았으니 안전하다."는 판단과 함께 동학도들이 다시 감실을 열어 책을 가져갔다. 이 일로 하여 동학도 수백 명이 문초를 당하고 고문을 당했다고 전한다.

일설에는 100여 년 전 동학의 무장접주였던 손화중이 무장에 머무르면서 심한 비바람을 무릅쓰고 은밀히 꺼내보니 선운사를 창건한 검단선사의 비결록이었다고 한다. 이로 인해 동학농민운동의 불길이 치솟았다고 하기도 하고, 전봉준을 비롯한 손화중, 김개남 등의 우두머리들이 동학교도들 앞에서 혈서를 쓰며 맹약을 한 곳이 바로 그 마애불 앞이라는 설도 있다.

마) 고창 모양성

고창읍성이라고도 불리는 모양성(牟陽城)은 우리나라 읍성 가운데 원형이 가장 잘 보존된 것으로 알려져 있다. 그러나 모양성은 평지(平地)에 위치한 읍을 에워싸고 있는 여느 읍성과는 달리 읍 뒤편의 낮은 야산을 배경 삼아 산성처럼 둘러 있는 독특한 구조를 취하고 있다. 이 성은 원래 왜구의 침입으로부터 호남 서해안 지방을 방어하기 위해 축성되었기 때문에 평소에는 군사훈련장으로 쓰이다가 전시에만 방어 요새로 활용됐다고 한다. 이 성은 자연석 성곽으로 단종 1년(1453)에 세워졌다고 하며, 부녀자들이 성을 쌓아 더 정교하다는 전설이 있다.

고창의 남자와 여자들이 패를 나누어 성 쌓기 시합을 하였는데 남자들은 여자들쯤이야 하며 상갑리 섬틀봉에 큰 바위만(지금의 고인돌군) 골라 열심히 쌓고 있었다. 그런데 멀리 보이는 고창 읍성에는 도무지 성이 쌓일 기미가 보이지 않자 남자들은 술을 거나하게 마시고 잠을 잤다.

시간이 흘러 만세소리가 들려와 눈을 떠보니 여자들이 쌓았던 고창읍의 모양성은 이미 완성된 상태였다. 이에 낙담한 사내들은 땅을 치며 크게 한탄했다는 전설이 전한다. 지금도 상갑리 섬틀봉에는 이들이 쌓다만 큰 돌이(고인돌군) 여기 저기 흩어져 있다고 한다.

오늘날까지 답성밟기 풍습은 여자들만 한복을 입고 성을 돌면서 장대한 퍼포먼스를 연출한다. 성밟기는 여자들이 머리에 돌을 이고 성을 밟는 것으로 이루어진다.

그런데 이 성을 한 바퀴 돌면 다리 병이 낫고, 두 바퀴 돌면 무병장수하고, 세 바퀴 돌면 저승길이 환히 트여 극락에 갈 수 있다는 전설이 전한다. 이는 조상들이 놀이를 통하여 성을 다지고 유사시를 대비하기 위한 지혜에서 비롯된 풍습이라고도 한다.

3부. 전라의 숨결, 캐릭터 탄생

1강. 인물 이야기

인물은 크게 초인적 인물과 현실적 인물, 그리고 비현실적인 인물로 나눌 수 있다. 초인적 인물로는 영웅과 열녀, 도사(道士) 등을 들 수 있다. 현실적 인물은 영웅, 꾀보, 바보, 명의(名醫), 암행어사, 열녀(烈女), 노인, 소년과 소녀, 승려 등으로 나눌 수 있다. 비현실적 인물로는 귀신, 도깨비, 신선, 선녀, 옥황상제, 용왕 등이 있다. 이 장에서는 초인적 인물인 영웅 이야기와 현실적 인물인 바보 이야기, 그리고 비현실적 인물인 귀신 이야기를 다루기로 한다.

1. 영웅 이야기

영웅 이야기는 기술(記述)의 초점이 인물 자체에 놓이는 인물담(人物談)의 한 형태이다. 인물담은 특정한 인물을 이야기의 중심에 두고 그 인물의 성격을 드러내는 일화(逸話) 형태의 사건이 주로 제시된다. 영웅이란 대단한 능력을 지닌 인물로, 영웅 이야기는 우리나라의 설화에서 가장 비중이 크고 그 기원이 오래된 설화이다.

우리나라의 영웅 이야기로는 주몽, 탈해, 바리공주, 최치원, 김덕령, 아기장수, 신돌석, 최제우 등 비교적 널리 알려진 인물도 있고 이름이 널리 알려지지 않은 장수나 고승, 도술가에 관한 것도 있다.

영웅 이야기는 대개 비정상적으로 태어나거나 아니면 태어나자마자 버림을 받았지만 구출되어 양육된 다음에 고난을 물리치고 위대한 인물이 된 경우도 있고, 장수로 태어나서 몇 가지 도술을 부리다가 결국 아무 것도 이룬 바가 없다거나 혼인을 둘러싼 남녀관계가 특별하게 진행되는 경우도 있다. 영웅은 운수나 팔자에 의해 영웅이 되기도 하고, 안 되기도 한다.

  영웅 이야기는 기본적으로 귀족적 영웅 이야기와 민중적 영웅 이야기로 나눌 수 있다. 영웅 이야기의 이 두 가지 기본적인 구조는 영웅이 승리를 거두는가 실패를 하는가에 따라 다시 구분할 수 있다. 그 다음으로 이루어지는 이야기의 구조는 어떻게 해서 승리가 가능했는지, 누구의 도움으로 승리를 했는지이거나, 패배를 했다면 죽었는지 살았는지, 죽었다면 자살인지 아닌지로 다시 세분할 수 있다.

  1) 귀족적 영웅 이야기
      (1) 고귀한 혈통을 지니고 태어났다.
      (2) 비정상적으로 잉태되거나 출생했다.
      (3) 범인과는 다른 탁월한 능력을 타고났다.
      (4) 어려서 버려져 죽을 고비에 이르렀다.
      (5) 구출자, 양육자를 만나 죽을 고비에서 벗어났다.
      (6) 자라서 다시 위기에 부딪혔다.
      (7) 위기를 투쟁으로 극복해서 승리자가 되었다.

  나) 민중적 영웅 이야기
      (1) 미천한 혈통을 지니고 태어났다.
      (2) 범인과는 다른 탁월한 능력을 타고 났다.

(3) 항거를 하지 않을 수 없는 위기에 부딪혔다.

(4) 위기를 투쟁으로 극복해서 승리자가 되었다.

(5) 끝내 뜻을 이루지 못하고 패배했다.

영웅의 출현에 대해서는 어딘가에 있는 영웅혈과 연관되거나, 장수 발자국, 장군이 될 수 있는 호수 등과 연관이 크다. 영웅 이야기 중에는 누군가 대신 영웅혈을 질러서 영웅적인 인물이 태어날 수 없게 되는 경우도 있다. 성공했는지 실패했는지가 확실하지 않은 이야기는 증거의 유무로 구분할 수 있다. 그 유무란 증거를 남기고 행방불명이 되는 경우와 아무 증거도 남기지 않는 경우이다.

영웅형 이야기의 이러한 구분은 다음과 같이 체계적인 결과로 나타낼 수 있다.

1) 출현 가능성(+/-)

　　출현 가능(+)

　　출현 불가능(-)

2) 성공(+)

　　자력 성공(+)

　　타력 성공(-)

3) 실패(-)

　　실패 자청(+)

　　의외의 실패(-)

4) 성패 불명(+/-)

　　증거는 남기고 행방불명(+)

　　증거 없이 행방불명(-)

(조동일, 1985; 108-124)

이상과 같이 구분할 수 있는 기준들에 대해 상세 양상을 덧붙이면 다음과 같다.

1. 출현 가능성
    1) 출현 가능
        (1) 장수 발자국이 있다.
        (2) 용마 발자국이 있다.
        (3) 장수가 잠자고 있다고 한다.
        (4) 장군수(水) 소리가 들린다고 한다.
    2) 출현 불가능
        (1) 누가 와서 혈을 질렀다.
        (2) 혈을 질러서 태어나던 장수가 죽었다.
        (3) 혈을 지르던 자가 혼이 나서 도망쳤다.
2. 성공
    1) 자력 성공
        (1) 비정상적으로 출생했기 때문에 집을 떠났다가 마침내
            성공했다.
        (2) 자연물과의 대결에서 시련을 극복하고 성공했다.
        (3) 귀신 따위와의 대결에서 시련을 극복하고 성공했다.
    2) 타력 성공
        (1) 태어나기 전에 부모가 시련을 극복했으므로 성공했다.
        (2) 아내의 도움으로 성공했다.
        (3) 초월적 구원자 덕분에 성공했다.
3. 실패

1) 실패 자청

  (1) 자기 실수 때문에 자살했다.

  (2) 처형해도 죽지 않았으나 스스로 죽음을 택했다.

  (3) 서로 싸워서 죽었다.

  (4) 자기는 죽고 다른 사람을 영화롭게 했다.

2) 의외의 실패

  (1) 태어나자 부모나 주위 사람들에게 피살되었다.

  (2) 어머니의 실수로 피살되었다.

  (3) 주위 사람의 모반으로 피살되었다.

  (4) 잠을 자고 있다가 피살되었다.

  (5) 나쁜 짓을 하다가 피살되었다.

  (6) 견딜 수 없는 충격 때문에 급사했다.

4. 성패 불명

1) 증거는 남기고 행방불명

  (1) 지팡이를 꽂아서 거목이 되게 했다.

  (2) 어딘가에 있고 누가 만났다는 말이 있다.

2) 증거도 없이 행방불명

  (1) 이룬 바는 없이 어디로 갔는지, 어떻게 되었는지 알 수 없다고 했다.

  (2) 행방에 관한 말이 없다.

(조동일, 1985; 125-127)

영웅은 잘못된 세상을 바꿀 수 있는 능력을 가지고 있다. 그러나 고귀한 혈통에서 태어난 귀족적 영웅은 대부분 싸움에서 승리하고 세상에서 성공하는 반면, 미천한 처지에 있는 민중적 영웅은 거의 패배하거나 실패하는 이야기가 대부분이다. 이러한 영웅 이야기는 인간과 사회와의 제 관계를 정면에서 살필 수 있는 계기가 된다.

(글: 장미영)

가) 아기장수 웃도리

전주-남원 간 도로에서 200m 지점과 의암 수원지를 들어가는 입구 100m 지점에는 20~30m 높이의 채기바위가 있다. 이 바위에는 '웃도리'라는 사람의 전설이 전해오고 있다.

옛날 이 마을에는 품팔이 하면서 살아가는 과부가 하나 살았다. 과부는 어느 날 이상한 꿈을 꾼 후 저절로 임신이 되어 여섯 달 만에 아들을 낳았다. 그런데 이 아이는 허리 아래는 없고 윗부분만 있는 상태로 태어났다. 과부는 아이를 '웃도리'라 부르기로 했다.

웃도리는 태어나자마자 갓난아이 같지 않은 비범한 기상을 지니고 있었다. 과부가 아이를 씻겨 눕히자마자 놀랍게도 방안의 벽에 높이 질려있는 시렁 위로 발딱 올라가 앉더니 어머니를 바라보며 서슬이 퍼렇게 호령하였다.

"지금부터 내가 하는 얘기를 잘 듣고 내가 시키는 대로 하시오. 내 말이 끝난 즉시 채기바위에 나를 데려다 놓아두되, 내가 이르는 세 가지 사항을 절대로 발설치 말고 실행에 옮기도록 하시오. 첫째는 앞으로 3년 안에는 나를 낳았다는 사실을 일체 발설치 마시오. 둘째는 서숙(조) 서 말을 그 곳에 갖다 둘 것이며, 셋째는 메밀 서 말을 그곳에 갖다 두시오. 이상 세 가지 사항을 지금 바로 실행에 옮기되, 만약 3년 안에 이와 같은 사실을 발설하면 어머니와 나는

135

철천지원수가 될 테니 그리 아시오!"

과부는 너무나도 놀랍고 한편으로는 당황하여 어찌할 바를 몰랐으나, 소중한 아들 웃도리의 당부를 그대로 들어주기로 마음먹었다. 그녀는 아들을 업고 가서 서숙 서 말과 메밀 서 말을 채기바위에 두고 돌아왔다. 물론 그녀가 낳은 웃도리에 대한 사실도 일체 발설하지 않은 채로 두문분출하고 있었다.

바로 이때 유명한 도승 한 분이, 장래 역모를 할 어마어마한 장군이 이미 태어난 기운을 느끼고, 인가로 내려와 최근에 아이를 낳은 사람을 일일이 찾아다니고 있었다. 그러나 자신이 찾던 사람을 발견하지 못하고 있던 중, 6개월 전에 과부 하나가 단지 꿈만 꾸었을 뿐인데 임신을 했다는 말을 듣게 되었다. 또한 그 과부가 얼마 전까지 배가 만삭이 된 것처럼 불렀으나 최근에는 마을에 통 모습을 보이지 않는다는 사실도 알아내었다.

도승은 곧바로 과부를 찾아 갔다.

과부는 아들 웃도리와의 약속을 지키기 위해 6개월 만에 몸을 풀어 아이를 낳았으나 아이는 이미 죽어 있었노라고 말했다. 과부는 도승 앞에서 아이의 생존을 완강히 부인하였다. 그러나 미래에 역모할 장군을 낳은 사람이 바로 이 과부임을 한눈에 알아 본 도승은 과부에게 은근히 접근하였다. 도승은 과부와 같이 산 지 2년 만에 다시 한 번 물었다.

"그때 아이를 낳았다는데 그 아이를 어디 두었소?"

그녀가 대답했다.

"전에 말씀드린 대로 아이는 제가 낳자마자 죽었습니다."

그러나 도승에게는 어디엔가 살아있는 그 아이의 기운이 느껴졌다. 그래서 계속 과부를 극진히 대하며 부부의 정을 강조하였다.

드디어 웃도리가 말한 3년이 가까이 다가오고 있었다. 도승은 3년이 되기 삼일 전에 엄숙한 어조로 둘 사이의 관계를 강조하면서 과부에게 재차 아이의 행방을 물었다. 한참을 고민하던 과부는 이제 진정 도승과 부부가 된 줄로 알고 아들 웃도리에 대해 자세히 알려주었다. 과부의 얘기를 들은 도승은 이내 종적을 감추어 버렸다. 도승은 시간이 급박함을 알았다. 그리하여 곧바로 채기바위로 달려갔다.

그리고 웃도리가 들어 있는 바위를 내려쳐야 하는데 그건 칼로 쳐서는 안 될 일인지라, 바위 옆의 억새풀을 뜯어 그 풀로 바위를 내리쳤다. 그러자 놀랍게도 바위가 갈라지면서 삼만 명이 넘는 군사들이 쏟아져 나왔다. 웃도리의 부탁대로 그의 어머니가 갖다 놓았던 서 말의 서숙은 군사가 되었으며 메밀은 갑옷과 투구로 변하여 이제 막 눈을 뜨려는 자세를 하고 있었고, 웃도리는 백마를 타고 막 일어나려는 찰나였다. 그런 상황에서 도승이 억새풀로 내려치니까 그 많은 군사들이 쏟아져 나오다가 이내 억새풀에 맞아 죽어 넘어지는 것이었다. 그 속에 섞여 웃도리도 백마를 타고 일어서려다 억새풀에 맞아 피를 흥건히 흘리며 쓰러졌다.

웃도리는 자신과의 약속을 지키지 않은 어머니를 원망하며 죽었다 한다.

나) 녹두장군 전봉준

전봉준은 갑오동학혁명을 주도한 걸출한 인물이다. 갑오동학혁명은 농민을 주체로 한 반봉건적인 민중 봉기였다. 혁명의 배경은 동학의 근대적인 사상과 종교적인 치밀한 조직체계에 의한 것이었다. 직접적으로는 고부군수 조병갑의 학정에 대한 고부 농민의 봉

기로부터 시작되었다. 이 동학혁명의 주역들 즉 전봉준, 손화중, 김
개남, 최경선 등은 모두 정읍 출신이다.

어려서부터 키가 작아 녹두란 별명을 가진 전봉준은 1855년 태인
현 산외면 동곡리 지금곡에서 태어났다. 그는 어려서부터 재주가
뛰어나고 담력이 남달리 컸으며 눈빛이 날카로운 데다가 말이 없어
사람들이 두려움마저 갖기도 했다. 그래서 주위 사람들은 그를 녹
두라 부르며 함부로 가까이 하지를 못했다. 그가 있기까지에는 뒤
에서 큰 뜻을 기르게 해준 그의 부친의 힘이 컸다. 부친은 글공부를
많이 한 사람이었으나 방랑을 많이 했다. 그것은 생활의 기본이 되
었던 농토가 너무 적었기 때문이기도 했다.

전봉준의 부친은 특히 노자의 도교에 많은 관심을 가지고 있었
다. 그는 익힌 곡식은 먹지 않고 생식만을 모색했으며 구름을 타고
하늘을 나는 비행술을 연구하는가 하면, 땅을 주름잡는 축지법 또
한 많이 연구했다. 전봉준의 부친은 이런 점에 관심이 컸기 때문에
<전우치전>을 특히 좋아했다 한다.

전우치는 조선 중종 때 전남 담양 사람으로 송도에 와 살았다는
이인이다. <전우치전> 중에서도

"전우치가 밥 한 숟가락을 입에 넣고 질겅질겅 씹다가 마당에 뱉
었는데 그것이 모두 흰 벌레 알로 변했다. 이어서 벌레 알이 나비로
변하여 마당 가득 날아 마치 꽃잎이 흩날리는 것 같았다."
라는 장면을 좋아했다.

그의 아들 전봉준 장군은 출생부터 남달랐다. 장군이 잉태될 무
렵 그의 부친이 태몽을 꾸었는데, 별안간 고창 소요산의 만장봉이
목구멍으로 넘어오는 꿈이었다. 참으로 기이하고 신비한 꿈이었다.

예부터도, 산을 짊어지거나 산을 떠밀고 들어 올린 꿈을 꾸면 강

대한 세력이나 단체를 자기 마음대로 움직일 수 있는 실권자가 된
다 했는데, 하물며 산이 목구멍으로 넘어오는 꿈을 꾸었으니 실력
자가 될 꿈은 틀림없었다. 전봉준 장군 자신도 어려서부터 자기의
태몽을 부친으로부터 들어 알고 있었다.

전봉준 장군이 어려서 천자문을 떼고 동몽선습을 배우고 있을 때
선생님께 여쭈었다.

"선생님, 우리나라에서 제일 중대하고 귀한 일이 무엇입니까?"

어린 학생이 묻는 이 말에 선생님도 얼떨떨했다.

"그야, 농사가 제일 중요하지."

"농사는 누가 짓습니까?"

갑오동학혁명 기념탑 안내문

"그걸 몰라? 농민이 짓지."

"그럼, 농민이 가장 중요하겠네요?"

"그런 셈이지."

"선생님, 그렇다면 왜 농민이 가장 푸대접을 받아야 하고 가장 못 살아야 합니까?"

전봉준은 이렇게 무엇이든지 꼬치꼬치 물어 보았다. 아마 전봉준은 어려서부터 장군으로서의 지혜와 총명을 가지고 있었던 것 같다.

전봉준이 13살 때 고창군 덕정면 바닷가에서 낙지를 잡는데, 어른도 잡기 힘든 것을 별로 힘들이지 않고 한 쾌(20마리)씩을 재빨리 잡아오는 걸 보고 주민들이 놀라곤 했다 한다.

전봉준은 15살 때 부모로부터 결혼 권유를 받았다. 효심이 깊은 장군은 부모님의 주선을 받아들여 송씨 집안의 딸과 결혼했다. 나이 20세에는 벌써 슬하에 두 자녀를 두었다. 뿐만 아니라 전봉준은 15세부터 시작한 의학 공부를 꾸준히 계속하였다.

하루는 부친의 주선으로 알게 된 김순영이 전봉준을 찾아왔다. 김순영은 별안간,

"여보게, 전대장."

하고 불렀다. 그때 나이 어린 전봉준은 깜짝 놀랐다. 전봉준으로서는 어린 자기를 보고 대장이라 하니 놀라지 않을 수 없었다.

"아니, 어째서 제가 대장입니까?"

"나는 자네를 처음 보았을 때, 자네를 꿰뚫어 보는 눈이 있었네. 본래 인물이란 산하의 정기를 받고 태어나는 법인데 자네는 저 백산의 정기를 받고 태어났음이 분명하네."

하는 것이었다. 백산은 해발 50m도 안 되는 작은 산이었다. 그러나 들 가운데 높이 솟아 있고 또 강이 삼면을 굽이돌고 있어 천연의 요

새였다. 태몽을 생각해 본다면 소요산의 정기를 받았는지도 모른다.

어느 때인가부터 아내 송씨 부인은 시름시름 앓거나 자리에 눕는 일이 많아졌다. 병은 좀처럼 나을 줄을 몰랐다. 전봉준은 자기가 약방을 손수하고 있었으니만치 좋은 약이라고는 다 써보았으나 차도가 없었다. 유명하다는 의원을 청해 진찰을 받을 때마다 의원들은 고개를 흔들었다. 한 명의가 와서 진찰하고 맥을 짚어 보더니,

"어허, 이 병은 이미 깊어 있습니다. 돌이킬 도리가 없겠습니다. 병이 뼈 속에까지 깊이 침범했으니 말입니다."

하는 것이었다.

아내는 의원이 돌아간 후 전봉준에게 곡진하게 말하였다.

"여보, 저는 다 알고 있어요. 이제 눈을 감아도 한이 없어요. 저는 제 몸의 병을 알고 있어요. 곧 죽을 거예요. 걱정을 많이 끼쳐 드려 미안해요. 그리고 또 저 때문에 당신이 큰 결심을 미루고 있는 것도 알고 있어요. 이제 저를 잊어주세요."

아내가 죽은 후 전봉준의 슬픔은 이루 말할 수 없었다. 전봉준은 김순영에게 '가족의 병도 고치지 못하는 주제에 어찌 의원 노릇을 더 하겠소.'하는 말을 누차 했다고 한다. 그 후 전봉준은 약방문을 닫게 되었다. 그리고는 서당을 경영하였다.

1894년(고종 31년) 갑오년 동학혁명의 불길은 이미 지난 가을부터 싹트고 있었다. 그것은 고부군수 조병갑이 만석보라는 제방을 쌓는데 터무니없는 물세를 농민들에게 부과한 데서 비롯되었다. 보(洑)는 방죽으로서 논농사에는 없어서는 안 될 중요한 수리관개시설이었다. 전봉준은 이때 겨우 세 마지기의 논밭을 가지고 있을 정도로 살림이 형편없었다. 오히려 서당 훈장을 하여 생계를 꾸려가는 실정이었다.

전봉준은 가난한 백성들의 한을 풀어 주고 싶었다. 그는 추운 겨울날 밤, 혼자서 황토현 공동묘지에 있는 부모님과 아내의 묘소를 찾았다.

"아버님, 어머님, 불효자를 용서하십시오. 저는 마침내 교도를 이끌고 봉기하기로 수백 번 결심했습니다. 목숨을 바치기로 이미 피로써 각오가 되어 있습니다. 그리고, 당신께 참으로 미안하오, 남겨진 어린 자식들이 불쌍하나 이 아비를 원망하지 않을 줄로 압니다."

전봉준은 농민의 주력 부대를 마항 장터로 옮기고 일부는 고부에 남겨 두었다. 전봉준은 이 마항에서 대장간 주인을 독려하며 무기를 만드는 한편, 백산에 일부 병력을 보내어 진지를 구축하고 있었다.

이때 다음과 같은 소문이 나돌았다 한다. '전봉준 장군은 희대의 참 영웅이다. 그는 신출귀몰하는 이인이다. 그는 구름을 타고 다니는 조화를 부린다. 총알에 맞아도 죽지 않는다. 적군의 총구멍에서 물이 나오도록 조화를 부리고 있다.' 이런 소문이 들끓자 농민들은 백산으로 가자고 외쳤다. 수만 명의 교도가 모였는데 모두 흰옷을 입어 이름 그대로 백산이 되었다. 또 그 수만 명이 모두 죽창을 가지고 있어 대나무 숲을 이룬 것처럼 보였기 때문에 죽산이 되었다.

황토현 싸움 때였다. 전봉준이 농민군을 부안군 부흥역과 태인현 인곡 북촌에 전진 배치할 때 농민군은 행진하면서 다음과 같은 노래를 군가처럼 불렀다 한다.

가보세 가보세
을미적 을미적
병신되어 못 가보리.

'가보세'는 혁명이 일어난 갑오년을 의미하고 '을미적'은 을미년까지 적을 무찌르자는 것이었다. '병신되어 못 가보리'는 병신년까지 질질 끌면 안 된다는 내용이다. 그는 속전속결을 목표로 했던 것이다.

황룡촌 싸움 때였다. 전봉준은 머리에 백립을 쓰고 흰 옷을 입고 손에는 백팔염주를 들고 주문을 외웠다. 최후 결전, 세성산 전투에서 동학군의 패배로 김복용이 잡혀 총살되는 등 장군의 계획에 차질이 빚어질 때였다. 전봉준은 그럴 때일수록 앞에서 목숨을 걸고 지휘했다. 공주 남쪽 경천점으로 진출함과 동시에 잇달아 격전을 벌일 때, 전봉준은 가마를 타고 소라 고동을 불며 진두지휘했다고 한다.

농민군의 무기 재료가 되었던 대나무

갑오동학혁명의 3걸은 전봉준, 손화중, 김개남이다. 전봉준은 전주, 손화중은 나주, 김개남은 남원에서 전라도를 관장했다.

손화중은 지금 정읍의 과교리 출생이다. 그는 어려서부터 학문에 힘쓰고 대망을 품은 채, 지리산 청학동으로 들어가 때마침 영남지방을 휩쓸고 있던 동학에 입문하게 되었다.

1892년 8월, 전라도 무장현 선운사 도솔암 남쪽 편에 수십 척 되는 절벽 앞면에 불상이 있었다. 이 불상은 3천여 년 전에 선운사를 창건했다는 전설의 고승인 금당선사의 불상이었다. 그 석불 배꼽 속에는 신비스러운 것이 들어 있다는 소문이 있었다. 즉 세상을 흔들 만한 큰 비결이 들어 있다는 것이다. 만약 이 배꼽에서 비결이 나오는 날에는 한양이 멸망해 버린다는 소문도 나돌았다.

그런데, 그 무렵 전라 감사로 발령을 받은 이서구라는 사람이, 부임 후 며칠이 지난 다음 이상한 기운이 남쪽에서 일어남을 보고, 도솔암에 있는 그 석불을 찾아 배꼽을 떼고 속에 들어있는 비결을 꺼내고 말았다. 그런데 꺼내자마자 갑자기 뇌성벽력이 일어나 정신을 잃게 되자 그는 겁에 질려 책을 얼른 넣고 봉해 버렸다. 그때 이서구는 책장 첫머리에 '이서구 개탁'이란 글자만 보고 덮어버렸다 한다.

그 후 어느 날, 동학 접주 손화중 주변에서 이 비결이 큰 화제에 올랐다. 사람들은 이때를 놓치지 말고 배꼽을 뜯어야 한다고 뜻을 모아 청죽 수백 개와 새끼 수백 발을 준비하여 석불 앞에 발판을 만들고 석불의 배꼽을 부순 후에 그 속에 있는 신비의 책을 꺼냈다. 이 비결이 나온 후에 무장, 고창, 영광, 장성, 흥덕, 고부, 부안, 정읍 등지의 사람들이 관리나 평민을 가리지 않고 수만 명이 동학에 뜻을 함께하게 되었다 한다.

갑오동학혁명을 전후해서 전라도 지방에 유행했던 동요가 있다.

새야 새야 파랑새야
전주 고부 녹두새야
어서 바삐 날아가라
댓잎 솔잎 푸르다고
봄철인 줄 알지 마라
백설이 휘날리면 먹을 것 없다.

또 농민들 사이에 전해진 파랑새 노래는 녹두장군을 추모하는 깊은 정이 담겨 있다.

새야 새야 파랑새야
녹두밭에 앉지 마라.
녹두 꽃이 떨어지면
청포장수 울고 간다.

파랑새는 청나라 군사를 말하고 녹두는 전봉준 장군을, 청포장수는 백성들을 일컫는다고 한다. 그러나 어쩌면 파랑새는 청병이 아니고 일병을 뜻하는지도 모른다. 그래야만 녹두장군이 뜻을 펴려던 동학혁명과 그 실패를 설명하는 의미가 담기기 때문이다.

1895년 41살의 나이로 교수대 앞에 선 전봉준에게 법관이 마지막으로 물었다.

"가족은 있는가?"

"6명이 있다."

"가족에게 전할 말이 있으면 전하라."

"없다. 다만 나를 죽일진대 종로 네거리에서 나의 목을 베고 지나는 사람들에게 내 피를 뿌려 주는 것이 옳거늘 어찌 컴컴한 도둑의 소굴에서 몰래 죽이려 하느냐?"

그리고 전봉준은 형장 앞에서 시를 읊었다 한다.

장군이 가신 지 오래지만 지금도 전봉준의 높은 정신을 기리고 추모하기 위하여 매년 갑오동학혁명 문화제가 열리고 있다. (김동필, 2001; 373-381)

2. 바보 이야기

바보 이야기는 바보 특유의 '바보스러움'에 초점이 맞추어져 있는 이야기이다. 하지만, 바보 이야기는 사리분별을 잘 못하는 사람 이야기이면서 동시에 행운아 이야기이기도 하다.

설화에서 '바보'라는 어휘는 매우 다양한 의미를 담고 있다. 바보란 실제 지능이 모자라서 '숙맥(菽麥)'으로 통칭할 만한 인물, 즉 글자 그대로 콩과 보리를 구별하지 못하는 사람이다. 그러나 또 바보는 상황에 따라 순간적으로 우스꽝스럽게 되는 사람이기도 하다.

뿐만 아니라 바보는 세상 물정을 모르지만 그것으로 행운을 얻는 사람, 세상 흐름에 뒤져서 오히려 그것으로 큰 이익을 보는 사람, 겉으로는 바보이지만 그 행동이 똑똑한 사람을 능가할 만한 결과를 빚어내는 사람, 바보라고 멸시받는 우직한 사람이 바로 그 우직함으로 큰 복을 받는 사람, 주위의 도움으로 똑똑한 사람을 골탕 먹이게 되는 사람, 정작 당사자는 바보이지만 똑똑한 사람이 그의 행동거지를 매우 똑똑하게 이해하는 바람에 졸지에 똑똑하다고 인정받는 사람이기도 하다.

　바보 이야기는 설화 영역에서 우스운 이야기로 취급되기 때문에 웃음을 빼고는 성립하기 어렵다. 바보의 어리석은 행동은 웃음을 유발하기는 하되 결코 남들에게 큰 피해를 주지 않는다. 대신 웃음 이면에는 여러 가지 사회 문제나 체면과 허례, 위선에 치중하는 사회 풍토에 대한 반발 심리가 작용한다고 볼 수 있다. 따라서 바보 이야기는 그저 재미있거나 하찮은 농담의 일종이 아니라 시대와 인생과 사회에 대한 날카로운 통찰의 결과이자 삶의 현장에서 경험하는 내면의 목소리이다.

　바보와 정상인은 명확히 구별되지 않는다. 공부를 많이 한 학자가 한낱 사기꾼한테 어이없이 당한다면, 그러한 상황에서 그 학자는 '바보'가 되어 버린다. 어떤 경우는 어른들이, 말귀를 조금 알아듣기 시작하는 아이에게 '아무개 바보'라고 하기도 한다. 이때의 '바보'라는 의미는 사랑스러움을 표현하는 농담이다. 우리의 국어사전에서는 '바보'를 '어리석고 멍청한 사람을 얕잡아 또는 욕으로 이르는 말'이라고 풀이하고 있지만, '바보'라는 어휘의 사용은 그렇게 단순하고 편협하지 않다.

　설화에서 바보 이야기는 의미의 폭이 무척 넓다. 정상인이 세상을 잘못 읽는 것도 바보 이야기에 속하지만, 어떤 때는 바보가 똑똑한 사람 이상으로 세상을 정확하게 읽어내어 똑똑한 사람이 탄복하기도 한다. 또 어떤 경우에는 정상인이 바보를 잘못 이해하여 바보에게 뜻하지 않은 행운이 찾아오기도 한다. (이강엽, 1998)

　이로 말미암아 바보 이야기는 세상이나 인생이 그 어느 누구에게나 무척 공평한 것임을 느끼게 해준다. 똑똑한 사람과 바보가 다르지 않으며, 잘난 사람과 못난 사람 또한 따로 구분되지 않음을 바보

이야기는 역설하는 듯하다. 이로써 바보 이야기는 이 세상에 살아 있는 모든 사람들로 하여금 자아 존중감을 느끼게 함과 동시에 인간의 무한한 가능성을 발견하게 해 준다.

바보 이야기는 우리가 바보의 함정에 빠지지 않는 길을 일러 줄 뿐만 아니라, 이미 그 함정에 빠졌더라도 스스로 바보 같은 어리석음을 헤치고 그 곳에서 빠져 나올 수 있는 방법을 제시하기도 한다. 그것은 지나치게 욕심이 많은 것도 바보이고, 반면 지나치게 욕심이 없는 것, 지나치게 고지식한 것, 지나치게 영리한 것, 지나치게 남을 배척하는 것, 지나치게 머리가 나쁜 것, 지나치게 연연해하는 것 등 '지나침'이 바보를 만든다는 것이다. 역으로 바보가 되지 않으려면 그 '지나침'을 버리고 절제와 조화, 너그러움과 화합을 추구해야 한다는 것을 바보 이야기는 제시하고 있다.

(글: 장미영)

가) 바보 조팽구

조팽구는 1861년(철종 12년) 부안읍 봉덕리에서 가난한 농가의 아들로 태어나 일찍 부모를 잃고 천애의 고아로 깔담살이(소 먹이는 아이)와 심부름꾼 등으로 이집 저집을 전전하였다.

성인이 되어서는 머슴살이로 부안읍내와 그 주변 여러 곳을 전전하였다. 결국 조팽구는 결혼도 못하고 70여세 때까지 머슴살이를 하였다고 하는데, 타고난 건강과 낙천적인 성격, 구수한 해학과 신소리로 사람들을 웃기고, 당황하게 하고, 말문이 막히게 하고, 때로는 뉘우치게 하면서 거침없이 사는 자유인이었다.

머슴에 어울리지 않는 수염에 기운도 세고, 두주불사하는 호인이어서 어른, 아이, 남녀를 막론하고 '조팽구'라면 모두 좋아하며 따랐다고 한다. 그의 원래 이름은 조판구(趙判九)인데 사람들은 "조팡구, 조팡구"하며 친근하게 불렀다고 한다.

신소리 잘하는 조팡구, 해학이 넘치는 조팡구, 일 잘하는 상머슴 조팡구의 숨은 이야기는 지금도 부안에 전설로 내려오고 있다. 그의 해학과 신소리에 관한 몇 가지 일화를 들어보기로 한다.

① 조기 대가리

조팡구가 부안읍내 신 아무개 씨 집에서 머슴살이 할 때의 일이다. 새벽같이 일어나 물을 길어 부엌의 큰 물 항아리에 가득 부어놓고 조반을 먹던 그가, 갑자기 조기 대가리를 들고 부엌으로 들어오더니 물 항아리 속에 넣어 버리는 것이었다.

이를 본 계집종이 화들짝 놀라 안주인에게 일러바치니 안주인이,

"이보게, 이게 대체 무슨 짓인가?"

하고 나무랐다. 조팡구는 시치미를 뚝 떼고서,

"조기가 허구한 날 대가리만 있고 몸뚱이와 꼬리는 없으니까 더 커서 몸뚱이랑, 꼬리를 달고 나오라고 넣었습니다요."

하는 것이었다.

머슴 밥상이라고 항상 대가리만 올려놓음을 풍자한 것이다. 그 뒤로는 조팡구 밥상에도 몸뚱이까지 붙은 조기가 올라 온 것은 말할 것도 없다.

② 진밥

한번은 조반을 먹던 조팡구가 소에 쟁기를 채워가지고,

"이랴! 차차, 이랴! 차차……"

하면서 부엌으로 몰고 오는 것이 아닌가.

기겁을 한 부엌 여인들이 이게 무슨 짓이냐고 나무라니까

"솥에 물이 잘 안 빠져서 밥이 진 것 같으니 쟁기로 도랑을 내려고 하오."

이 뼈 있는 농담에 여인들은 아무 말도 못하고 그 다음부터는 진밥을 하지 않았다는 것이다.

조팡구는 마음에 들지 않거나 비위가 틀리면 고집과 오기를 부려 항거하였다.

하루는 해가 둥둥 떠오르도록 머슴의 기척이 없자 주인이 머슴방 문 앞에 가서 서성이다가,

"여보게 팡구! 아직 자는가?"

하고 불렀다. 그랬더니 방에서,

"다 떨어진 요 하나 깔고 잔답니다."

주요 농사 도구였던 쟁기

하고 대답하는 것이었다.

　주인은 아직도 자느냐는 뜻으로 "아직 자는가?"라고 했는데 조
팡구는 '아직'을 '아직도 그대로'로 해석하여 '아직도 다 떨어진 요
하나 깔고 잔다'며 늦잠 잔 것을 재치 있게 얼버무려 버렸다.

　③ 삼베 잠뱅이

　머슴에게 좋은 옷을 지어 줄 리 없지만 오랜만에 조팡구가 삼베
잠뱅이 하나를 얻어 입었다. 이 삼베 잠뱅이가 허름하고 얼멍얼멍
한 질이 낮은 베여서 이걸 입고 마당에 앉아서 보리타작을 하는데
속이 훤히 비쳐서 귀중한 것이 덜렁덜렁하는 것이 보여 보는 이들
이 민망하기 그지없었다.

　조팡구가 아무도 부르는 사람이 없는데도 갈퀴를 탁 놓으며,

　"어이! 나가세."

하면서 나가더니 한참 만에 혼자 두런두런 하면서 들어온다. 주인이

　"자네 어디 갔다 오는가?"

하고 물으니,

　"별 미친놈들, 새포 안성리 놈들이 내 이 삼베잠뱅이를 팔으라고
안 왔소."

　"그 잠뱅이를 뭘 하려고 그런다나?"

　"아, 고개미(아주 작은 새우) 잡는 그물을 만들었으면 참 좋겠다
고 안 그러요."

　주인이 자세히 보니 아닌 게 아니라 조팡구의 속살이 민망하리만
치 다 보이는 것이었다.

　다음날 조팡구는 주인으로부터 두툼한 베잠뱅이를 얻어 입었다
고 한다.

④ 소고 든 것은……

옛날엔 새로 사돈을 맺은 집안끼리 명절이 되면 그 전날 '명일애끼'라 하여 이바지를 주고받았다. 큰 멱서리나 가마니 등에 쇠갈비, 돼지다리, 떡, 술, 과일 등을 한 짐씩 지워 보내고 받고 하였는데 이 풍습은 첫아이가 태어날 때까지 계속되는 게 통례였다고 한다.

그런데 조팡구가 이 '명일애끼' 이바지짐을 지고 가다가 지게를 받쳐놓고 잠시 쉬고 있는데 지나가는 사람이 말을 걸어왔다.

"사돈집에 가는 이바지짐이구만! 거 먹을 것 많겠다. 속에 든 게 무엇이오?"

하고 물으니 조팡구 대답이,

"소고(小鼓) 든 것은 거사(居士)지 뭐겠소."

하고 퉁명스럽게 쏘아 버린다.

물어 본 사람은 말문이 막혀버릴 수밖에 없었다.

'속에 든 것'을 '소고(小鼓) 든 것'으로 말을 받아서 남사당패의 소고(小鼓) 든 거사(居士)로 되받아넘긴 것이다. 이 같은 신소리와 재담에 관한 한 조팡구를 따를 사람이 없었다고 한다.

⑤ 줄포 갔다 오기

하루는 주인이,

"팡구, 자네 내일 줄포 좀 갔다 와야겠네."

하고 심부름 보낼 것을 미리 말하여 두었다. 그리고 다음날 팡구를 찾으니 팡구가 보이지 않았다. 집안 식구들이 모두 찾아보았으나 알 길이 없었다.

그런데 해가 뉘엿해서야 조팡구가 나타났다.

화가 머리끝까지 난 주인이,

“자네 어디 갔다 이제야 나타나는가?”

하고 나무라니 조팡구는 태연하게,

“어제 나보고 줄포 좀 갔다 오라고 안 했소?”

“뭐? 내 말도 안 듣고 줄포에 갔다 왔단 말인가?”

“다른 말씀 없이 그저 줄포 좀 갔다 오라고 안 했소?”

주인이 하도 어이가 없어,

“그래 줄포엔 가서 무엇을 봤는가?”

하고 물으니 조팡구가 빙긋이 웃으며,

“바다 위에 조그만 배 두 척이 떠 있더만요.”

하는 것이었다.

이렇게 시치미를 떼고 자기의 울분을 푸는 조팡구였다.

⑥ 거름주기

조팡구가 하루는 또 무슨 심통이 났는지 보리밭에 똥오줌 거름을 주는데, 보리밭골을 따라 고루 주지 않고 밭 제일 높은데다가 통째 모두 부어버리는 것이었다.

주인이 화가 나서,

“이 멍청아! 보리밭 고랑에 주어야지 한 곳에 다 부어버리면 보리가 거름을 어떻게 먹겠냐?”

하고 나무라니까,

“배고픈 놈은 쫓아 와서 먹을 테지요.”

하는 것이었다.

“이놈아. 보리가 사람이냐?”

주인은 화가 났지만 조팡구가 불만과 심술을 이렇게 풀고 있음을 잘 알기 때문에 채근하는 것을 그만 두었다.

마누라도 없고, 아들 딸도 없고, 친척도 없으며 인생의 밑바닥에서 궂은일을 도맡아 하는 머슴살이를 했어도 조팡구는 결코 비굴하거나 남의 눈치나 살피며 살지 않았다. 맺힌 것이 있으면 해학과 풍자로 풀고, 주인집과 뜻이 맞지 않으면 떠나버렸다.

이렇게 혼자 왔다 혼자 갔어도 그의 웃고 살다 간 폭 넓은 인생과 신소리, 재담, 해학, 풍자는 오늘도 부안에 전설처럼 남아 있다.

1960년대의 전통혼례

나) 바보 며느리

어떤 사람이 딸을 결혼시키게 되었는데, 돌(石) 하나를 장농 속에 넣어서 시집으로 보냈다. 그리고는 딸에게 일러두었다.

"너는 시집으로 들어가면 이 돌이 말하기 전에는 한 마디도 하지 말아야 한다. 내 말 꼭 명심해라. 응?"

친정아버지는 딸이 입을 함부로 놀려서 시집살이를 하게 될까 봐 염려스러워서 취한 조치였다. 하지만 조금 바보스러웠던 딸은 아버지의 말을 곧이곧대로 믿었다.

시집을 간 딸은 낮이나 밤이나 장농을 열고 돌을 바라보았다. 돌이 말을 하기 전에는 한 마디도 말하지 말라는 친정아버지의 엄명이 있는 터라 입을 꼭 봉하고 살자니 너무 답답해서였다. 그러나 아무리 장농을 열고 뚫어져라 쳐다보아도 돌이 말을 할 리가 없었다.

그렇게 몇 달이 지나자 시부모와 남편은 그녀가 벙어리인 줄 알고 멸시하였다. 시부모와 남편은 한 반 년쯤은 참았다. 하지만 이들은 혼인 한 여자가 멀쩡한 줄로만 알았는데 알고 보니 벙어리인 것이 못내 괘씸한데다가 벙어리하고 살려니 영 답답해서 더는 견딜 수가 없게 되었다. 결국 시부모와 남편은 그녀를 친정으로 돌려보내기로 결정하였다.

그녀는 벙어리도 아닌데 벙어리로 오해를 받아서 쫓겨나려니 답답하고 억울하였지만, 농속에 있는 돌이 여전히 말이 없으니 뭐라 하지도 못하고 그대로 쫓겨나는 판이었다.

시아버지를 따라 친정으로 향하는 도중이었다. 시아버지와 며느리는 재를 넘다가 산꼭대기에서 쉬게 되었다. 그때 시아버지가 갑자기 뒤가 마려웠다.

"얘야, 내가 뒤가 마려워서 그러니, 곧바로 올 테니까 여기서 잠간 기다리고 있거라.”

시아버지는 급하게 숲 속으로 들어가 덤불을 헤쳤다. 거기 앉아 뒤를 보려고 고개를 들이 밀고 들어가니까, 난데없이 장끼 한 마리가 푸드드득 하고 날아올랐다.

시아버지를 기다리며 시름겹게 앉아 있던 며느리는, 날아오른 장끼를 보자 자기도 모르게 한스러운 소리가 튀어나왔다.

“이 다리 저 다리 넓적다리는 시부모님이나 드리고,

이 날개 저 날개 덮는 날개는 남편이나 주고,

꾸역꾸역 모가지는 나나 먹자.”

덤불 속에 앉아 뒤를 보던 시아버지는 난데없는 말소리에 깜짝 놀랐다. 그래서 그는 바지를 제대로 입을 새도 없이 대충 추켜 입고 뛰쳐나왔다.

“야야, 너 방금 뭐라고 했냐?”

며느리는 장농 속에 들어 있는 돌이 말도 안 했는데 입을 열어 놓고 보니 겁이 났지만, 시아버지가 물으시니 할 수 없이 대답했다.

“예에.”

“아, 그러냐? 아차 했으면 멀쩡한 며느리를 보낼 뻔했구먼. 도로 집으로 가자.”

시아버지를 따라 다시 집으로 돌아온 며느리는 아들 낳고 딸 낳고 한평생 행복하게 잘 살았다고 한다. 그녀가 죽을 때까지 장농 속의 돌은 아무 말도 없었다 한다.

3. 귀신 이야기

가) 귀신과 도깨비 설화의 특징

귀신과 도깨비는 실존하는 인물이 아니라 인간의 상상력이 만들어낸 허구의 인물이라 할 수 있다. 귀신과 도깨비는 인간이 아니기 때문에 인간의 생활공간에 들어와서는 안 되는 존재들이다. 그런데 그들이 인간과 얽히면서 여러 가지 일들이 발생하게 된다.

설화 속에 등장하는 귀신들은 인간과의 관계에서 억울하게 죽음에 이르렀다는 공통점을 가지고 있다. 그래서 귀신들은 자신의 원한을 풀어 달라고 하거나, 원수를 갚아 달라면서 출현하는 경우가 대부분이다.

'적악과 적선을 한 유척기 대감', '흉가에서 귀신을 만나 부자가 된 거지', '원님이 된 건달' 등은 죽은 귀신의 억울한 누명을 벗겨주고 그 시신을 수습하여 좋은 곳에 묻어 주었다는 내용의 이야기들이다. 이 이야기들에서 귀신에게 은혜를 베푼 주인공들은 모두 귀신의 도움으로 높은 지위에까지 올라가게 된다.

'서낭당 귀신의 예언으로 강화문서를 쓴 최지천' 이야기는 억울하게 죽은 영혼이 귀신이 되어 나타난 경우가 아니고, 서낭당을 지키는 귀신이 나타난다는 점에서 일반적인 귀신 이야기와는 차이가 있다. 이 이야기 역시 귀신의 소원을 들어 준 주인공이 귀신의 이야기로 나라에 공을 세우는 큰 인물이 된다.

도깨비 이야기에 등장하는 도깨비들의 성격은 세 가지로 분류된다. 먼저 인간이 베푼 작은 정성에 감동하여 커다란 은혜로 갚아주는 순수한 도깨비들이 등장한다. '도깨비의 보은'에서 도깨비들은 가난한 할머니와 할아버지가 정성껏 마련해 준 메밀묵에 대한 보답으로 재물은 물론이고 명당자리까지 마련해 준다.

두 번째는 순수하다 못해 어리석어서 인간의 잔꾀에 속아 넘어가는 도깨비들이 있다. '혹 떼러 갔다가 혹 붙인 이야기'에서 도깨비들은 혹에서 노래가 나온다는 말에 깜빡 속아 넘어간다. '도깨비를 속여 부자가 된 부부'에서는 인간에게 속아서 결국 인간에게 이로운 일만 해주고 만다.

세 번째는 아무런 이유 없이 인간에게 해를 끼치는 도깨비들이 있다. 갑자기 나타나서 밤새도록 씨름을 하자고 청한다거나('피가 묻어 도깨비가 된 빗자루'), 어여쁜 여인으로 변신하여 남자를 홀려서는 진흙탕에 처박히게 한다('도깨비에게 홀린 술꾼'). 그런데 이 이야기들에는 공통점이 있다.

늦은 밤이면 도깨비 불로 오인되는 불빛

바로 도깨비들에게 홀리는 인간이 술에 잔뜩 취해 있었다는 점이다. 술에 취해 도깨비에게 홀려 산과 들을 헤매 다녔다거나 낯선 사람을 따라 갔다는 이야기들은, 술 취한 상태에서의 환각이 빚어낸 이야기들일 수도 있다. 실제로 여러 제보자들이 밤늦은 시간에 술에 취해 외딴 길을 걷다가 도깨비나 도깨비불에 홀렸다는 경험담을 전해 주고 있다.

귀신이나 도깨비 이야기들은 '나'가 아닌 다른 존재에게 선행을 베풀었을 경우에는 복을 받는다는 공통점을 가지고 있다. 이는 전승지역과 관계없이 일반적으로 발견되는 주제이다. 이처럼 이 이야기들은 대부분의 설화들과 마찬가지로 인간에게 착한 일을 행할 것을 권유하고 있다.

나) 귀신, 도깨비와 관련된 세시풍속

당산(堂山)이란 수호신이 있다고 하는 마을 가까이의 산이나 언덕을 일컫는 말로서, 오래 전부터 마을의 안녕을 비는 민간신앙의 대상이 되어왔다.

당산은 가장 원초적인 민간신앙의 하나로, 옛날 사람들은 자기가 사는 마을 근처의 산과 언덕에 대해 외경심(畏敬心)을 가지고 있었다. 당산은 나 자신은 물론 마을사람들의 평안을 지켜주는 힘을 가진 존재라고 믿었으므로 제사를 지내는 풍습이 생긴 것이다. 지방에 따라 다르지만, 당산 사당을 지어 놓은 곳도 있고 큰 돌로 제상을 만들어 놓은 곳도 있다.

대부분의 지역에서는 정월대보름에 당산제를 지낸다. 당산제를 지낼 때는 모든 마을 사람들이 온갖 정성을 다한다. 제단은 미리 청결하게 닦아 주변에 황토를 깔아놓으며, 솔가지를 끼운 금줄을 쳐

잡인의 출입을 막는다. 제주(祭主)는 마을사람 중에서 나이가 많고 상중(喪中)이 아닌 사람으로 한다. 제주는 1주일 전부터 목욕재계하고 육류를 먹지 않으며 상을 당하였거나 병 든 사람은 만나지 않는다. 제삿날은 지방마다 다른데, 보통 제주의 운수가 길(吉)한 날을 택하는 경우가 많다. 제물은 전날 차려놓으며, 제삿날 자시(子時)에 동신제문(洞神祭文)을 읽으면서 제사를 지낸다.

만약 당산제를 소홀히 하면 마을이나 마을사람에게 재앙이 닥친다는 것이 오래된 믿음이었다. 서낭당에 놓여 있던 옷을 집어가는 것만으로도 목숨을 잃을 수 있다('서낭당 귀신의 예언으로 강화문서를 쓴 최지천')는 이야기를 통해 이러한 의식을 알 수 있다.

당산제는 지역마다 그 형태나 시기에 차이는 있으나, 전국적으로 분포해 있는 전통 행사이다. 전남 해남군 도둑잡이굿, 전남 완도군 장보고당제, 전남 보성군 벌교갯제, 충남 연기군 전의 장승제, 전북 고창의 오거리 당산제, 경북 안동군 도산 부인당제, 경북 안동군 마령동별신제, 강원도 삼척군 원덕 남근제, 전북 김제시 마현 당제 등이 있다. 전북 지역의 당산제 중에서는 위도면 대리의 띠뱃놀이가 유명하다.

(글: 이수라)

다) 유척기와 처녀 귀신

유척기는 아버지를 일찍 여의고 어머니와 함께 매우 가난하게 살고 있었다.

그때 관상을 잘 보는 신판서라는 분이 있었다. 그는 일찍 아들을 잃고 과부며느리와 손녀 하나와 살고 있었다. 신판서는 손주사위를 얻으려고 여기저기 돌아다니다가 길에서 열두 살 정도 돼 보이는 한 남자아이를 만났다. 신판서가 말을 타고 지나가다가 그 남자아이에게 성(性)이 무엇이냐고 물었다. 그러자 그 남자아이가,

"자기만 양반인가? 나도 양반이오. 남의 성은 알아 무엇 하려고 그러오?"

하고는 가버렸다.

이를 본 신판서는 하인을 시켜서 그 남자아이가 어디로 가는지 알아오게 하였다. 하인이 뒤를 따라가 보니, 그 남자아이는 다 쓰러져가는 오두막집으로 들어갔다.

하인의 말을 전해들은 신판서는 남자아이의 집을 찾아갔다. 사람을 찾는 소리에 남자아이의 어머니가 나왔다.

"나는 서울에서 온 신판서인데, 이 댁 도령한테 청혼하러 왔습니다."

"우리아이는 아직 혼기가 안 됐습니다."

"그건 상관없습니다."

"하지만 집안이 너무 가난해서 혼수를 준비할 처지도 못 됩니다."

"그런 것이라면 걱정 마십시오."

신판서가 그렇게까지 말하자 남자아이의 어머니는 승낙을 할 수밖에 없었다. 그렇게 되어 바로 그 자리에서 신판서와 유척기의 어머니 사이에는 결혼 약속이 이루어졌다.

집으로 돌아온 신판서는 며느리에게 손녀의 혼처를 구했다는 사실을 알렸다. 며느리는 하인을 통하여 신판서가 아주 가난하고 이름도 없는 집과 혼약을 맺었다는 사실을 알게 되었다. 정승판서 집이나 될 것으로 기대하고 있던 며느리는 무척 실망스러웠지만, 집안의 어른이신 시아버지가 결정한 일이라 어쩔 수가 없었다.

혼인날이 다가오자 며느리는 신랑네 집으로 혼수감을 전부 마련하여 보내주었다. 유척기는 그렇게 해서 신판서의 손자사위가 되었다.

혼인을 치르고 나자 신판서는 유척기에게 명하였다.

"너는 너희 집에 가지 말고 내 밑에서 공부하거라."

그때부터 유척기는 20세가 되도록 신판서와 한 방에서 자면서 열심히 공부하였다.

그러던 어느 날, 신판서가 유척기의 관상을 가만히 살펴보니, 올해 과거를 보면 합격을 할 운이었다. 올해 과거를 보라는 신판서의 말을 들은 유척기는 돌아가신 아버지 산소에 성묘부터 하고 과거를 보러 떠나겠노라고 하였다. 신판서가 보기에 남쪽으로 가면 나쁜 일이 생길 운인데 유척기 아버지의 산소는 남쪽에 있었다. 그렇다고 해서 아버지 산소를 먼저 찾는 건 아들의 당연한 도리이기 때문에 말릴 수도 없는 노릇이었다. 신판서는 속으로 '그것도 다 네 팔자로구나'라고 생각하고는 그렇게 하도록 허락하였다.

유척기가 아버지의 산소에 도착하기도 전에 날이 저물어 버렸다. 주위를 살펴보니 외딴집 한 채가 있어 그 집을 찾아가서 하룻저녁 자고 가기를 청했다. 그러자 계집종 하나가 나와서는 집에는 바깥 마님도 안 계시고 사랑방도 누추한데, 그래도 괜찮다면 하루 묵어가라고 허락했다.

사랑채로 들어가자 계집종이 저녁밥을 차려다 주었다. 그런데 밤이 이슥해지자 소복을 입은 여자가 사랑채로 들어왔다.

"남녀가 유별한데 이렇게 무례함을 무릅쓰고 찾아온 소첩을 용서하십시오. 소첩은 이 집 주인인데, 이 크나큰 집에 계집종과 저, 단둘밖에 없습니다. 소첩의 재산이 수천 석인데 여자의 몸으로 혼자 관리할 수가 없어서, 이 살림을 관리하면서 제 지아비 노릇을 해줄 분을 찾고 있었습니다. 선비님께 이곳에 머물러 주시기를 간청드리고자 들어왔으니, 부디 소첩의 청을 거두어 주시기 바랍니다."

그러나 유척기는 이미 장가를 간 몸인데다가 선비의 도리로 첩을 둘 수도 없는 일이었다. 그렇다고 여자가 부끄러움을 무릅쓰고 부탁하는데 냉정하게 거절할 수도 없어서 여자를 달래느라고,

"내 지금 아버님 산소에 성묘를 드리러 가는 길이오. 성묘도 드리기 전에 그대의 청을 들어준다는 것은 사람의 도리에 어긋나는 일이니, 내일 성묘를 드리고 다시 돌아와 저녁에 그대와 만나도 늦지 않지 않소?"

라고 말하였다. 여자는 유척기의 말을 곧이곧대로 믿고 감사의 인사를 하고는 안으로 들어갔다.

이튿날 아침까지 잘 얻어먹은 유척기는 성묘를 마치고는 급히 말을 몰았다.

멀찍이서 유척기를 기다리며 서있던 여자가 말머리를 돌리지도 않고 쏜살같이 달아나 버리는 유척기를 보고는 소리쳐 불렀다.

"저기 가는 공자님, 뒤나 한번 돌아보고 가십시오."

그 소리를 들은 유척기가 뒤를 힐끗 돌아보자 여자는 자기 목에다가 칼을 대고 자결을 해버렸다. 유척기는 그래도 모른 척 하고는 집으로 돌아와 버렸다.

한양으로 돌아온 유척기는 과거시험을 보러갔다. 그런데 먹을 갈아가지고 글씨를 쓰려고 하자 갑자기 여자귀신이 나타나서 종이 위에 먹물을 뿌려버렸다.

"사람을 원한에 사무쳐 죽게 두고 과거에 급제하기를 바라십니까?"

과거를 볼 때마다 같은 일이 반복되자, 유척기는 '생목숨을 죽게 내버려 두고 나 혼자 출세하겠다는 것이 잘못된 일이로구나'라고 반성하며 금강산에 들어가 속죄하는 마음으로 중이 되었다. 중이

되어 어떤 암자에서 생활하는데, 그 암자에는 다른 중이 하나 있었다.

어느 날 유척기와 그 중은 서로 중이 된 사연에 대해서 이야기를 하게 되었다. 유척기가 한 여자의 죽음에 속죄하고자 중이 되었다고 하자, 그 중은 유척기가 지은 것은 죄도 아니라면서 자기 이야기를 하였다. 그 중은 본래 어떤 부잣집 머슴이었는데 주인집 딸이 너무 예뻐서 한 번 안아보려다가, 그 딸이 소리를 지르면서 반항을 하자 그냥 칼로 찔러 죽이고는 금강산으로 도망쳤다는 것이었다. 그런데 그 중은 자신의 죄에 대해 전혀 반성하는 기색이 없었다. 오히려 유척기가 그깟 일에 죄책감을 느낀다고 비아냥거렸다. 이에 화가 난 유척기는,

"이런 천하의 나쁜 놈! 그러고도 네가 사람이라고 할 수 있느냐?"

라면서 그 중을 한 대 때렸다. 그런데 그만 그 중이 절벽으로 떨어져 죽어버렸다. 실수로 중을 죽이게 된 유척기는, 사람을 죽였다고 속죄하러 온 사람이 또다시 사람을 죽이게 되었다는 자책감에 금강산을 내려왔다.

집으로 돌아온 유척기를 본 신판서는,

"네가 이번에 착한 일을 하고 왔구나. 이번에는 과거를 보거라."

라고 하였다.

유척기는 사람을 죽이고 왔는데도 착한 일을 하고 왔다는 신판서의 말이 이상했지만, 신판서의 말에 따라 과거를 보러 갔다.

유척기가 먹을 갈아 종이에 글씨를 쓰려고 하자 여자귀신 둘이 나타났다. 하나는 전에 보던 여자귀신이고, 다른 하나는 처음 보는 귀신이었다. 그런데 두 여자귀신 사이에 싸움이 일어났다. 하나가

종이에 먹을 뿌리려고 하면, 다른 하나가 막느라고 다투는 것이었
다. 말리던 여자귀신이 다른 여자귀신을 향해,

"너는 네가 마음을 잘못 먹어서 저 점잖은 분이 네 말을 안 들어
주니까 네 스스로 목숨을 끊은 것 아니냐? 저 분이 네 목숨을 끊은
건 아니잖느냐? 그러니 네가 죽은 것은 너의 잘못이지 저 분의 잘
못이 아니다."

라고 호통을 쳤다. 그러자 먹을 뿌리려던 여자귀신이 사라졌다.

그러자 남아 있던 여자귀신이 유척기에게 정중하게 절을 하였다.

"저는 선비님께서 죽게 만든 중에게 살해당했던 사람입니다. 억
울하게 죽임을 당하고는 어디 하소연 할 곳이 없었는데, 선비님께
서 제 원수를 갚아주셨으니 그 은혜가 백골난망이옵니다. 앞으로는
나쁜 여자귀신이 다시 침범하지 못 할 것이옵니다. 오늘 시험에는
선비님께서 장원급제를 하실 것이고, 앞으로 정승의 자리까지 오르
시게 될 것이옵니다."

그리고는 그 여자귀신도 사라졌다.

유척기는 소신껏 과거시험을 치렀고, 그 여자귀신의 말대로 장원
급제를 하였다. 또한 그 뒤에 순풍에 돛단배같이 승진하여 결국 영
의정의 자리에까지 오르게 되었다.

라) 도깨비의 보은

옛날 어느 마을에 냇가 모래밭에 오두막집이 하나 있었다. 그 집
은 너무 가난해서 아들 둘이 남의 집 머슴으로 가고 할아버지와 할
머니 내외만 살고 있었다. 그런데 무슨 일인지 밤이면 밤마다 오두
막집 앞에 있는 냇가 모래밭이 시끄러웠다.

어느 날 할머니가 할아버지에게 왜 이리 시끄러우냐고 묻자, 할

아버지는 밤이면 밤마다 도깨비들이 편을 나누어서 씨름을 하느라
고 그렇다고 대답했다.

"아, 그럼 씨름도 좋지만 배가 좀 고프겠네요. 우리가 뭐가 좀 있
으면 먹을 거라도 장만해 주면 좋으련만……"

할머니는 가난한 살림살이를 생각하면서 한숨을 내쉬었다.

"도깨비들이 메밀묵을 좋아한다고 그러대. 그걸 좀 쑤어 먹이면
좋겠지만 우리가 메밀이 있는가."

"그럼, 내일 좀 구해다가 쑤어 먹여야겠네요."

이튿날 할머니는 동네사람한테 일해서 갚아주겠노라고 약속을
하고는 메밀을 구해왔다. 그리고는 하루 종일 정성껏 메밀묵을 만
들어다가 냇가 모래밭에 놓아 주었다.

그날도 변함없이 씨름을 하던 도깨비들은 할머니가 갖다 둔 메밀
묵을 발견하였다. 마침 씨름을 하느라 배가 고프던 참이라 맛있게
먹었다.

"노인들이 어려운 살림에도 우리를 위해서 메밀묵을 쑤어 주어
서 잘 먹었는데, 이 은혜를 갚아야지?"

그러자 우두머리 도깨비가 말했다.

"모두의 생각이 그렇다면, 내가 갚아줄 테니 걱정 말거라."

다음날 아침 할아버지를 찾는 사람이 있었다.

"어르신, 계십니까?"

"거 누군가?"

"저 김서방입니다."

"김서방? 무슨 일인가?"

"어제 저녁에 밤참을 준비해 주셔서 맛있게 잘 먹었습니다. 너무
감사해서 드리는 것이니, 이걸 받아주십시오."

말을 마친 남자가 사라지자 그 자리에는 돈이 한 가득 담긴 자루
가 남겨져 있었다.

그 이튿날 또 우두머리 도깨비가 찾아왔다.

"영감님, 소원이 무엇입니까?"

"소원? 내가 무슨 소원이 있겠는가. 하도 가난하게 살았으니 잘
먹고 잘 사는 게 소원이고, 자식놈들 잘 되는 게 소원이지."

"그럼 명당자리 하나 가르쳐 드릴까요?"

"명당? 마음이야 그렇지만 나 같은 사람이 무슨 수로 명당을 쓴
단 말인가?"

"그건 걱정 마십시오. 저희가 다 알아서 하겠습니다."

"정말 그렇게 해 줄 수 있나? 그렇다면 좀 그리 해 주게."

"그러면 이 돈을 가지고 해남으로 가십시오. 거기에 가면 윤씨들
사당이 있는데 그 사당이 명당 중에 명당입니다. 거기에다 묘를 쓰
면 대대손손 잘 살 겁니다."

"뭐? 윤씨 사당? 아무리 명당이라지만 남의 사당에다 무슨 수로
묘를 쓴단 말인가?"

"그건 걱정 말고, 어서 가서 그 사당지기하고 친분만 쌓아 두십
시오. 그리고 마지막 돌아오는 날에 '내가 아무 날 아무 시에 여기
에다 묘를 쓰러 오겠다'고만 하고 오십시오. 나머지는 저희가 다 알
아서 하겠습니다."

할아버지는 도깨비의 말을 믿고 해남으로 내려가서 도깨비가 시
킨 대로 했다. 그리고는 아무 날 아무 시에 묘를 쓰러 오겠노라는
말을 남기고 집으로 돌아왔다.

그러자 윤씨 집안에서는 야단법석이 일어났다. 참나무 몽둥이를
수십 개를 깎고 사람을 많이 모아서 묘를 쓰러 오겠다는 날에 사당

근처에다 매복을 시켰다. 힘으로라도 묘를 쓰러 오는 사람들을 막으려는 작정이었다.

드디어 할아버지가 이야기한 날 이야기한 시간이 되었다. 그러자 정말로 상여가 윤씨 사당으로 다가오고 있었다. 도깨비들이 할아버지네 선조 무덤을 파서 다시 상여에 싣고서 오는 것이었다.

매복해 있던 사람들이 고개를 살짝 내밀고 살펴보았다. 한 놈은 묘 앞에 놓는 상석을 멜빵으로 걸어서 짊어지고 오고, 또 한 놈은 묘비를 양손에다 갈라 쥐고 춤을 추면서 오고 있었다. 그 뒤로는 수도 없이 많은 장정들이 양손에 횃불을 들고서 쭉 따라오고 있었다.

이 광경을 바라보던 사람들은 모두 도깨비들을 막을 생각도 못하고 숨어 버렸다. 참나무 몽둥이를 들고 대항을 해보았자, 상석이며 묘비를 한 번 휘두르면 맞아 죽을 것 같아 겁이 났기 때문이었다. 도깨비들은 상여를 사당 앞에 내려놓았다. 우두머리 도깨비가 앞으로 썩 나서더니 큰소리로 말했다.

"이 사당을 너희가 직접 뜯겠느냐, 우리가 뜯어주랴?"

윤씨들이 들어보니 도깨비들 보고 뜯으라고 하면 그저 함부로 다 부숴버릴 것만 같았다. 그래서 자기들이 뜯겠다고 하고는 사당을 뜯어서 다른 쪽에 잘 모셔놓고, 묘를 쓰게 허락하였다.

그 후 할아버지네 집안은 대대손손 잘 살았다고 한다.

2강. 식물 이야기

1. 식물 이야기의 의미

어느 지역이나 설화의 성격은 그 지역의 특수성과 전국적인 또는 전 세계적인 일반성을 공유하기 마련이다. 다른 지방에 없는 이야기가 유독 그 지방에 있다면 그 또한 좋은 지역성이 될 것이며, 다른 지역에 많은 것이 그 지역에는 없거나 극히 적어도 아니, 똑같이 있어도 지역의 성격이 된다. 설화를 테마별로 인간, 동물, 식물, 광물 등으로 분류했을 때 이 가운데 식물과 관련된 이야기가 전국적으로 가장 적게 분포하고 있다.

나무, 꽃, 풀, 약초 등과 같은 식물들은 세월이 흘러도 사라지지 않고 변함없이 그 자리에 남아 있으리라는 보장이 없다. 나무는 누군가 베어버릴 수 있고 꽃은 꽃피는 시기가 지나면 다시 한 해를 기다려야만 볼 수 있다. 이야기의 특성상 이야기를 들려주는 화자는 청자의 신뢰를 얻기 위해 그리고 이야기의 진정성을 강조하기 위해 청자에게 '저 마을 앞 커다란 정자나무가 우리 할아버지 때부터……'라고 증거를 들어 이야기 할 수 있어야 한다.

인간의 경우는 이야기 속 주인공의 후손, 혹은 친인척들 그도 아니면 그와 관련된 누구라도 이야기의 증거로 언급할 수 있다. 동물의 경우도 마찬가지이다. 그러나 식물을 모티브로 한 이야기는 그것이 불가능한 경우가 비일비재하다. 바로 이런 이유 때문인지 전국적으로 식물과 관련된 설화가 적고 이는 전북지역도 예외가 아니다.

이처럼 많지 않은 식물설화 가운데서 가장 넓게 분포한 이야기는 '당산나무'와 관련된 것이다. 당산나무 이야기가 자주 발견되는 것은 당산나무의 수명이 보통 몇 백 년 이상 된 고목인 경우가 많아 이야기를 들려줄 때 증거로 제시할 수 있었기 때문이다.

조상 대대로 나무와 함께 같은 지역에 살아온 마을 사람들은 나무에 관한 여러 가지 변화와 생장 과정에 대한 이야기를 조상들로부터 들으면서 자랐을 것이다. 그런 이들에게 나무와 관련된 이야기는 자신의 선조와 관련된 이야기이다. 수백 년 한 자리를 지키고 있는 나무의 역사는 곧 조상의 역사인 것이다.

대부분의 마을에 위치한 당산나무와 달리 지리적 특성으로 인해 특정 지역에서 다수 종을 점하고 있는 식물과 관련된 이야기가 있다. 정읍 '내장산 단풍'과 '진안 인삼'이 그 대표적인 예이다. 내장산의 가을 단풍은 전국적으로 유명하고 또한 진안의 경우 매우 오래 전부터 인삼 재배 산지로 명성을 얻고 있는 지역이다.

지리산 와운마을의 천년송

지금부터 370여 년 전부터 용담군 주천면에서 인삼을 재배했다
는 기록이 남아 있다. 진안 지역의 인삼과 관련된 이야기들은 주로
인삼을 재배하며 살아가던 지역 주민들의 삶의 모습과 이야기가 서
로 긴밀하게 엮여 있음을 보여준다.

한편 '무주의 진달래꽃 이야기'처럼 전국 어느 지역에서나 볼 수
있는 식물이지만 특정 지역에서만 발견되는 이야기가 있고 어디서
나 볼 수 있는 식물이지만 유난히 그 지역에 집중적으로 분포한 식
물과 관련된 이야기들이 있다. 유난히 배나무가 많은 '배나무골'의
사연, 대나무가 많아 '대실'이라 불리는 마을의 이야기, 꽃과 관련성
으로 '화암사'란 이름을 얻게 된 절의 경우와 같이 이야기 속의 식
물은 곧바로 그 마을의 상징물이 되어 마을의 이미지를 형성하는데
중요한 역할을 담당한다.

2. 식물 이야기와 지역 축제

우리 역사에 등장하는 최초의 식물은 웅녀가 아들 낳기를 기원하
던 〈단군신화〉 속의 신단수(神檀樹)이다. 웅녀는 신단수 아래서
아들 낳기를 빌었고 그것이 실현되어 단군왕검이 세상에 나왔고 비
로소 한민족의 역사가 시작되었다. 웅녀의 소원을 하늘에 전달해준
신단수는 지상과 천상을 연결하는 매개체이다. 또한 신단수가 놓인
자리는 생명이 잉태되는 창조의 공간이다. 이러한 민족적 전통을
가진 한민족이 당산제를 지내는 당산나무는 곧 그 오래전 웅녀가
하늘에 자신의 소원을 빌던 신단수인 것이다.

식물이야기에 자주 등장하는 '당산나무'는 마을 사람들에게 마을
의 역사를 대변하는 신성한 존재로 받아들여진다. 마을 사람들은

조상 대대로 나무와 함께 같은 지역에 살아왔으므로 나무의 여러 변화와 생장 과정에 얽힌 이야기를 선조들로부터 들으며 자라왔고 또한 자신이 직접 관찰한 바를 어린 후손들에게 들려주며 나무와 함께 마을을 지켜왔다. 이들에게 당산나무는 단순한 나무가 아니라 마을의 역사와 함께 존재해 온 신성한 나무이다. 때문에 마을 사람들은 당산나무를 마을의 수호신(守護神) '신체'로 인식하고 해마다 '당산제'를 지낸다.

당산제는 한 마을을 중심으로 마을의 안녕과 풍요, 번영, 무병을 기원하는 뜻에서 행해진다. 마을 사람들은 종교적인 거룩함이나 신의 가호와 형벌에 대하여 두려움을 가지고 있다. 전북지역의 경우 당산제는 논농사를 중심으로 하는 서부평야 지역에서 주로 행해지고 있다. 동부 산간지역은 '산신제'를 지낸다. 아직까지도 전북지역에는 당산제를 지내는 마을이 많다. 당산제는 나무와의 정서적 교감과 소통행위로, 존재하는 모든 생명체는 소중하다는 생태주의적 세계관이 투영된 행위이다. 마을의 역사와 공존해온 오래된 나무를 단순히 인간의 삶을 위한 수단이나 도구로 보지 않고 살아있는 인격체로서 인간과 함께 공존하는 동반자로 인식하고 있음을 알 수 있다.

식물과 관련된 지역 축제로는 정읍 내장산의 '단풍축제'와 지리산의 '철쭉제'가 있다. 내장산 국립공원에서는 내장산의 역사와 문화, 내장산에 서식하는 동물과 식물을 주제로 '단풍골 이야기'라는 자연체험프로그램을 진행하고 있다.

이 프로그램은 내장산을 찾는 이들이 생태적 감수성을 회복하여 인간과 자연의 공존을 모색하기 위해 마련된 것이다. 내장산 국립공원의 단풍골 이야기 프로그램의 취지는 해마다 5월에 지리산 바래봉에서 마련되는 철쭉제에서도 나타난다. 대자연의 위대함에 경의를 표하기 위해 산신제를 올리고 있다. 또한 산에 오르는 이들에게 지리산의 아름다움을 만끽하고 더불어 산 사랑을 실천할 수 있는 기회를 제공하고 있다.

한편 '인삼이야기'가 널리 분포하고 있는 진안지역은 충남 금산과 더불어 전국 최고의 인삼재배산지로 유명하다. 인삼은 근본적으로 식물학적 특성이 재배적지에 대한 선택성이 강하여 기후 토질 등 자연환경에 적당하지 않은 곳에서 인삼을 적응 생육시키는 것이 매우 어려운데 우리나라에서도 진안은 인삼생육의 최적지로 손꼽히고 있다. 그리고 진안군에서는 봄이면 하얀 벚꽃이 만발한 마이산에서 해마다 '벚꽃축제'를 개최하고 있다.

(글: 고은미)

철쭉

3. 나무 이야기

가) 내장산 단풍나무

까마득한 옛날, 내장산 서래봉 아래 어머니와 아들이 살았다. 두 사람은 산에서 나는 나물과 흐르는 약수를 받아 마시며 자연과 더불어 살았다. 이들 모자는 가난했지만 건강한 것을 만족하게 알고 삶에 감사하며 살아갔다. 날만 새면 어머니는 약초와 나물을 캐고, 아들은 지게를 지고 나무를 하고 혹은 사냥을 했다.

그러던 어느 가을날이었다.

평상시와 마찬가지로 어머니는 약초를 캐러 떠나고 아들은 나무를 하러 갔다. 어머니는 그날따라 여기저기서 귀한 보약재를 많이 캘 수 있기 때문에 시간가는 줄 모르고 약초 캐는 일에 열중했다. 어머니는 평소에 보기 힘든 약초를 캤을 때 아들 생각을 먼저 했다.

'이놈을 아들에게 달여 주어야지.'

하는 생각에 피곤한 줄도, 날이 저무는 줄도 몰랐다.

늦게야 해가 저문 것을 깨달은 어머니는 캐 놓은 약초를 짊어지고 걸음을 재촉하여 집에 돌아왔다. 그런데 다른 때 같으면 일찍 돌아와 있어야 할 아들의 모습이 보이질 않았다. 깜짝 놀란 어머니는 당장 관솔(소나무에 송진이 많이 엉켜 붙은 부분)에 불을 붙여 아들을 찾아 나섰다.

이 산 저 산 아들이 갈 만한 곳을 모두 뒤졌으나 아들은 없었다. 아들을 찾지 못한 채 밤은 깊어가고 관솔불도 모두 타 버리고 말았다. 어머니는 기진맥진하여 산속에 앉아 울었다.

어머니가 아들을 찾으러 나간 사이 아들이 집에 돌아왔다. 집에 돌아오자마자 어머니를 불렀으나 대답이 없었다. 이를 이상하게 여긴 아들은 집 주변을 돌며 계속해서 어머니를 불렀지만 어머니의 목소리는 들리지 않았다.

'아무리 불러도 대답 없는 어머니, 밤은 이미 깊어 있는데 어디서 무얼 하기에 안 계신단 말인가?'

어머니와 마찬가지로 아들에게도 그날은 매우 운이 좋은 날이었다. 나무를 하러 산 속에 들어가자마자 토끼 굴을 발견하여 쉽게 토끼를 두 마리나 잡을 수 있었다. 아들은 토끼를 잡은 기쁨에 잠시 피곤한 몸을 산자락에 뉘고 실컷 낮잠을 잤다. 미처 나무를 다 하지도 못했는데 낮잠을 자고 일어나 보니 벌써 어둠이 내려앉기 시작했다. 아들은 서둘러 나무를 베어 땔감을 마련해 산을 내려왔다. 아들이 집에 도착하니 이미 해가 기울어 캄캄한 밤이 되었다.

집안과 주위를 둘러보았으나 어머니를 찾지 못한 아들은 관솔불

내장산

을 들고 어머니를 찾아 나섰다. 평소 어머니가 잘 다니시는 길을 따라가며 찾아보았지만 어머니의 흔적은 어디에도 없었다. 아들이 가져간 관솔불도 어머니의 관솔불처럼 점점 꺼져갔다. 아들은 캄캄한 밤에 깊은 산속에서 어머니만 부르고 있었다. 지친 아들은 산속에 주저앉고 말았다. 그리고 어머니를 찾게 해 달라고 산신령께 빌었다.

산신령은 어머니를 찾는 아들의 눈물 어린 기도에 감동했다.

"내가 불이나 밝혀주마."

산신령은 내장산에서 가장 많은 수종 하나를 골라 아들이 산 전체를 밤중에도 환하게 볼 수 있도록 자연의 불을 밝혀주었다. 산신령은 나무의 잎새마다 붉은 빛이 돌게 만들었다. 그 많은 나무의 잎들이 뿜어내는 밝은 빛으로 온 산이 밝아왔다. 관솔불은 꺼진 지 오래지만 잎새마다 빨간 물이 들어, 산이 타고 있는 듯 밝았다. 이는 바로 아들의 효심에 감동한 산신령의 조화였다.

온 산이 밝아오자 아들은 산신령께 감사의 기도를 올렸다. 아들은 '이제 집에 가면 어머니가 돌아오셨겠지'하는 생각을 품고 집으로 돌아왔다. 그러나 어머니는 집에 안 계셨다. 아들은 매일 어머니를 기다렸지만 어머니는 끝끝내 돌아오지 않았다.

그 후에도 해마다 가을이 되면 아들은 어머니를 찾아 나섰지만 영원히 어머니를 찾지 못했다. 아들이 어머니를 찾아 나설 때면 아들의 효심에 감동해 온 산을 붉게 물들였던 단풍나무가 여전히 아들의 길을 밝혀주었다. 이 나무가 바로 내장산의 단풍나무였다.

나) 쌍둥이와 배나무

옛날 무주현 유가면 한 마을에 의좋은 쌍둥이 형제가 있었다. 이들이 태어난 집은 비록 가난하지만 형제간의 우애가 남다른 집이었다. 이들 쌍둥이는 태어나면서부터 둘 중의 하나가 아프면 항상 같이 아프고 울고 웃는 것조차 항상 같이 하는 것이었다. 쌍둥이는 워낙 닮은 점이 많다고는 하지만 이들 형제는 유별나게도 닮아 누가 형이고 누가 아우인지 부모조차도 분간 할 수 없었다.

쌍둥이는 자라나면서 의가 좋기로 온 동네의 이야깃거리가 될 만하였다. 그래서 행여라도 형제끼리 다투는 집이 있으면 그 부모들은 이들 쌍둥이들을 본받으라며 자식들을 나무랐다.

그런데 쌍둥이네 집은 너무도 가난했다. 게다가 형제가 많아 쌍둥이가 자랄수록 살림은 더욱 곤궁해져 갔다.

쌍둥이가 여섯 살이 되던 해, 부모는 입 하나라도 덜자는 생각을 하게 되었다. 가난한 집에서 배를 곯고 사느니 끼니 걱정 없는 집에 가서 한 자식이라도 잘 먹고 사는 것이 나을 거라고 여겼다. 그러던 어느 날 밤, 쌍둥이 부모는 부잣집에 보낼 자식을 결정하였다. 쌍둥이 위로 형제들은 그나마 작은 일이라도 해서 집안에 보탬이 되고 있었다. 또한 이미 다 자란 아이를 데려가겠다는 집도 없었기에 부모는 쌍둥이 중의 하나를 건넛마을 부잣집으로 보내기로 결정하였다.

똑똑한 쌍둥이는 부모의 결정을 알아차렸다. 그들은 자식된 도리로 부모의 결정을 따라야 했지만 아무리 생각해도 둘이 떨어져 살 수 없었다. 그렇다고 가난한 집안 형편을 알면서 한사코 가지 않겠다고 억지를 부릴 수도 없는 노릇이었다.

부모도 쌍둥이 중 하나를 남의 집으로 보내기로 결심은 하였으나 부잣집으로 보내겠다는 말을 차마 입이 떨어지지 않아 하지 못했다. 부모가 망설이고 있던 어느 날, 쌍둥이 형제는 아침 일찍 집을 나가 밤이 늦도록 돌아오지 않았다.

식구들이 애를 태우며 기다리고 있는데 밤이 이슥해져서야 쌍둥이는 어른 키만 한 나무를 끌고 오는 것이었다.

"아버님, 어머님, 일 년만 더 저희가 한 집에서 살게 해주십시오. 그때 가서도 양식이 궁하면 저희 둘 중 누구라도 양자로 가겠습니다."

그리고는 쌍둥이는 가져온 나무를 뜰 안에 정성을 다해 심었다. 쌍둥이들이 가져와 심은 나무는 배나무였다.

이듬해 봄이 되자 배나무는 하얀 꽃을 풍성히 피웠다. 그리고 열매를 맺어 점점 커갔다. 쌍둥이 형제는 벌레가 생길 새라 여름 내내 배나무에 붙어살았다.

가을이 되자 배나무에는 알이 실한 배가 주렁주렁 열렸다.

배는 원래 제사상에 빠져서는 안 되는 과실이라 장에 내놓아도 큰돈이 되는 것이었다. 쌍둥이네는 점점 배나무를 늘려갔고 살림이 불었다. 덕분에 쌍둥이 형제는 떨어지지 않고 같이 살 수 있게 되었다.

쌍둥이네가 배나무를 심어 살림이 윤택해지는 것을 본 마을 사람들은 너도나도 다투어 배나무를 심기 시작했다. 점차 마을은 온통 배나무로 뒤덮였다. 이후로부터 사람들은 이 마을을 배나무골이라는 뜻에서 배골이라 불렀다. 의좋은 쌍둥이가 살던 그 마을이 바로 현재의 적상면(赤裳面) 방이리(芳梨里) 이동(梨洞) 마을이다.

4. 인삼 이야기

가) 동삼을 놓친 농부

어느 날 진안에 살던 한 남자가 점심으로 수수밥을 해가지고 밭을 매러 뒷산에 올랐다. 한나절 동안 땀을 흘리며 열심히 밭을 매고 난 남자는 출출한 배를 채우기 위해 가져간 점심 도시락을 풀었다.
그때 하얀 두루마기를 입은 잘생긴 총각이 산에서 내려오더니 남자
가 점심으로 가져간 수수밥을 좀 달라 청하였다. 수수밥은 혼자 먹
기에도 부족했지만 남자는 수수밥을 그릇에 덜어 총각에게 주었다.
수수밥을 맛있게 먹은 총각은 남자를 보더니 빙그레 웃으며 말했
다.

"조금 있다가, 내가 가고 조금 있다가, 저기 저 나무가 있는 곳으
로 올라오시오."

남자가 총각이 가리키는 곳을 보니 커다란 소나무가 우뚝 솟아
있었다.

총각은 잘 먹었다는 인사를 남기고 자리를 떴다. 그런데 남자는
시간이 지나면 총각이 가르쳐준 그 자리를 잊을까 염려되어 잠시
후에 오라는 총각의 말을 어기고 바로 총각의 뒤를 따라갔다. 총각
이 눈치 채지 못할 만큼 거리를 두고 따라가던 남자는 그만 총각을
놓치고 말았다. 큰 소나무 가까이까지 간 총각이 순식간에 사라져
버렸던 것이다. 남자는 의아한 생각에 나무 주변을 자세히 살펴보
았다. 그때 남자의 눈에 나무 밑에 몸을 숨기고 있는 커다란 동삼나
무가 들어왔다. 욕심에 눈이 먼 남자는 성급하게 동삼을 캐려다 그
만 동삼 싹을 끊어버리고 말았다. 그런데 동삼 싹이 끊어진 자리에
수수밥이 와글와글 붙어있는 것이 아닌가. 그제서야 남자는 자신에
게 수수밥을 얻어먹은 총각이 바로 동삼이란 걸 깨달았다.

남자는 서둘러 잎이 끊어진 동삼을 캐기 시작했다. 다 캐놓고 보
니 동삼이 어찌나 커다란지 어린아이 팔뚝 크기만이나 하였다. 남
자는 너무 좋아 콧노래를 부르며 집으로 돌아왔다.

집으로 돌아온 남자는 들뜬 기분을 주체하지 못하고 동네를 돌며

외치고 다녔다.

"동네 사람들아–, 내가 삼을 캤다. 어린애 팔뚝만한 커다란 동삼을 캤다."

동네 자랑을 끝마친 남자는 동삼을 자기 집 광에 있는 단지에 넣어 두었다. 남자는 나중에 산다는 사람이 있으면 비싼 값을 받고 팔 요량으로 광에 아무도 들어가지 못하도록 했다. 심지어 자신의 아내까지도 못 들어가게 했다.

하루는 동삼이 어떻게 생겼는지 너무 궁금했던 남자의 아내가 광 문을 조금 열고 그 틈으로 안을 들여다보았다. 처음에는 어두워서 잘 보이지 않더니 한참을 뚫어지게 바라보고 있자니 희끗희끗한 것이 광바닥에 어리어 있었다. 눈이 어둠에 익숙해지자 광바닥에 놓여있는 것이 보였다. 그것을 보는 순간 남자의 아내는 까무라칠 뻔하였다. 광바닥에는 하얀 옷을 입은 잘생긴 총각이 발가벗고 큰대자로 누워있었던 것이다. 너무 놀란 나머지 아내는 광문을 열어 놓았다는 사실도 잊은 채 집 밖으로 뛰쳐나오고 말았다.

산에서 나무를 해오다가 토끼눈을 하고 집을 뛰쳐나오는 아내를 만난 남자는 정신없이 집으로 들어가 광 속을 살펴보았다. 그러나 동삼은 사람이 되어 벌써 도망치고 난 뒤였다. 동삼을 잃어버린 남자는 너무도 허탈하여 마당 가운데 넋을 잃고 앉아 있었다. 이때 한 노인이 남자네 집 앞을 지나가다 실성한 듯 앉아 있는 남자를 보고 그 이유를 물었다. 남자는 지금까지의 일들을 모두 말해 주었다.

남자의 사연을 다 듣고 난 노인이 무릎을 치며 안타까워하면서 말했다.

"당신이 동삼 싹을 자를 때 나온 수수밥은 실은 동삼나무의 꽃이라오."

"아니 그게 무슨 말씀입니까?"

"삼나무를 자세히 보면 알 수 있다오. 삼나무 꽃이 꼭 수수밥처럼 생겼답니다. 당신은 그 씨가 다 삭아 저절로 떨어질 때까지 기다렸어야 했다오. 그랬다면 동삼이 당신 집을 나가지 않았을 것이오."

"예-에?"

"그런데 당신은 아직 준비가 덜 된 삼을 캐버렸던 것이오. 게다가 경건한 마음으로 삼을 대해도 시원찮을 텐데 동네방네 자랑하고 다니며 호들갑을 떨었으니…… "

노인은 자신의 말을 듣고 더욱 풀죽은 모습으로 주저앉은 남자가 안쓰러웠던지 두 가지 주의 사항을 일러주었다.

"다음에 또 동삼을 발견하거든 무작정 달려들어 캐지 말고 우선 '심봤다'는 말을 외치시오. 그리고 돼지 한 마리를 잡아서 정성스럽게 고사를 지내고 그 다음에 삼을 캐시오. 그러면 그 삼은 당신의 것이 될 것이오."

남자가 고맙다는 말을 마치기도 전에 노인은 어디론가 사라졌다.

나) 동삼과 효자

옛날 진안에 살던 어떤 사람이 병이 들어 죽어가고 있었다. 그러던 어느 날 한 스님이 지나가다 그 집에 들러 시주를 청하였다. 젊은 부부는 근심어린 얼굴로 스님께 보리쌀 한 되를 시주하였다. 부부의 얼굴을 살피던 스님이 물었다.

"집안에 무슨 근심이 있습니까?"

아들 내외는 동시에 고개를 끄덕이며 말했다.

"아이고, 스님. 저희 아버님이 병석에 누우신 지 오래입니다. 이제는 아들인 저도 못 알아보시고 오늘 내일 하고 계십니다."

"아, 그렇군요. 아버님을 살릴 한 가지 방법이 있긴 한데……."

"아니, 그것이 무엇입니까? 아버님을 살릴 수만 있다면 무엇이든 다 하겠습니다."

"댁에 어린 아들이 있는가요?"

"예. 스님. 지금 서당에 다니는 아들놈이 하나 있습니다."

"그럼 그 아들이 서당에서 돌아오거든 아들을 붙잡아 부엌에 있는 가마솥에 넣고 뜨거운 물에 푹 삶아 그 물을 아버님에게 먹이시오. 그러면 아버님의 병이 씻은 듯이 나을 것이오."

부부는 스님의 말을 듣고 너무 놀라 할 말을 잃은 채 서로 바라만 보았다. 한참 시간이 흐른 뒤 남편이 아내를 보며 말했다.

"자식은 또 나을 수 있지만 아버님은 돌아가시면 다시 볼 수 없으니 스님의 말을 따릅시다."

가마솥

남편의 말에 아내도 눈물을 흘리며 고개를 끄덕였다.

곧이어 내외는 부엌에 들어가 가마솥에 물을 넣고 끓이기 시작했다. 물이 다 끓자 아들이 서당에서 돌아왔다. 남편은 두 눈을 딱 감고 서당에서 돌아온 어린 아들을 안아 끓는 물에 넣고 솥뚜껑을 닫았다. 한참을 그러고 있다가 솥뚜껑을 열어 보니 아들은 온데간데 없고 커다란 동삼이 솥 가운데 둥둥 떠 있었다. 그리고 대문 앞을 보니 자신이 죽인 줄로만 알았던 아들이 책을 들고 집안으로 들어서고 있었다.

젊은 부부는 솥에서 동삼 달인 물을 한 대접 떠서 병든 아버지가 마시도록 했다. 늙은 아버지의 병은 씻은 듯이 나았고 아들도 무럭무럭 잘 자랐다.

5. 꽃 이야기

가) 진달래와 각시소

봄이면 마을 앞 바위에 피어나는 진달래꽃이 지나가는 사람들의 발걸음을 멈추게 하는 앞섬(前島)마을에는 오래 전부터 전해 내려오는 슬픈 이야기가 있다.

이웃 마을에 얼굴이 아주 못생긴 한 처녀가 살고 있었다. 이 처녀에게는 부모 형제도 있고 집안 살림도 넉넉하여 부러울 것이 없었으나 한 가지 말 못할 고민이 있었다. 처녀는 비단결 같이 고운 마음씨를 지녔지만 사람들은 보이지 않는 마음씨보다는 외모를 더 중시했다. 말하자면 처녀의 못생긴 얼굴 때문에 혼기가 닥쳤는데도 좀처럼 혼담이 들어오지 않는 것이었다. 이제나 저제나 혼담이 들어오기를 초조하게 기다리는 부모의 마음과는 달리 처녀는 한평생

부모님을 모시고 형제들 뒷바라지를 하며 살고 싶었다. 처녀의 나이가 많아질수록 부모의 심정은 무거워져만 갔다.

처녀의 부모는 궁리 끝에 딸을 시집보낼 묘안을 생각해냈다. 이들은 매파들을 시켜 만약 딸을 데려가겠다고 나서는 총각이 있으면 많은 재산을 떼어준다는 조건을 은밀하게 소문내도록 하였다. 과연 며칠이 지나지 않아 혼담이 들어왔다. 재 너머 앞섬마을에 사는 가난한 총각이 부모를 편안히 모시고 싶다며 처녀를 데려가겠다고 나섰다. 돈으로 짝 지어지는 결혼이 마음에 썩 내키는 것은 아니었지만 부모는 자식이 배필을 맞아 가정을 이루어 행복하게 살 수만 있다면 아까울 것도 바랄 것도 없었다.

드디어 두 사람은 백년가약을 맺었다. 처녀는 꽃가마에 실려 재 너머 앞섬 마을로 시집을 갔다. 갓 결혼한 신혼부부는 얼마 동안 그런대로 오순도순 신접살이를 하는 듯 보였다. 그러나 그런 달콤한 생활은 얼마 가지 못 했다. 애초부터 재물에 욕심을 내어 색시를 맞아들인 남편은 집안 살림이 펴지자 점점 아내의 못생긴 얼굴이 흉하게 느껴졌고 더욱 보기 싫어져 아내의 곁에 가는 것조차 꺼려했다. 아내의 방에 들어가기를 슬금슬금 피하던 남편은 드디어 아내를 학대하기 시작했다. 그럴수록 색시는 더욱 부지런히 일을 하였고 정성껏 집안을 돌봤다. 그러나 남편의 태도는 전혀 달라지지 않았다. 남편은 나중에는 아예 집안에 들어오지도 않았다.

색시는 이 혼인이 처음부터 잘못 출발한 것이라 생각하며 후회했지만 이제는 돌이킬 수도 없는 일이었다. 남편이 죽으라면 죽는 시늉까지 해가며 살아야 하는 자신의 처지가 죽도록 원망스러웠다. 그럼에도 시부모 모시는 일에 지극정성을 다하며 남편이 돌아오기만을 기다렸다.

　그러나 이러한 색시의 바람과 기다림과는 달리 남편은 못생긴 아내와는 도저히 함께 살 수 없다며 색시가 시집 올 때 가져온 가구를 들어내고 다른 여자와 딴살림을 차리고 말았다. 색시는 더 이상 참을 수가 없었다. 기대할 수 없는 남편을 포기하고 자신의 못생긴 얼굴 때문에 불행이 생긴 것이라며 모든 것을 자신의 죄로 책망하였다.

　끝내 색시는 친정으로 돌아갈 결심을 했다. 그러나 친정 부모들은 출가외인이 시집에서 소박을 맞고 친정 대문을 들어서는 것을 용납하지 않았다. 대문 밖에서 이틀 밤을 울며 지낸 색시는 어쩔 수 없이 돌아서야 했다. 울며 발길을 돌리는 딸의 뒷모습을 보며 친정 부모들은 가슴이 미어져 내리는 아픔을 억지로 참아야 했다.

진달래

이제 갈 곳도 없는 가련한 처지가 되어버린 색시는 이러지도 저러지도 못한 채 눈물로 가슴을 적실뿐이었다.

색시는 강가로 달려갔다. 바위에 올라 조용히 흐르는 강물을 바라보는 색시의 가슴은 천 갈래 만 갈래로 찢어졌다.

'사람이 어찌하여 인간의 마음보다 외모를 더 중하게 여길까? 내 마음은 내 얼굴보다 몇 배나 더 곱고 아름다운 것을……'

색시는 강물에 몸을 던졌다. 바로 그때, 조용히 흐르던 강물이 갑자기 사나운 폭풍을 일으키듯 솟아오르더니 깊은 여울을 만들어 놓았다. 순식간에 이곳에는 깊은 소가 생기고 색시의 모습은 간 곳 없이 강물은 다시 조용히 흘렀다. 언제 그런 소용돌이가 있었냐는 듯 다시 강물은 평화롭고 유유하게 흘렀다.

며칠 후, 색시가 몸을 던진 바위 위에는 때 아닌 진달래가 활짝 피어났다. 여인의 한 맺힌 넋이 진달래꽃으로 피어났다며 마을 사람들은 입을 모아 슬픈 삶을 살다 간 색시를 애도했다. 비록 못생긴 얼굴로 태어나 비련의 운명을 살다 간 여인이었지만 그 아름답고 고운 마음씨가 화사한 진달래꽃으로 피어났던 것이다. 그리고 사람들의 마음속에 잘생긴 얼굴보다는 고운 마음씨가 얼마나 소중한가를 일깨워 주었다.

그 뒤, 색시의 남편은 패가망신하여 떠돌아다니는 거지 신세가 되었다.

나) 화암사와 연화공주

전북 완주군 경천면 가천리 화암사에는 연꽃과 관련된 이야기가 전해온다.

옛날 이 나라의 임금님에게는 연화라는 귀여운 딸이 하나 있었다. 그런데 어느 날부터인가 공주가 시름시름 앓기 시작하더니 병이 악화되어 일어나지 못할 지경에 이르렀다. 임금님은 물론 왕비와 신하들도 매일 밤을 뜬눈으로 지새우며 공주의 병이 낫기를 기원했다. 그러나 전국에서 훌륭한 의사를 불러들이고, 좋다는 약은 무엇이든 구해 먹여도 공주의 병은 차도가 없었다.

공주는 남달리 얼굴도 예쁘고 마음씨 또한 고왔다. 얼굴이 야위고 뼈만 앙상하게 남은 연화공주는 한 달이 다 되도록 사경에서 헤매고 있었다. 하루는 임금님이 도저히 살아날 것 같지 않은 딸의 마지막 소원을 빌기 위해 가까운 절에 나가 정성껏 불공을 드렸다.

그날따라 비가 억수같이 쏟아졌다. 비에 흠뻑 젖은 임금님은 대궐에 들어오자마자 추위와 피곤으로 이내 깊은 잠에 빠졌다. 얼마를 잤을까.

부처님께 기도하는 신도들

187

임금님 앞에 평소 임금님이 자주 다니던 절에 있는 부처님이 나타났다. 부처님은 얼굴에 연꽃 같은 환한 웃음을 머금고 왕에게 말했다.

"내가 너의 갸륵한 불심에 감동하여 연화공주의 병을 낫게 할 방법을 알려 줄 터이니 그리 알라."

부처님은 왕의 앞에 조그마한 연꽃잎 하나를 던져 주고는 사라졌다.

때는 엄동설한이라 연꽃이 없을 터인데도 부처님이 연꽃을 가지고 있는 것이 신기해서 왕은 연꽃을 조심스럽게 받아들고 기뻐했다. 깜빡 잠에서 깨어난 임금님은 연꽃을 찾아보았으나 연꽃은 보이지 않았다. 추운 겨울이라 연꽃을 구한다는 것은 하늘의 별 따기보다 어려운 일이었다. 하지만 공주를 살릴 유일한 방법이 연꽃을 구하는 것이라고 믿은 왕은 신하들에게 연꽃을 찾으라는 명을 내렸다.

며칠이 지나 연꽃이 발견됐다는 소식이 들렸다. 연꽃이 핀 곳은 지금의 완주군 운주면 깊은 산봉우리 바위였다. 겨울에 연꽃이 피었다는 것도 신기한 일이지만, 연꽃이 연못에 피지 않고 높은 산 속에 있는 바위 위에 피어 있다는 것은 더더욱 신기한 일이 아닐 수 없었다.

임금님은 이는 분명히 하늘이 내려준 은혜의 꽃이라고 생각하고 몇몇 신하들에게 조심스럽게 꽃을 가져오도록 명령했다.

신하들은 며칠이 걸려 연꽃이 핀 산으로 올라갔다. 산에는 누가 오르내렸는지 모르나 길이 훤히 트여 있었다. 신하 가운데 한 사람이 이를 이상히 여기고 꽃을 꺾으려다 말고 일행들에게 말했다.

"아무래도 이런 일은 보통 일이 아니니 먼 곳에 숨어서 이곳에 누가 이 연꽃을 키우고 있는가를 알아보자."

다른 신하들은 그의 말이 옳다고 보고 나무 뒤에 숨어서 연꽃이 있는 곳을 살펴보았다. 얼마나 지났을까. 난데없이 산 밑에 있는 연못 속에서 용 한 마리가 나타나 산 위로 올라왔다. 산 위로 올라온 용은 연꽃에 물을 뿌려주고는 다시 연못으로 들어갔다.

이 엄청난 광경을 목격한 신하들은 무서움과 두려움으로 덜덜 떨었다. 정신을 차린 신하들은 연꽃을 가지고 궁궐로 돌아왔다. 임금님은 공주에게 연꽃을 먹였다. 그러자 공주는 언제 그런 무서운 병에 걸렸었느냐는 듯이 자리에서 일어났다. 수척했던 공주의 얼굴은 여름 아침 활짝 핀 연꽃처럼 화사했다. 임금님을 비롯한 왕비와 모든 신하들의 기쁨은 이루 말할 수 없었다.

공주의 병을 계기로 임금님은 부처님의 고마운 은덕을 깨닫게 되었다. 임금님은 이전보다 더욱 깊은 불심을 갖게 되었다. 임금님은 부처님께 고마운 뜻을 전하기 위해 연꽃이 있던 곳에 커다란 절을 짓고 부처를 모시게 했다. 그리고 절 이름을 '바위 위에 꽃이 피었다'는 뜻에서 '화암사'라 부르게 하였다.

3강. 동물 이야기

1. 동물 이야기의 상징적 의미

한국의 동물관은 단군 신화나 박혁거세 신화, 주몽 신화 등과 같은 신화나 전설, 민담에서부터 석기 시대의 반구대 암각화, 고구려 벽화(사신도), 고분 유물, 민간 신앙 등에서 쉽게 확인할 수 있다. 이처럼 동물을 숭앙하는 토테미즘(totemism) 현상에서 확인할 수 있듯이, 우리 문화의 기저에는 곰이나 호랑이, 거북 등 다양한 동물군이 숭배와 경외의 대상으로 뿌리 깊게 자리 잡고 있다.

우리들은 이와 같은 원초적인 동물관의 근거 위에 십이지(十二支)의 개념을 적용시켜 자(子)·축(丑)·인(寅)·묘(卯)·진(辰)·사(巳)·오(午)·미(未)·신(申)·유(酉)·술(戌)·해(亥)에 해당하는 시간 기호를 쥐·소·호랑이·토끼·용·뱀·말·양·원숭이·닭·개·돼지 등의 동물 이름으로 사용하고 있다.

이러한 의식이 가능하게 된 것은 불교 사상에 기반을 둔 윤회사상의 도입으로 인하여 동물과 인간의 관계를 적대와 대립의 관계가 아닌 순환과 화해의 논리로 파악했던 것과 무관하지 않다. 이런 의식은 불교 건축물인 석굴암이나 각종 사찰에서부터 지배층의 무덤, 그리고 주요 고분군에 나타나는 다양한 형태의 십이지상(十二支像) 관련 벽화나 조형물에서도 확인할 수 있다.

일상의 삶과 동물을 연계시켜 생각하는 사고방식은 지배계층에만 적용되는 것은 아니다. 서민들 역시 자신들의 운명을 알아보기 위해 사용하는 사주팔자(四柱八字)에 십이지(十二支)의 개념을 적극적으로 대입시키고 있다.

이 외에도 우리 주변에서 전해지는 전설이나 민담 등에서도 다양한 동물군을 쉽게 찾아볼 수 있는데, 이는 동물이 우리의 의식 속에 외경심의 대상인 동시에 친근함의 대상으로 자리 잡았기 때문이라 할 수 있다. 뿐만 아니라 경우에 따라서는 인간과 동물은 불교의 환생 개념에 의해 상호 보완적인 긴밀한 관계를 유지하는 한편 균등의 관계를 유지하기도 한다.

이를 대변하듯이, 한국의 고전시가와 시조에는 수많은 짐승과 벌레가 등장한다. 이들 문학작품에 등장하는 두견새(자규)·나비·귀뚜라미(실솔), 기러기, 산새, 백구, 고양이 등은 인간의 정서와 심경을 상징적으로 표현하는 매개체로서 감정이입을 통해 화자의 감정과 의식을 가감 없이 전달하는 데 효과적으로 이용되었다.

또한 동물은 신화나 민담에서도 다양한 형태로 나타나는데, 용이나 호랑이는 신성한 대상을 상징하기도 하고, 제비나 까치가 보은의 대표적인 상징물로 등장한다. 이러한 개념은 중국의 상징물[1]이었던 삼족오(三足烏)나 『삼국유사』에 등장하는 까마귀의 사례에서 볼 수 있듯이, 현대적인 해석과 그 맥을 달리하는 경우도 종종 있다. 까마귀가 미래를 예견하는 대상이자 왕을 보호하는 지혜의 상징으로 등장하는 것이다. 이와 달리 이무기나 뱀, 그리고 여우(구미호) 등은 여성 이미지와 결합함으로써 남자를 유혹하는 몸짓을 통

---

1) 중국 고대 신화에 나오는 세발까마귀. 옛날 중국에서는 태양은 까마귀 모습을 하고 있다고 생각했다. 또 까마귀가 태양을 태우고 하늘을 난다고 생각했다. 태양의 어자(馭者)인 희화가 날이 새어 태양을 동쪽에서 서쪽으로 나를 때 삼족오가 가끔 지상의 선초를 먹기 위해 도망치므로 삼족오의 두 눈을 손으로 가리고 몰았다고 한다. 그러나 중국만이 아니라 우리나라에서도 각종 고분 벽화나 금관 장식 등에서 '삼족오'의 흔적을 확인할 수 있다. 특히 평양직할시 삼석구역 노산동에 있는 고구려시대의 '개마총(鎧馬塚)' 벽화고분과 , 평안남도 중화군(中和郡) 진파리 1호분에서 출토된 투조금동구(透彫金銅具)의 내부에는 삼족오가 투각되어 있다.

해 자신의 복수를 감행하거나 악을 대변하는 상징물로 제시되는 일
이 많다. 그러나 설화 속에 나타나는 이러한 동물들이 반드시 복수
의 화신이나 악의 상징물로만 등장하는 것은 아니다. 특히 풍수지
리에 등장할 때는 명당자리로서 우호적인 평가를 받으며, 사건 진
행에 결정적인 동기를 부여한다.

전북지역 설화의 경우, 지네(견훤), 잉어, 우렁이, 말, 호랑이 등과
같은 동물들이 등장인물과 보조적인 관계를 형성하면서 이야기의
전개에 핵심적인 역할을 수행하는 경우도 적지 않다. 조력자의 역
할을 충실히 하는 말(진안의 용마이야기), 개(오수 의견), 호랑이
(효행) 등은 단순 조력자에 그치는 것이 아니라 이야기 전체에 깊
숙이 개입하면서 이야기 전개에 중요한 몫을 담당한다.

이들과 관련 깊은 지명에서 확인할 수 있듯이, 전북 지역 전체에
걸쳐 동물들은 폭넓게 이야기 소재로 등장한다. 따라서 우리의 신
화나 민담, 그리고 문학작품에 등장하는 동물들은 때로 선과 악을
대변하는 대상으로, 다른 한편으로는 인간의 감정을 대변한 효과적
인 상징물로서 구현되었다고 할 수 있다.

가) 동물 이야기와 지역 축제

문학작품에 등장하는 동물의 경우 십장생을 포함하여 매우 다양
하게 나타난다. 문학작품에 등장하는 동물들은 작품 전개의 주요
모티프를 형성하는 한편 작품 상징의 축을 이루면서 주제 형성에
기여하고 있다.

전북 지역의 경우, 동물과 관련한 행사를 추진하는 지자체로는
전주의 '용왕제'가 있다. 천 년 동안 이어져 내려온 불교 세시풍속
이자 민간신앙의례였던 전주 용왕제는 2004년 복원기념 행사를 연

데 이어 2005년에도 전주시민의 안녕과 풍요를 기원하는 제전을 5월 13일과 14일에 걸쳐 전주덕진공원에서 행사를 진행하였다. 이외에도 오수 지역의 '의견제' 등이 지역을 대표하는 행사로 추진되고 있다.

전라북도 임실군 오수면에서 충견의 넋을 기리기 위해 해마다 4월 말에 열리는 축제인 의견 축제의 영문명은 'Uigyon Festival'이며, 사지에서 주인을 구하고 죽은 충견의 넋을 기리기 위하여 '의견제'라 칭하고 1985년부터 주인을 구한 충견을 형상화한 행사를 개최해 오고 있다. 이외에도 동물을 대상으로 하는 행사는 청정지역으로 알려진 무주의 '반딧불이 축제' 등이 있다.

또한 수산물과 관련 있는 전북지역의 축제로는 고창의 '수산물 축제', 군산의 '주꾸미 축제', 부안의 '부안곰소알주꾸미 축제', 곰소의 '젓갈 축제' 등이 있다. 부안의 '부안곰소알주꾸미 축제'는 곰소항에서 진행된다.

부안에서는 주꾸미가 봄소식을 몰고 온다. 주꾸미는 2월부터 어부들이 바다에 던져놓은 소랑패기(주꾸미잡이용 밧줄)에 들기 시작하여 3월 중순에서 4월말까지 가장 많이 잡힌다. 이 시기가 바로 그 유명한 부안 주꾸미의 참맛을 볼 수 있는 시기이다. 이 축제에는 인간 주꾸미 선발대회, 노을사진전, 천일염 생산체험 등의 코스가 있어 다양한 형태의 바다 체험을 할 수 있다.

이들 축제는 지역의 특산물을 홍보하는 동시에 관광객을 유치함으로써 지역 경제의 활성화를 꾀하려는 목적으로 마련된 것이다. 뿐만 아니라 이러한 지역 축제는 지역민들을 축제에 직간접적으로 참여하도록 유도함으로써 지역민들 간의 단결과 융합을 확보할 수 있다는 장점이 있다. 따라서 이들 지자체는 각 지역에서 나오는 주요 특산물을 특화시킴으로써 지역민들의 자긍심을 고양시키고, 외부 관광객들을 유치하여 경제적인 효과를 노리는 한편 이를 바탕으로 지역 발전을 도모하고 있다.

2. 호랑이 이야기

가) 위봉사와 효자범

옛적 운장산 기슭에 효심이 지극한 김만수란 사람이 살고 있었다. 사십 고개를 넘어선 그는 환갑이 지난 홀어머니를 모시고 아내와 두 남매를 거느리며 가난하지만 행복하게 살았다. 낮이면 아내와 함께 땀 흘려 일하고 밤이면 호롱불을 밝히고 책을 읽는데 시간 가는 줄 모르는 어엿한 선비이기도 했다.

그러나 김서방에게도 한 가지 커다란 고민이 있었다. 늙은 어머니가 유난히도 고기를 좋아해서 밥상에 고기반찬이 오르지 않으면 숟갈을 들 생각도 않는 것이었다. 늙으면 어린애처럼 된다던가. 환갑이 지난 뒤부터 식성은 더욱 까다로워져서 고기반찬이 없으면 투정을 부리기까지 했다.

가난한 살림에 그것도 산간벽지에서 일 년 열두 달 매일같이 고기를 사다 어머니를 모신다는 것은 하늘의 별을 따오는 것만큼이나 어려운 일이었다. 남달리 효성이 지극한 김서방은 여러 날을 두고 밤잠을 이루지 못한 채 궁리에 궁리를 해보았지만 뾰족한 수가 나올 리 없었다.

그러던 어느 날 위봉사에 도사 스님 한 분이 오셨다는 얘기를 듣고 김서방은,

"옳다. 그분에게 가서 상의하면 좋은 방법을 일러 주시겠지."

라고 무릎을 쳤다.

　다음날 아침 김서방은 아내를 채근해서 새벽밥을 먹고 위봉사를
향해 떠났다. 수십 리 고갯길을 단숨에 달려 절에 당도한 김서방은
도사 스님을 뵙고 자초지종 사정 얘기를 했다. 김서방의 얘기를 듣
고 한참 동안 묵묵히 앉아 깊은 생각에 잠겨 있던 도사는,
　"내 그대의 효성에 감복해서 이 책을 주노라."
하고 책 한 권을 내밀었다. 그리고는 이를 사용할 수 있는 자세한
방법까지도 일러 주었다.
　이를 받아든 김서방은 기뻐서 춤이라도 추고 싶은 심정이었다.
스님에게 수십 번이나 감사의 인사를 하고 집에 돌아오면서도 김서

불을 밝히는 데 사용했던 호롱

방은 이제 늙으신 어머님께 얼마든지 고기를 잡수시게 할 수 있다
는 생각에 걸음이 나는 듯이 가벼웠다.

집에 돌아와 어서 밤이 깊기만을 기다리던 김서방은 식구들이 모
두 깊이 잠 든 것을 확인하고 밖으로 나갔다. 그리고는 부엌에 들어
가 등잔불을 켜 놓고 스님이 준 책을 따라 주문을 외우기 시작했다.

"과연 내가 범으로 둔갑할 수 있을까?"

떨리는 가슴을 억제하며 끝까지 정성껏 주문을 외운 김서방은 등
잔불을 끄고 마당에 나가 책을 처마 끝에 꽂아둔 다음 스님이 일러
준 대로 재주를 두 번 넘었다. 순간 김서방은 사나운 범의 모습으로
변했다. 범으로 둔갑한 김서방은 집을 뛰쳐나가 삼경이 지난 뒤 커
다란 산돼지 한 마리를 물고 돌아왔다. 그리고는 부랴부랴 처마 끝
에 끼워 두었던 책을 꺼내어 다시 주문을 외웠다. 그러자 범은 다시
김서방의 모습으로 되돌아 왔다.

이튿날 아침 마당에서 산돼지를 발견한 아내가 깜짝 놀라 김서방
을 깨웠다. 김서방은 엉겹결에 산에 놓아둔 덫에 산돼지가 걸렸기
에 새벽에 옮겨 놓았다고 둘러대었다. 아내는 아무래도 의심이 풀
리지 않았지만 모처럼 생긴 산돼지가 대견하기만 해서 동네 사람들
을 불러서 잔치를 열었다.

며칠 동안 어머니에게 배부르도록 고기봉양을 해드린 것은 말할
것도 없었다. 그러나 고기가 떨어지자 김서방은 또 다시 범으로 둔
갑해서 산짐승을 잡아와야 했다.

이렇게 하기를 몇 차례, 아무래도 의심을 풀 수 없게 된 아내는
어느 날 밤 잠든 체 하고 남편의 거동을 살폈다. 밤이 깊어지자 김
서방은 아내가 살피고 있는 줄은 까맣게 모르고 여느 때와 같이 주
문을 외우고 범으로 둔갑하더니 쏜살같이 산으로 달려 나갔다.

"내가 범 남편과 살다니…"

이를 보고 와들와들 떨며 어쩔 줄 모르던 아내는 불현 듯 정신을 차리고는 남편이 처마 끝에 꽂아 놓고 간 주문 책을 꺼냈다.

"원수같은 이 놈의 책…"

아내는 책을 불에 태워 버렸다. 집에서 일어난 일을 알 까닭이 없는 효자범은 짐승을 잡아 가지고 돌아와 처마 끝을 뒤져보았으나 불 태워진 책이 나올 리 만무였다. 안타깝게 처마 끝을 뒤지는 남편, 범을 보고 아내는 보다 못해 손짓으로 불태워 버렸다는 시늉을 했다.

다시 사람으로 돌아올 수 없게 된 범은 펄펄 뛰다가 날이 밝아오자 눈물을 쏟으며 산으로 돌아갔다. 아내는 울고불고 뉘우치고 후회한들 소용없는 일이었다. 김서방의 어머니도 며느리로부터 아들의 사연을 듣고 꼬박 사흘 동안 대성통곡을 했다. 자신의 못된 식성이 외아들을 못 돌아올 길로 보냈다며 피맺힌 넋두리를 했지만 이것 역시 부질없는 일이었다.

어머니는 이제 마지막 한 길, 위봉사에 가서 아들이 다시 사람이 되도록 불공을 드리는 수밖에 없는 것을 깨달았다. 그리고는 고기를 입에도 대지 않고 삼 년 동안을 하루같이 지성을 다해 천일기도를 드렸다. 이런 사정을 아는지 모르는지 효자범은 때가 되면 잊지 않고 산짐승을 날라다 놓고는 사라졌다.

김서방의 아내는 이 고기를 마을 사람들에게 고루 나눠주었다. 그래서 마을에서는 큰 일이 생겨도 고기 걱정을 않게 되었다. 고마운 나머지 마을사람들은 김서방네 농사를 모두 지어 주었고, 이 범을 효자범이라고 부르며 칭송했다.

그 사이 천일기도를 끝낸 어머니는 집으로 돌아와 며느리와 함께 범이 나타나기를 기다렸다. 사흘만에 범은 또 짐승을 물고 나타났다. 어머니는 등잔불을 높이고 위봉사의 스님이 준 두루마리를 펴 주문을 외우기 시작했다. 주문을 끝까지 외우고 두루마리를 불사르자 순간 범은 간 곳이 없고 그 자리에는 김서방이 서 있었다. 이 소식을 듣고 달려온 동네 사람들도 함께 기뻐하며 큰 잔치를 벌였다.

이 아름다운 이야기가 널리 퍼져 임금님의 귀에 들어가자 임금님께서는 김서방 내외에게 큰 상을 내리고 모든 백성이 깊이 본받도록 했다고 한다.

나) 은혜 갚은 호랑이

옛날 옛적 어느 산골짝에 숯만 구워 팔아서 살아가는 삼십 먹은 총각이 하나 있었다. 이 사람은 산중에서 혼자 사는데, 그 곳은 동네도 없어서 호랑이가 득시글거렸다. 총각은 매일 나무를 베어 숯을 구워서 도시로 가지고 나와 팔았다. 숯을 판 돈은 양식을 사는데 썼다. 총각은 날마다 똑같은 일만 하면서 세월을 보내고 있었다.

하루는 호랑이 한 마리가 숯을 굽는 총각 옆에 쪼그리고 앉아 쳐다보고 있는 것이었다. 그런데 그 호랑이는 그 이후로 매일 총각을 찾아와 한참을 쳐다보고 있다가 가곤 했다. 그러자 총각과 호랑이는 서로 사귀어진 것 같았다. 총각과 호랑이가 그렇게 보낸 지 여러 달이 지났다.

하루는 총각이 도시에 가서 숯을 팔고 집으로 돌아왔는데, 호랑이가 입을 딱 벌리고 달려드는 것이었다. 그러자 총각은 지게를 받쳐놓고는 호랑이를 향해 큰 소리로 말을 했다.

"네가 나를 잡아먹으려고 그러느냐. 잡아먹으려면 어서 잡아먹어라."

총각은 배짱 좋게 호랑이 앞으로 한 발 나섰다. 호랑이는 오히려 뒷걸음질을 치면서도 계속 입만 벌리고 있었다. 총각은 기가 막혔다.

"네가 나를 어쩌려고 그러느냐. 네가 지금 입속에 무엇이 들어서 그러느냐?"

총각이 묻자 호랑이는 고개를 끄덕끄덕하는 것이 아닌가. 그러자 총각은 소매를 걷어붙이더니 자신의 손을 호랑이 입 속에 푹 집어 넣었다. 손에 무엇이 걸리자 총각은 조심스럽게 그것을 호랑이의 입에서 꺼내었다. 꺼내고 보니 그것은 비녀였다. 호랑이가 여자를 잡아먹다가 비녀가 목에 걸렸던 모양이었다. 총각이 호랑이의 목에 걸린 비녀를 빼주자 호랑이는 고개를 까딱까딱하면서 고맙다는 인사를 하고는 사라졌다.

하루는 호랑이가 다시 총각을 찾아와서 말을 하는 것이었다.

"형님, 나이 삼십이 다 되었는데 지금까지 장가를 못 가다니, 안 되겠소. 이제 형님도 장가를 가야할 것 아니오?"

그러자 총각은 땅이 꺼지게 한숨을 쉬며 말했다.

"야, 내가 삼십이 될 때까지 장가를 못 가는 것은 돈 때문이다. 이 깊은 산골에서 숯장사를 해먹고 사는 놈에게 어느 누가 딸을 줄 것이냐. 장가 한번 못 가고 그냥 늙어 죽게 되었다."

이 말을 들은 호랑이는 정색을 하며 말했다.

"내가 내일 모레 사이에 여자 하나를 데려다 드릴 테니, 형님은 내일과 모레 이틀 동안만 숯을 팔러 나가지 말고 쌀이 있거들랑 흰 죽을 쑤어놓고 나를 기다리시오."

총각은 이틀 동안 숯을 팔러 가지 않고 집에서 쌀로 흰 죽을 쑤어놓고 호랑이를 기다리고 있었다. 그때 호랑이가 큰 소리를 치면서 나타나더니 아주 예쁜 처녀 하나를 업고 와서는 총각집 문 앞에 내려놓고 도망쳐 버리는 것이었다. 총각이 급히 나가 문 앞에 놓인 여자를 살펴보니, 기절한 채 거의 죽어 있었다. 여자는 호랑이를 보자마자 기절한 것 같았다.

총각은 여자를 안아다 방에 눕혀놓고 코를 빨고 사지를 주무르는 등 온갖 정성을 다 하였다. 그러자 여자가 서서히 깨어나기 시작했다. 정신을 차린 여자는 깊은 산 속에 동네도 없이 총각의 오두막집 한 채만 있는 것을 알아챘다.

"대관절 내가 어떻게 여기에 있는 것이요? 당신이 내 생명을 구하셨소?"

총각은 호랑이가 여자를 업고 와서 문 앞에 내려놓고 간 경위와 기절한 여자를 간호한 이야기를 들려 주었다.

"이 깊은 산중에는 나 혼자 있기 때문에 당신에게는 무서울 것이오. 그런데 이곳에서는 사람이나 호랑이나 모두 한 식구 같이 지내오. 당신이 다시 이곳을 나가기도 어렵고 호랑이가 나를 위해서 당신을 업어 왔으니, 당신하고 나하고는 백년가약을 맺어야 하지 않겠소?"

이 여자는 서울 장안의 이정승의 딸이었다. 이정승은 자신의 딸을 박정승의 아들한테 내일 모레 결혼을 시키려고 했었다. 그 와중에 딸이 호랑이한테 물려갔던 것이다. 이정승의 집에서는 딸을 찾으려고 방을 써 붙였다.

"우리 딸을 찾아 주는 사람은 평생 먹을 금은보화를 주겠다."

총각은 어찌어찌하여 여자를 데리고 살게 되었다. 여자는 총각이 숯을 구워 팔러 나가면 호랑이가 무서워서 바깥을 나다니지도 못하고 방문을 꼭 걸어 잠근 채 총각이 올 때까지 이불을 뒤집어쓰고 가만히 누워 있었다.

이렇게 저렇게 총각과 여자는 삼 년 동안 부부처럼 살았다. 그 사이에 둘 사이에서는 어린애 하나가 태어났다. 그동안 호랑이는 총각을 찾아오고 싶어도, 여자가 기절을 하는 바람에 이 집에 얼씬도 하지 못했다.

하루는 모처럼 호랑이가 총각을 찾아왔다.

"형님."

"응!"

"아, 이제 처가집도 한번 가야 할 것 아니요?"

"아 이 사람아. 내가 처갓집이 어디 있는가. 어디 있는 줄만 안다면 지금이라도 찾아가겠네. 참, 자네는 어디서 저런 여자를 데리고 와서 나를 장가가게 했는가?"

"그동안 숯장사해서 돈 좀 벌어놓았소?"

"음. 숯장사 해서 번 돈이 겨우 한 오십 냥 되네."

"그러면 내일은 형님이 숯을 팔러 갈 것이 아니라 그 돈을 가지고 가서 당신 내외간 옷감을 할 벌씩 떠다가 마누라보고 옷 좀 만들라고 하시오. 그래서 새 옷을 입고 나와 같이 처갓집을 가 봅시다. 그런데 나를 호랑이라고 생각해서는 아주머니가 기절하시니, 이제부터 나를 개라고 생각하면서 지내도록 해보시오."

며칠이 지나 남자 내외는 새 옷으로 갈아입고 호랑이 등을 타고 서울 어느 집에 도착했다. 여자는 호랑이 등에서 내리자마자 어머니 아버지를 부르며 마당으로 달려 들어갔다. 남자도 같이 따라 들어가 장인, 장모께 인사를 드렸다.

이정승 내외는 딸 내외를 집에 두고 호의호식을 시켰다. 호랑이는 남자에게 부탁하기를 자기 밥으로 '흰 죽'을 쑤어 달라고 했다. 호랑이 앞에 흰 죽이 놓이자 그 죽을 먹으려고 그 집 개가 달려 들었다. 그때마다 호랑이는 개를 날름날름 잡아먹었다.

이정승의 딸이 집에 돌아왔다는 소문이 퍼지자 결혼말이 있었던 박정승네 아들이 찾아왔다. 여자 내외와 인사를 나눈 박정승의 아들은 남자에게 장기 내기를 하자고 했다. 만약 장기에서 자기가 이기면 여자와 결혼을 하겠다는 것이었다. 남자가 걱정을 하고 있자, 호랑이가 말하기를 장기판에 벼룩 한 마리를 놓았다가 그 벼룩이 옮아가는 대로 장기를 두라 했다. 이렇게 해서 숯장사는 한 번도 해 본 적이 없는 장기에서 번번이 이기게 되었다.

연거푸 장기에서 지게 된 박정승 아들은 이번에는 말 타기 시합을 하자고 했다. 말을 타고 한강을 건너는 내기였다. 물론 이번에도 말 대신 호랑이를 탄 숯장사가 이기게 되었다. 이렇게 해서 박정승 아들은 이정승 딸을 포기하고 집으로 돌아갔다.

숯장사는 장인이 새로 마련해 준 집으로 이사를 오게 되었고, 장인 주선으로 공부를 하여 과거에 진사급제를 하게 되어 잘 먹고 잘 살았다고 한다. 이렇게 산속에서 숯장사만 하던 남자는 호랑이 하나 잘 만나서 대갓집 딸과 결혼도 하고 출세도 하게 되었다고 한다.

3. 뱀 이야기

가) 구렁덩덩 서 선비

어떤 할머니가 자식을 기원하여 뱀아들을 낳았다. 이웃집의 세 딸이 아이를 구경하려 왔다가 뱀아들을 보고는 셋째 딸만이 호감을 보였다. 뱀아들이 자라서 어머니에게 이웃집 딸과 혼인시켜 달라고 해서 어머니가 가서 청혼을 하니, 두 딸은 거절하고 셋째 딸이 좋다 하여 혼인하였는데 첫날밤에 뱀은 허물을 벗고 잘생긴 남자가 되었다.

그 뒤 낮에는 뱀으로 밤에는 사람으로 지내다가 얼마 뒤 완전히 뱀허물을 벗었다. 뱀신랑은 셋째 딸에게 뱀허물을 주면서 남에게 절대로 보이면 안 된다고 당부하고는 과거를 보러 떠났다.

그 사이에 셋째 딸의 실수로 두 언니들이 뱀허물을 발견하고는 태워버렸다. 뱀신랑은 허물 타는 냄새를 맡고는 다시는 돌아오지 않고 정처 없이 길을 떠났다.

남편을 찾아 나선 셋째 딸은 밭가는 사람, 빨래하는 여자나 까치한테까지 길을 물어 마침내 지하세계로 들어가 남편이 사는 곳을 찾아갔다.

뱀신랑은 새 여자와 혼인해 살고 있었는데, 셋째 딸은 노래를 불러 남편이 자기를 알아보게 하였다. 셋째 딸은 새 여자와 물 길어오기, 호랑이 눈썹 가져오기 등의 내기를 하여 이기고, 드디어 뱀신랑과 다시 결합하여 행복하게 살았다고 한다.

나) 구렁이의 보복

한때 전라도 땅 운봉 동헌에는 뱀이 지나치게 많았다. 그래서 운봉 현감은 명을 내려 운봉을 들어오는 사람은 남녀노소를 막론하고 뱀을 한 마리씩 잡아 연못에 던지라고 하였다.

이렇듯 매일같이 뱀을 잡아들이자 뱀의 수는 눈에 띠게 급격히 줄어들었다. 그러던 어느 날 운봉 현감의 꿈에 큰 구렁이가 나타났다. 구렁이는 원망에 찬 눈으로 현감을 쏘아보며 말하였다.

"네가 나의 부하를 마구 잡아 씨를 말리니 나도 그에 대해 보복을 하겠다."

구렁이는 그 말을 마치자마자 바로 동헌 지붕으로 사라져버렸다. 운봉 현감이 깜짝 놀라 깨어보니 꿈이었다.

다음날 현감은 운봉에서 제일 큰 가마솥을 가져다 기름을 부어 펄펄 끓였다. 그런 후에, 불에 달군 붉은 집게로 지붕을 파헤치자 커다란 구렁이 두 마리가 나타났다. 그중 한 마리는 끓는 가마솥에 넣어 죽였으나 남은 한 마리는 미처 넣지 못해 놓치고 말았다.

그러자 그 구렁이는 세 마리의 파랑새가 되어 현감의 집으로 날아갔다. 그날 저녁 현감이 집에 도착해 보니 처마 밑에서 세 마리 파랑새가 지저귀고 있는 것이 아닌가. 그런데 파랑새들이 지저귀자마자 현감의 아들 셋이 그만 죽고 말았다. 그 후 영에 의해 운봉에서는 뱀 잡는 일을 그만 두었다고 전한다.

4. 말 이야기

가) 대마골의 철마

격포에서 격포해수욕장을 지나 북서쪽으로 2킬로쯤 가면 죽막동(竹幕洞)이라는 자그마한 어촌 마을이 나온다. 이 마을 해안 일대에는 시누대가 무성하게 자라고 있는데, 예전에는 전투용 화살로 이 시누대가 쓰였기 때문에 이곳의 시누대를 베어 중앙으로 수송하였으며, 이곳 대밭을 관전으로 관리하고 대를 베어 저장하는 막(幕)이 있어 대막골 또는 죽막동(竹幕洞)이라 이름 지어졌다 한다.

이 대막골 서남쪽, 적벽강 해안에 있는 수성당(전라북도 유형문화재 제58호) 아래에는 두 벼랑의 곧은 바위가 둥근 통모양의 굴처럼 절경을 이루고 있는데, 물이 들 때에는 파도치는 소리가 요란하게 들린다. 이곳이 대마(大馬)골 또는 여울골이라고 부르는 곳이다. 이 대마골엔 다음과 같은 유명한 설화가 전해내려 오고 있다.

먼 옛날 이 대막골(죽막동)에 마음씨 착한 고기잡이 형제가 앞을 못 보는 늙은 어머니를 모시고 살았다. 형은 날마다 바다에 나가 고기를 잡고 아우는 산에 나가 밭을 일구면서 살아갔다. 어느 날 형이 고기를 많이 잡는 꿈을 꾸어 오늘은 많은 고기를 잡을 것이라는 부푼 꿈을 안고 바다로 나갔다.

그런데 많은 고기를 잡아가지고 돌아와야 할 형이 이날따라 날이 저물어도 돌아오지 않으므로 어머니와 동생의 근심이 이만 저만이 아니었다. 밤늦게까지 바닷가에서 기다려도 돌아오지 않는 것이었다. 그 이튿날 동생이 형을 찾으러 바다로 나갔는데 이제는 동생마저 돌아오지 않는 것이었다.

홀로 남은 앞 못 보는 어머니가 형제를 찾으러 더듬더듬 나간 곳이 수성당 옆의 대마골(여울굴) 절벽이었다. 어머니는 바다를 향하여 소리 높여 두 아들을 불렀다. 그러자 그 소리가 깊은 여울굴에 메아리져 돌아오는 소리가 두 아들의 대답하는 소리로 들린 것이다. 아들의 대답소리로 잘못 들은 어머니는 너무도 반가워 계속 부르며 한발 한발 떼어 놓다 절벽 밑 여울굴 속으로 떨어져 죽고 말았다.

그 후 세월이 흘러 어느 청명한 날 하얀 돛단배 한 척이 순풍에 미끄러지듯 대막골 해변에 닿았다. 화려한 그 배에는 잘 생긴 두 청년이 아리따운 두 아가씨와 함께 타고 있었다. 이들은 고기잡이 형제였다. 그들은 배에서 내려 여울굴의 절벽 위에 섰다. 이윽고 여울굴 밑 푸른 물이 점점 차오르더니 백발의 노인 한 분이 물속으로부터 나와 두 청년 앞에 서니 형제는 극진한 예를 올리는 것이었다.

노인은 그들을 보고

"수고 많았다. 그러면 이제 마지막으로 너희들에게 황금부채 한 개씩을 줄 것이니 한 개로는 나라를 구하고 또 한 개로는 마을을

구하여라. 그리고 너희 모친은 잘 모시고 있을 것이니 그리 알거
라."

이르고는 연기처럼 사라지는 것이었다.

네 사람의 남녀는 노인이 사라진 쪽을 향하여 재배하고 난 후, 형
이 가진 황금부채로 바다를 향하여 부쳐 보았더니 갑자기 큰 바람
이 일며 성난 파도가 바다를 뒤집는 것이었다. 그리고 동생이 가진
부채로 부치니 이번엔 그 거센 풍파가 바로 조용해지는 것이었다.
그래서 두 형제는 노인의 큰 은덕을 잊지 않기 위하여 여울굴 옆에
수성당을 짓고 받들어 모셨다고 한다.

그러자 여울굴 속에서 철마(鐵馬) 한 마리가 나왔는데, 이 철마는
두 형제만이 탈 수 있으며, 평상시에는 작았다가 형제가 타기만 하
면 큰 말이 되어 왜구가 침입하면 형이 타고 비호같이 달려가 황금
부채로 적의 배를 모조리 침몰시켰으며, 동생은 바다에 나간 마을
사람들이 풍랑을 만나게 되면 역시 부채로 부쳐 많은 사람들의 목
숨을 구했다고 한다.

이들 형제가 죽은 뒤 철마만이 여울굴 속에 남아 있었는데, 어느
마음씨 나쁜 사람이 이 철마를 훔쳐다 깊숙한 곳에 감추고 자물쇠
를 채웠다. 그런데 어찌된 일인지 감춰둔 철마는 여울골에 와 있는
것이었다. 여러 차례 훔치니 철마는 여울굴 속 깊이 들어간 후 다시
는 나오지 않았다고 한다.

그리고, 맨 처음 이들 형제가 바다에서 없어진 것은 서해바다 어
디엔가 있다는 봉래도의 성인들이 이 마음씨 착한 형제를 데려다
도술을 가르친 것이라 하며, 황금부채를 준 노인은 바로 이 형제를
가르친 도인이었다 한다.

나) 주인 따라 죽은 충마

현감공 홍석한은 1726년(영조 2년)에 청웅면 옥전리 명동부락에서 홍이집의 둘째아들로 태어나 엄격한 가정에서 학문을 닦고 예절이 바르니 어려서부터 사람들에게 촉망을 받았다.

일찍이 한양에 올라가 공부하고 있을 때에 별안간 주위가 소란하여 나가보니 호마(胡馬) 한 필이 뛰어다니는데 모든 사람들이 잡으려하나 잡지 못하였다. 이에 홍석한이 나서니 말이 순응하고 잘 따르게 되어 타게 되었다.

이때 얻은 말을 집에 돌아와 평생을 사랑하며 길렀는데 어찌나 잘 달리고 특출한지 사람들이 '천리마'라 불렀다.

이 분이 1783(정조 7년) 뜻밖에도 부안 현감에 제수되자 '명분이 없이 나감은 양반의 수치'라 생각하고 부끄럽게 여겨 바로 한양에

옛날부터 말의 고장으로 유명한 제주도의 말 목장

올라가 사임하고 돌아오는 길에 한밭(지금의 대전) 어느 객점에서
급환으로 작고하였다. 이에 수행했던 종들과 객점 안에 큰 혼란이
일어났다. 주인의 잘못됨을 깨달은 말은 바로 집으로 달려와 대문
을 두드리며 울어댔다. 말의 울음소리에 놀라 깨어 뛰어나온 식구
들 앞에 말은 홀로 눈물짓고 있었다. 사람들이 고삐를 끌어 집으로
들이려 했으나 말은 안으로 들어오지 아니하고 몸부림만 쳤다. 이
를 심상치 않게 여긴 아들 홍영택이 말에 오르자, 말은 오던 길을
다시 달려 그 객점에 당도하였다.

이미 어른은 작고해 있었기에 바로 반상준비를 갖추어 내려와 9일
장으로 치렀으나, 말도 9일 동안 아무 것도 먹지 않고 끝내 죽었다.

집안사람들은 홍석한의 묘 아래에 말을 묻고 그 자손들이 매년
콩 한 말과 재물로 그 넋을 위로하고 기렸다. 사람들은 이 어른의
고결한 인격과 숭고한 인품에 하늘의 은총이라 하고 "그 주인에 그
말이다."하며 지금까지 전해오고 있다.

5. 개 이야기

가) 주인을 살린 개

전북 임실군 오수면 오수리 원동산 공원에는 '의견비'가 서있다.
이 의견비에는 슬픈 전설이 전해오고 있어 찾는 이의 마음을 숙연
하게 한다.

오수면이 개 오(獒) 자와 나무 수(樹) 자를 쓰는 특이한 지명을
갖게 된 데에는 다음과 같은 내력이 있다.

지금부터 1천년 전 신라시대 거령현(오늘날의 지사면 영천리)에
김개인(金蓋仁)이라는 사람이 살고 있었다. 그는 개 한 마리를 기르

고 있었다. 그는 개를 몹시 사랑하여 어디를 가나 항상 데리고 다녔다. 그는 먹을 때도 개와 같이 먹었다. 그의 개는 그림자처럼 그와 함께 다니면서 생활하였다. 주인 김개인의 사랑을 받고 자란 개는 그를 충심으로 따랐다.

그러던 어느 해 이른 봄, 그는 개를 데리고 장이 선 오수로 놀러 나갔다. 그런데 너무나 술을 좋아하던 그가 친구들과 어울려 한 잔 두 잔 술잔을 기울이던 사이 그만 날이 저물어 버렸다. 그는 몹시 취한 채 집으로 가다가 몸을 가누지 못하여 그만 잔디밭에 쓰러져 깊은 잠에 빠지고 말았다. 개는 주인이 잠에서 깨어나기만 기다리며 쪼그리고 앉아 주위를 살피면서 지키고 있었다.

그때 마침 들에 불이 나 부근에 번지고 있었다. 개는 주인을 입으로 물고 밀면서 깨우려고 온갖 지혜를 다 짜냈다. 그러나 술에 곯아 떨어진 주인은 주위의 불길도 아랑곳없이 깨어날 줄 모르고 있었다. 뜨거운 불길이 점점 주인의 옆에까지 번져오자 개는 불을 끌 수 없음을 깨닫고 가까운 냇물로 쏜살같이 달려가 온몸에 물을 흠뻑 묻혀와 잔디를 적시기 시작했다. 수 십 수 백 번을 이렇게 왔다갔다 한 덕분에 잔디가 물에 젖어 불길이 김개인에게 닿지 못했다. 김개인은 물기에 젖은 잔디의 싸늘함 때문에 잠에서 깨어날 수 있었다.

그러나 힘이 쑥 빠진 개는 김개인의 옆에서 쓰러져 죽고 말았다. 주위를 둘러본 후 사건의 전말을 알게 된 김개인은 몸을 바쳐 자기를 구해준 개를 부여안고 크게 슬퍼하였다. 그는 개를 장사 지낸 뒤 이곳을 잊지 않기 위해 개의 무덤 앞에 평소 자기가 지니고 다니던 지팡이를 꽂아 두고 그 자리를 떠났다.

얼마 후 개의 무덤 앞에 꽂아 두었던 지팡이에서 싹이 돋기 시작하더니 하늘을 찌를 듯한 느티나무가 되었다. 그때부터 사람들은 그

나무를 오수(獒樹)라 하였고 그것이 이 고장 이름으로 정착되었다.

나) 은혜 갚은 강아지

큰 형은 잘 살고 동생은 못 사는데 하루는 동생이 배가 고파 형 집에 오니까 형수가 하는 말이,

"나무를 해준다면 밥을 주겠다."

라고 하여 나무를 해주고 밥을 얻어 집으로 오던 길에 재를 넘다가 쉬며 열어보니 똥이 들어 있었다. 어쩔 수 없어 이를 버리니 어디서 까만 강아지가 오더니 똥을 먹기에,

"복순아! 복순아! 이리 오너라."

라고 하여 데리고 왔더니 배가 안 고프고 집안에 웃음이 돌았다.

형은 동생을 보낸 뒤 궁금하여 가 보았다가,

"강아지 하나를 얻어 웃음이 있고 배도 안 고파 잘 살고 있다."

라고 하자 그만 강아지를 죽여 버렸다. 동생이 죽은 강아지를 불쌍히 여겨 사당 밑에 묻으니 거기서 왕대순이 자라 지붕을 뚫고 하늘로 올라가서 이튿날 쌀이 하늘에서 내려와 잘 살게 되었다. 형이 와서 보고 왕대순을 꺾고 땅 밑 뿌리를 파헤쳐 강아지 무덤을 가져가 이를 사당 밑에 묻었더니 역시 하늘로 올라갔는데 거기서는 똥이 떨어졌다고 한다.

4강. 광물 이야기

1. 광물이야기의 의미

전국적으로 광물에 얽힌 옛이야기들은 매우 많다. 바위, 남근석, 커다란 돌무덤이나 돌탑, 산성, 다리 등등의 이야기가 전국에 걸쳐 넓게 분포되어 있다. 그 중에서도 바위에 대한 이야기가 가장 광범위하게 분포되어 구전되고 있다.

전북지역의 경우 산간지역에 바위 이야기가 상당히 많고, 평야지역에는 상대적으로 적다. 이는 산이 많은 산간지역은 지형적으로 다수의 바위가 존재하고 또한 그 가운데 특이한 형상을 한 바위들이 존재할 확률이 매우 높기 때문이다. 반면 평야지역의 경우는 산이 적기 때문에 바위를 보기가 쉽지 않아서 이와 관련된 이야기가 적을 수밖에 없다.

생김새가 특이하게 생긴 바위일수록 이야기가 존재할 확률이 높다. 어디서나 볼 수 있는 평범하고 일반적인 바위에 얽힌 이야기는 없다. 특정 지역에 있는 특이한 모습의 바위만이 이야기의 대상이 될 수 있다. 다른 바위와 구별되는 특징을 지니고 있기 때문에 사람들의 주목을 받아 왔거나 사람들이 쉽게 찾아낼 수 있는 것이어야 이야기의 대상이 될 수 있다.

바위 이야기의 유형을 살펴보면 다음과 같다.

첫 번째 유형은 생김새가 특이한 바위에 관한 이야기이다. 바위의 형상을 본 떠 말바위, 거북바위, 용바위, 치마바위, 병바위, 병풍바위, 칼바위, 포수바위, 비녀바위, 눈깔바위, 어미 품속에 안겨 있는 형상을 한 마이산의 아들바위, 사람의 얼굴모습을 한 면목(面目)바위, 남성의 성기 모양을 한 남근석 등과 같이 바위의 형상에 따라 이름이 결정되고 또 그와 관련된 이야기가 전해온다.

두 번째 유형은 특정한 위치에 놓인 바위 이야기이다. 보통 산 속에 있어야 할 커다란 바위가 논 가운데, 밭 가운데, 집 마당 가운데 놓여있는 경우 생김새의 특별함 때문이 아니라 그 위치상의 특별함 때문에 이야기가 존재한다. 서기 비치는 돌, 무주군 안성면 덕산리 황골 입구의 바람바위, 정읍 송산동 칠성바위가 그러한 경우에 속한다.

또한 놓인 자리에서 특별한 역할을 수행하고 있는 바위도 있다. 무주군 부남면 대소리의 대문바위의 경우가 그것이다. 대문바위는 이웃마을과의 경계에 위치해 마을의 출입구 역할을 한다. 이 마을 사람들은 예전부터 이웃마을에 돌림병이 돌거나 마을에 위험한 일이 발생했을 때 가장 먼저 이곳을 막아 행인을 통제했다. 대문바위는 부정한 기운이 마을에 들어오는 것을 차단하는 바람막이 역할을 수행해 왔던 것이다.

세 번째 유형은 역사적 사건이나 인물과 관련된 바위 이야기이다. 태조 이성계의 고조부 이안사와 관련된 호운석, 고려 말 명장 최영장군과 장도바위, 이대신과 선들바위, 상사병에 걸린 처녀가 떨어져 죽은 상사바위, 장에 나간 남편을 기다리다 돌이 되어 그 자리를 지키는 정읍사의 망부석, 고려 말엽 충신 남선과 감악바위, 매산이란 어린 딸이 어머니를 기다리다 얼어 죽은 매산바위 등이 그 예이다. 바위와 관련된 것은 아니나 효자 아들이 과부 어머니를 위해 놓은 효자다리가 있다.

2. 광물 이야기와 지역 축제

전북지역의 경우 바위와 관련된 지역 축제가 없는데 이는 다른 지역도 마찬가지이다. 다만 아직도 몇몇 지역에서는 신이한 능력을 간직했다고 전해지는 바위에서 기우제를 지내고 있다. 무주군 안성면 진도리 용바위의 기우제가 그 예이다. 진도리의 용바위는 용의 형상을 하고 물 가운데 솟아 있다. 마을 사람들이 용바위에서 기우제를 지내는 이유는 바위가 마른 산이 아닌 생명의 원천인 물 가운데 자리잡고 있기 때문일 것이다.

제주도에서는 돌하루방의 코를 만지거나 코를 갈아 그 가루를 물에 타 마시면 아들을 낳는다는 이야기가 전해오는데 전북지역의 남근석에도 이러한 이야기가 전해 온다. 정읍시 산외면 목욕리 마을 앞에 서 있는 남근석은 영험하다고 소문이 나 있다. 그래서 아이를 낳지 못하는 여인이 바위에 와서 빌거나 바위에 붙은 돌이끼를 긁어 달여 먹으면 아이를 갖게 된다고 전해온다. 지금도 가끔씩 아이를 바라는 젊은 여인들이 이곳에 와 아들을 낳게 해달라 치성을 드리곤 한다. 바위에서 기우제를 올리고 또 남근모양을 한 바위를 갈아 마시는 사람들의 행위는 유사한 속성을 지닌 대상물을 통해 집단적이고 개인적인 욕망을 실현하고자 하는 주술적 행위로 볼 수 있다.

농경문화가 발달한 전북지역에는 바위와 관련된 풍습이 많다. 그 가운데 '들돌 들기' 풍습이 있다. 농사를 많이 짓는 집에서는 머슴이라는 일꾼을 여럿 두었다. 머슴은 담살이, 상머슴, 중머슴 등으로 나누며 그 능력에 따라 하는 일이 다르고 그에 따라 대우도 달랐다. 그 중 가장 나이가 어리고 힘이 모자란 소년으로 바깥 허드렛일을 돕는 이를 담살이라 불렀다.

이 담살이가 온전한 성인 일꾼이 되기 위해서는 그 능력을 검증받는 일종의 절차가 있다. 담살이를 끝내고 성인 일꾼이 되기를 희망하는 어린 일꾼은 자신이 한 사람의 성인 일꾼으로의 힘을 가지고 있다는 증거로 마을 정자나무 근처에 놓인 쌀가마니보다 크고 무거운 돌을 불끈 들어 짊어지고 나무 주위를 돌아야만 한다.

이때 그가 드는 돌을 '들돌'이라 한다. 새끼 머슴이 이 일을 거뜬하게 해내면 모여 선 사람들이 장하다고 함성을 질렀다. 그도 이제 온전한 성인으로 인정을 받는 순간인 것이다. 들돌 들기가 성공하면 주인은 곧바로 '진새' 잔치를 준비한다. 주인은 푸짐한 술과 음식을 장만해 동네 머슴들을 모두 불러다 먹였다. 그리고 잔치가 끝나고 난 후부터는 새끼 머슴을 온전한 일꾼으로 대접하고 새경도 올려주고 기거할 곳도 따로 마련해 주었다.

'동리 국악당'과 '미당시문학관'이 자리 잡고 있는 고창군에서는 지역의 문화유산인 모양성 축성의 유비무환(有備無患) 정신을 되살리고 후대에 계승 발전시키고자 음력 9월 9일이면 모양성제가 열린다. 고창읍성에는 여자들이 돌을 머리에 이고 성을 밟으면 무병장수하고 죽어서 극락에 간다는 전설과 함께 독특한 성밟기 풍속이 전해온다.

이 성밟기 풍속을 '답성놀이'라고 부른다. 답성놀이를 하는 이유는 성을 한 바퀴 돌면 다리 병이 낫고 두 바퀴 돌면 무병장수하며 세 바퀴 돌면 저승길이 환히 트여 극락에 갈 수 있다고 전해오기 때문이다. 윤달, 그중에서도 윤삼월에 해야 효험이 많다고 한다. 특히 초엿새, 열엿새, 스무엿새 등 여섯 수가 든 날은 저승문이 열리는 날이라 하여 멀리 떨어진 타지방에서까지 여자들이 모여 들었다고 한다. 성을 다 밟은 후에는 여자들은 머리에 이었던 돌을 성 입구에 쌓아둔다. 모양성을 여자들이 쌓았다는 전설을 재현하기라도 하는 듯한 이 답성놀이는 겨우내 얼어붙은 성을 다지고 유사시에 대비하려는 슬기가 밴 풍습으로 볼 수 있다.

　바위나 돌, 성벽과 관련된 이상의 풍습 외에도 해마다 사월 초파일이면 각 사찰에 있는 탑을 돌며 소원을 비는 '탑돌이'가 현재까지도 행해지고 있다.

(글: 고은미)

관광상품으로 개발된 제주도의 돌하루방

3. 바위 이야기

가) 미륵바위와 노부부

이백여 년 전, 적상면 상유리 평촌마을에 늙은 부부가 슬하에 자식 하나도 없이 외롭게 살고 있었다. 다른 사람들 같으면 손자들 재롱을 보며 여생을 즐길 나이지만 이들 부부에겐 손자는커녕 대를 이를 자식조차 없었다.

그러던 어느 날 늙은 부부는 궁리 끝에 늦게나마 성황당에 치성을 드려 소원을 빌면 혹시 때 늦게라도 좋은 소식이 있을지 모른다는 생각을 하고 이튿날부터 성황당에 치성을 드리기로 했다.

"산신님 이 불쌍한 늙은이들한테 아들 하나만 점지해 주십시오!"

노부부는 정성이 지나치다 못해 마치 실성을 한 듯 만사를 제쳐 놓고 치성 드리는 일에만 매달렸다. 그러던 어느 날 밤, 꿈에 한 노인이 나타나 말했다.

"칠곡산 골짜기에 올라가면 세 그루의 미루나무가 있고, 그 나무 밑에 보면 늙고 얽은 커다란 돌이 있을 것이니라. 그 돌을 가져다 집안에 놓고 새벽마다 치성을 드리면 좋은 일이 있을 것이니라!"

말을 마친 노인은 총총히 뒷산으로 사라졌다.

꿈에서 깬 이튿날 새벽 부부는 칠곡산 골짜기로 올라갔다. 과연 그곳에는 꿈에 본 노인의 말대로 늙고 얽은 커다란 돌 하나가 있었다. 반가움에 어쩔 줄 모르던 부부는 고심 끝에 돌을 옮기기로 했다. 그러나 늙고 힘없는 두 부부로서는 돌을 옮기기가 쉽지 않았다.

부부는 급히 마을로 내려갔다. 장정들을 불러 모아 다시 산으로 올라온 부부는 장정들과 함께 돌을 들어 올리려 했지만 커다란 돌은 마치 거대한 산처럼 미동도 하지 않았다. 아무리 애를 써도 돌을 옮길 수 없게 된 부부는 실망이 여간 아니었다. 할 수 없이 빈손으로 집에 돌아온 부부는 눈물을 글썽이며 한숨만 내리 쉬었다.

그날 밤, 다시 그 노인이 꿈에 나타났다.

"그 돌 옆에는 사람의 형상을 한 작은 돌 두 개가 있으니 그것도 함께 가져와야 하느니라!"

말을 마친 노인은 전번과 마찬가지로 다시 뒷산으로 올라갔다.

돌 한 개도 옮기지 못해 허탕을 친 부부였지만 그래도 희망을 잃지 않고 날이 밝자 다시 칠곡산으로 올라갔다. 노인의 말대로 거기엔 사람 형상을 한 돌 두 개가 나란히 있었다. 그런데 이게 웬 일인가? 부부가 사람 형상을 한 돌을 한 개씩 집어 들자 그때까지 태산처럼 꿈쩍도 않던 커다란 돌이 움찔움찔 움직이는 것이 아닌가!

늙고 얽은 바위는 부부가 산을 내려오자 엉금엉금 따라오기 시작했다. 부부는 뒷마당에 돌 세 개를 나란히 모셔 놓고 그 앞에 제단을 만들어 새벽마다 열심히 치성을 드렸다.

그 뒤 얼마 지나지 않아 할머니에게 태기가 있었다. 늙은 부부는 하늘을 날 듯이 기뻐했다. 열 달 반이 지나고 할머니는 아들을 낳았다. 늙은 부부가 바라던 대로 틀림없는 아들이었다. 그러나 이 아들은 늙고 얽은 바위의 형상을 하고 있었다.

늙은 부부의 상심은 이루 말할 수 없었다. 창피스럽고 부끄러워 마을 사람들을 바로 볼 수조차 없었다. 부부는 바위 형상을 한 아들을 바라보며 말했다.

"여보, 아무래도 우리가 하늘에 너무 많은 죄를 지은 모양이구려."

"죄를 짓긴 무슨 큰 죄를 지었단 말이오?"

"그렇지 않고서야 돌덩이 같은 아들을 낳을 수가 있겠수?"

"우리가 성황당에 치성을 다할 때는 아들을 점지해 달라고 했지

예쁜 아들을 낳게 해달라고 하지는 않았잖소? 비록 얼굴이 그렇게 생겼지만 훌륭하게 키웁시다.”

노부부는 어린 아들을 부끄러워한 마음을 뉘우쳤다. 마을 사람들도 아이를 보고 한편 놀라고 한편으로는 측은하게 생각했다. 가끔 어떤 이들이 아들의 외양을 흉보기도 했지만 노부부는 사람들의 시선이나 말들을 아랑곳 하지 않고 아이를 정성껏 키웠다.

어느덧 아이가 열 살이 되었다. 그때부터 아이의 얼굴이 조금씩 변하기 시작했다. 아이는 뱀이 허물을 벗듯 머리에서 발끝까지 한 꺼풀 허물을 벗는 것이었다. 한 꺼풀 한 꺼풀 허물을 벗은 아이는 신기하게도 아주 딴 사람이 되어 있었다. 바위와 같이 못 생기기만 했던 아이는 천하에 둘도 없는 훌륭한 미남이 되었다. 마을 사람들은 물론 늙은 부부도 이 신기한 일에 그저 말문이 막힐 뿐이었다. 미남이 되었지만 아이는 여느 때와 마찬가지로 부모의 일을 도우며 무럭무럭 잘 자랐다.

그러던 어느 날 밤이었다. 십년 전에 나타났던 노인이 다시 늙은 부부의 꿈속에 나타났다.

“이제 내 생각을 알겠느냐? 너희들 마음을 한번 시험해 보느라 무서운 얼굴을 한 아들을 보내 주었느니라. 그러나 너희들의 마음이 갸륵하여 아이를 본래의 모습으로 돌려놓았느니라. 사람이란 잘나고 못난 것이 중요한 것이 아니라 그 마음이니라. 비록 바위 형상을 한 아들이지만 미워하지 않고 정성껏 기른 너희들의 마음이 하늘에 닿은 것이야.”

그 뒤 노부부의 집안에는 많은 자녀가 태어나 대대로 훌륭한 가문을 이루고 잘 살았다. 지금도 적상면 삼유리 평촌마을에는 노부부가 가져다 놓은 미륵바위가 그대로 서있다.

나) 흔들바위와 오누이

　오수면 오수리에서 10리 남짓 떨어진 주천리 맞은 편 높이 솟은 매봉 산중턱에 그리 크지도 작지도 않은 바위가 있다. 이 바위는 수십 명의 장정들이 움직이려 해도 꼼짝도 않으면서 바람이 조금만 불어도 흔들흔들하여 흔들바위라고 부른다. 이 바위에는 남매의 애틋한 사연이 얽혀 있다.

　아주 오랜 옛날 마음씨 착한 오빠와 예쁜 누이동생이 일찍 부모를 여의고 단란하게 살고 있었다. 성씨가 양씨인 이들 오누이는 어려서부터 부모 없는 설움을 서로 달래며 튼튼하고 예쁘게 자랐다. 세월이 흘러 어느덧 오누이는 장가들고 시집갈 나이가 되었다. 양씨 총각은 힘이 장사였다. 어찌나 힘이 센지 이 마을은 물론 인근 마을까지 힘으로 당해낼 사람이 한 사람도 없었다. 동생도 얌전하고 예쁘기가 선녀와 같았다.

　양씨 총각은 항상 동생인 처녀를 좋은 집에 시집보내는 일이 걱정이었다. 그와는 반대로 동생은 오빠가 빨리 좋은 색시감을 고르는 게 소원이었다. 그러나 양씨 총각에게는 좀처럼 좋은 처녀가 나타나지 않았다.

　그러던 어느 날 아랫마을에서 처녀에게 청혼이 들어왔다. 나무랄 데 없는 청년이어서 오누이는 쾌히 승낙을 하고 이듬해 봄에 성혼하기로 결정을 했다. 양씨 총각은 그날부터 더욱 열심히 일했다. 한 푼이라도 더 벌어서 동생의 혼수감을 마련해 주고 싶었던 것이다. 동생이 시집을 가는 길엔 시냇물이 흐르고 있어 가마 타고 건너기가 어렵다고 생각한 양씨 총각은 큰 내에 커다란 돌맹이를 가져다 징검다리를 놓았다. 어찌나 힘이 센지 집채 같은 바위를 마치 자갈이나 돌맹이 다루 듯했다.

그런데 그해 나라에서는 큰 전쟁이 일어나 모든 장정들이 전쟁터에 뽑혀 나갔다. 양씨 총각도 다른 장정들과 마찬가지로 전쟁터에 나갈 수밖에 없었다. 동생 결혼식을 몇 달 앞두고 전쟁터에 나가는 오빠의 마음은 찢어질 듯 아팠다. 양장사라 불리던 양씨 총각은 결혼식 전에는 꼭 돌아오겠다고 약속을 하고 누이동생과 헤어졌다.

그러나 이듬해 3월이면 돌아오겠다던 양씨 총각은 2년이 지나도록 소식이 없었다. 아랫마을 총각은 이미 정혼한 사이이니 혼례를 올리자고 했으나 동생은 오빠가 돌아오기 전에는 식을 올릴 수 없다고 거절하면서 날마다 매봉에 올라가 높은 바위에 앉아 오빠가 돌아오기만 기다렸다. 기다리다 지친 아랫마을 총각은 결국 다른 집 처녀를 아내로 맞아들이고 말았다.

그렇게 1년이 또 지난 어느 날 매봉 바위에 올라앉아 오빠를 기다리던 양씨 처녀는 그대로 쓰러져 숨을 거두고 말았다. 며칠이 지난 후 전쟁에서 큰 공을 세운 양씨 총각은 장수가 되어 돌아왔다. 그러나 꿈에도 잊지 못했던 누이동생은 보이지를 않았다. 마을 사람들로부터 누이동생이 죽었다는 소식을 전해들은 양 장수는 가슴이 메어지는 듯한 슬픔에 빠졌다. 가엾은 동생의 한을 어떻게 풀어줄 것인가 며칠을 두고 바위를 두드리며 애통해 했다.

이때 양장사가 바위를 내리치는 바람에 그 큰 바위가 두 동강이 났다. 그 뒤로 이 바위는 조금만 바람이 불어도 흔들흔들 하는 것이었다. 양 장수는 죽은 동생의 넋을 위로하기 위해 흔들바위 옆에 큰 바위를 들어다 놓고, 그 위에 사모관대 모양의 바위를 얹어 신랑과 같이 만들어 놓았다.

후에 마을 사람들이 흔들바위가 밑으로 굴러 떨어질까 두려워 장정들이 나서 밀어뜨리려 했으나, 꼼짝도 하지 않았다. 뿐만 아니라

이 바위를 건드리자 갑자기 매봉 위에 검은 구름이 모이더니 천둥
과 번개를 치면서 소나기가 쏟아졌다. 사람들은 두 번 다시 바위를
건드리지 않았다. 이후 사람들은 이 바위를 흔들바위라 불렀다.

4. 다리 이야기

가) 효자 다리

효자다리는 '효불효교(孝不孝橋)'라고도 부른다. 그 이유는 다리
를 놓은 아들의 정성이 아버지에게는 '불효'이나 어머니에게는 '효'
에 해당하기 때문에 붙여진 이름이다. 효자다리 이야기는 전국에
분포되어 있다. 전북지역에도 역시 효자다리이야기가 전해오고 있
는데, 이 중 순창과 김제의 효자다리 이야기가 유명하다.

순창 옥천동에 과부가 살고 있었다. 과부에게는 효자 아들이 하
나 있었다. 남편이 죽고 홀로 춥고 긴 밤을 외롭게 보내던 과부는
어느 날 강천사에 기도드리러 갔다가 스님과 눈이 맞았다. 이후로
과부가 강천사에 가기도 했지만 주로 스님이 과부를 찾아 왔다. 그
런데 강천사와 과부의 집 사이에는 넓은 개울이 있었다. 봄, 여름,
가을에는 개울을 건너다니는 것이 별 문제가 아니었으나 추운 겨울
이 되니 개울을 건너기가 여간 힘든 게 아니었다. 그래서 겨울 밤
맨발로 개울을 건너느라 꽁꽁 얼어버린 스님의 발을 녹여주면서 과
부는 가슴 아파했다.

밤늦게 어머니 방에 불을 지피다 어머니가 가슴 아파하는 모습을
본 아들은 어머니의 슬픔을 가셔주기 위하여 하룻밤에 한 개씩 무
겁고 큰 돌을 업어다 징검다리를 놓아주었다. 그로부터 스님은 발
이 시리다는 소리를 하지 않았고 덕분에 어머니의 슬픔도 사라졌

다. 그 뒤로 사람들은 이 다리를 찰 한 자를 써서 '한(寒)다리'라고 불렀다.

순창 한다리 이야기는 지금도 순창 강천사 아래 옥천동에 전해오고 있다. 이와 유사한 이야기가 김제 귀신사 아래 마을에도 전해온다.

김제군(金提郡) 금산면(金山面) 청도리(淸道里)에 있는 효자 다리는, 원평(院坪)으로부터 한참을 걸어와 제비산(帝妃山) 기슭에 이르러 귀신사로 넘어가서 청도원을 지나 전주로 가는 길에, 제비산과 귀신사 사이의 계곡을 이어 주는, 커다란 자연석 돌다리였다.

이 다리를 건너지 않고는 어디로든지 귀신사로 갈 수가 없었다. 만일 이곳을 막는다면 절은 자연히 요새지가 되었다. 그래서 나라에서는 난이 있을 때면 이곳 귀신사에 승병을 양성하였다. 귀신사 주변에는 거뭇거뭇 이끼옷 자욱한 산성이 더러 허물어진 채 아직도 남아 있다.

귀신사 앞 이 징검다리는 비석처럼 길고 평평한 모양을 하고 있는데 길이가 일곱 척이 넘고 폭이 석 자나 되는 커다란 돌덩이였다. 바위만한 돌덩이 두 개가 다정한 부부처럼 허리 아래 흐르는 물소리를 들으며 누워 있고, 다리 위에는 오백 년 된 고목 한 그루가 비스듬하게 기울어져 있었다. 우거진 고목의 잎사귀들은 마치 다리를 이불로 덮어주는 것 같은 형상을 하고 있었다. 그리고 늘어진 가지는 홀어미 다리를 감싸 안는 것 같았다.

이 다리를 놓은 사람은 귀신사 아래 마을에 사는 효자였다. 이 효자는 아버지를 여의고 과부가 된 어머니를 지극정성으로 모시고 살았다. 지게를 지고 산에 가서 나무를 할 때에도 어머니 방에 불을 땔 나무는 잘 마르고 불땀이 좋은 것으로만 골라서 꼭 따로 해서 가지고 내려왔다. 그리고 밤이면 어머니 방에 자기 전에 반드시 손

수 군불을 때드리고 꼭 방바닥에 손을 넣어 방바닥이 따뜻한지를
확인하고 돌아와 자리에 들었다.

그런데 효자가 아침 문안을 드릴 때마다 어머니의 안색이 좋지
않았다. 왜 그처럼 안색이 좋지 않은지를 묻자 어머니는 아들에게
보며 말했다.

"얘야, 왜 이리 방이 추운지, 추워서 잠을 잘 못 자겠구나."

어머니의 말을 듣고 자세히 보니 어머니의 입술이 추위에 파랗게
질려 있었다.

그런데 이상한 일은 어머니는 춥다고 하시는데 자신은 앉아있지
도 못할 만큼 방바닥이 뜨거웠다. 효자는 어머니가 기가 허해서 이
렇게 뜨끈한 아랫목에서 추위를 타는 것이라 여기고 오늘 밤에는
잠을 자지 않고 여러 번 군불을 때 드리리라 결심했다.

그날 밤 효자가 아궁이 앞에 앉아 군불을 때고 있는데 방문이 조
심스레 열리면서 어머니가 홀연히 어디가로 향했다. 효자는 조심조
심 숨을 죽이며 어머니를 따라 갔다. 어머니가 향해 간 곳은 귀신사
였다. 귀신사에 불공을 드리러 다니던 어머니가 그 절의 스님과 눈
이 맞은 것이었다. 어머니는 캄캄한 밤마다 차가운 물에 빠져가면
서 개울을 건너 귀신사 스님을 만나러 다녔던 것이다. 물에 젖은 차
가운 발로 무섭고 험한 밤길을 헤치고 갔다가 다시 젖은 발로 집으
로 돌아왔으니, 그제서야 효자는 어머니가 매일 춥다고 말하는 이
유를 알게 되었다. 이후 효자는 어머니를 위해서 남몰래 탄탄한 돌
다리를 놓아 드렸다.

나) 곰소 징검다리

옛날 구례에는 동방천이란 데가 있었는데, 그 곳에는 곰소라는

소가 있었다고 한다. 그 소는 섬진강처럼 큰 강인데 물속으로 징검다리가 놓여 있었다. 징검다리는 큰 바위로 되어 있었는데, 쌀가마 삼십 석 정도를 쌓아 놓을 수 있을 만한 크기였다. 사람들은 그 징검다리를 곰의 다리라고 불렀다.

지리산은 이쪽이고 저쪽은 괴양산인데, 괴양산 쪽에 사는 사람이 지리산으로 약초를 캐러 갔다가 바위 밑 구멍에 곰이 사는 것을 발견했다. 자세히 보니 암수 한 쌍이 살고 있었다.

어느 날 수곰이 죽게 되었다. 혼자 살아남은 암곰은 암내가 났던지 약초 캐러 다니는 남자 냄새를 맡고 바위 구멍 속으로 잡아들였다. 이 남자는 할 수 없이 암곰과 살게 되었다. 암곰은 남자를 위해 매 끼마다 사람이 먹을 수 있는 것들을 찾아가지고 왔다.

그러던 사이 이 남자와 암곰 사이에서 새끼가 태어났다. 새끼들은 반은 사람이요 반은 곰이었다. 남자는 기겁을 하고 굴속에서 도망쳐 나왔다. 정신없이 도망치던 남자는 큰 강을 건넌 후 안심하고 수풀 속에 들어가 숨어 있었다.

그런데 이게 웬 일인가. 암곰이 남자를 뒤쫓아 큰 강을 건너더니 수풀 근처에 와서 남자를 부르는 것이었다. 남자는 일생을 곰과 함께 지낼 수 없다고 생각하고 조심스럽게 숨어 있었다. 며칠 동안 수풀을 뒤지던 암곰은 갑자기 새끼들을 데리고 다시 나타났다. 암곰은 새끼를 데리고 산 위에 올라가더니 산꼭대기에서 새끼들을 마치 바위처럼 내던져 버렸다. 새끼들은 머리가 깨져서 즉사했고 몸뚱이는 강 속에 떨어져 넙적 바위가 되었다.

암곰이 다시 지리산으로 돌아간 것을 확인한 남자는 안심을 하고 수풀 속에서 빠져 나왔다. 그 후로 그 남자는 장가를 들어 자손을 많이 두었고, 동네 사람들은 그 남자 덕에 강물 속으로 나 있는 넙은 징검다리를 통해 이곳을 건너다니게 되었다.

5. 명당 이야기

인간은 끊임없이 자신의 운명에 대해 궁금해 하고, 어떤 식으로 건 미래를 개선하고자 한다. 이는 곧 자신이 삶의 터전으로 삼고 있는 땅에 대한 관심 증대로 이어진다. 땅의 힘, 즉 지력이 개인의 운명을 개척하는 결정적인 요인으로 작용한다고 믿기 때문이다. 이를 증명하듯이, 우리나라는 명당과 관련된 일화가 많다.

풍수지리와 관련된 묘에 대한 관심은 뛰어난 인재의 탄생만이 아니라 집안의 번창, 나아가 국운과도 연계된다. 따라서 명당 선정은 개인의 신분 극복을 뛰어 넘어 사회 전체의 명운을 바꾸어 놓을 수 있다는 점에서 항상 관심의 대상이 되어 왔으며, 사회의 주목을 받는다.

명당자리와 관련된 설화에 등장하는 비범한 인재나 동학농민전쟁의 경우에도 땅의 힘, 즉 지기에 영향을 받은 것으로 인식한 결과이다. 이들은 끊임없이 주변의 견제를 받으며, 자신들의 능력을 제대로 발휘하지 못하고 있다.

(글: 장창영)

가) 금시발복 명당

옛날 어느 날 한 지사(지관)가 명당을 잡으러 산으로 올라갔는데 소나기가 퍼부어서 더 갈 수가 없게 되었다. 그러자 이윽고 밤이 되었다. 그 지사는 산 속에서 불이 반짝이는 오두막집 하나를 발견하게 되었다. 어렵게 그 집 앞에 당도한 지사는 주인을 찾았다. 한 노인이 그 오두막집에서 나오더니 친절하게 손님을 맞이하는 것이었다. 노인의 아내는 하얀 쌀밥을 지어서 내오는 것이었다.

저녁을 잘 먹고 잠이 든 지사는 한밤중에 쿵쿵거리는 소리에 잠을 깼다. 가만히 소리 나는 쪽에 귀를 기울이고 듣다보니 노인의 아들이 집에 돌아 온 모양이었다.

"무슨 손님이에요?"

"길을 찾다가 날이 저물어서 할 수 없이 우리 집에서 묵게 된 사람이다."

"그러면 저녁 식사를 어떻게 하셨소?"

"식량이 떨어져서 제사 때 쓰려고 매달아 놓았던 쌀 한 되를 끌러 할 수 없이 밥을 지어 손님 대접을 했다."

"잘 하셨네요."

지사가 이 소리를 듣고 보니 미안하기 그지없었다. 다음 날 아침 지사는 총각에게 할아버지 묘가 있는 곳을 물었다. 총각의 안내를 받아 가보니, 묘라고 할 수 없을 정도로 아무 데나 파고 시신을 묻어놓은 것이었다. 지사는 조그마한 부자가 될 만한 묘 자리를 알려 주었다. 그러자 총각은 더 좋은 자리가 없느냐고 물었다. 지사가 말하기를 삼정승 날 자리가 있으나, 말년이 너무 참혹하다고 대답했다. 총각은 삼정승이라는 말을 듣더니 그 곳으로 할아버지의 묘를 옮겨 버렸다.

이후 총각은 장가를 들어 세 아들을 두게 되었다. 세 아들은 모두 출세하여 정승 벼슬을 살게 되었다. 사람들은 이 집을 일컬어 '삼정승 집'이라 불렀다. 그런데 이후 이 집은 역모 죄로 몰려 세 아들은 능지처참을 당하고 가족들까지 처형됨으로써 멸문에 이르게 되었다.

나) 명당을 얻고 주인집 사위 된 머슴

장성 솔용에는 대단한 명당이 하나 있었다. 한 지사가 그 곳을 점찍어 두고 자식을 데리고 와서 그 곳을 다시 찾았다. 그런데 아무리 찾아도 그 명당자리가 보이지 않았다. 결국 그 지사도 그 명당자리를 차지하지 못하고 말았다.

마침 그 동네에는 큰 대갓집이 하나 있었다. 그 곳에서 머슴살이

장례

를 하는 형제가 있었다. 이 형제는 아버지가 누군지도 모르고 살다가 혼자 된 어머니마저 여의게 되자 산 속 깊은 곳에 어머니를 묻고 남의 집 종살이로 들어가게 되었다.

하루는 일을 잘 했다고 주인집에서 술 다섯 동이를 내주었다. 실컷 마시고 술이 거나하게 취한 형은 신세타령을 하면서, 땅 한 뙈기가 없어 산 속 깊은 곳, 물이 찌걱찌걱 나는 땅에 어머니를 묻은 사연을 풀어놓기 시작했다. 이 말을 듣고 있던 동생은 어머니의 묘를 이장하자고 제의했다. 술김에 형제는 어머니의 묘를 파헤쳤다. 그리고 그 산 속에서 가장 따뜻한 땅에 어머니의 묘를 썼다. 술이 잔뜩 취한 채, 형제는 누구 땅인지 살피지도 않고 묘를 쓴 것이었다.

술이 깨어 보니, 그 땅은 주인집의 것이었다. 어머니의 묘 옆에는 땅을 팔 때 있었던 큰 돌이 놓여 있었다. 정신을 차리고 자세히 보니 그 돌에는 '백우당(百友堂)'이라는 글씨가 쓰여 있었다. 머슴 형제가 그 돌을 지고 주인집으로 들어오자 주인 영감은 이내 상황을 알아차렸다.

주인은 머슴 형제에게 어머니의 표를 파내라고 종용했다. 머슴 형제는 죽기를 각오하고 어머니의 묘를 지켰다. 그러자 주인이 생각하기를 차라리 앞으로 잘 살게 될 머슴 형제 중의 하나에게 딸을 시집보내면 괜찮을 듯 싶었다. 그래서 머슴 형제 중에서 형님이 주인 집 딸과 혼인을 하고 잘 먹고 잘 살았다고 한다.

4부. 전라의 혼, 그 살가운 이야기를 찾아서

1강. 지리산의 〈달궁〉

1. 서정인의 〈달궁〉을 찾아서

참으로 별천지다. '달궁!' 달의 궁전인가. 그렇다면 하늘이 내린 경치가 아닌가? 지리산 계곡 가운데서 피서객들의 발길이 가장 많은 곳이 바로 달궁이란다. 남원시가지를 지나 산내로 들어가서 지리산 계곡으로 이어지는 길은 호젓했다. 지리산에서 뻗치는 그 천연의 고요함에 도시 생활의 소란스러운 삶이 유치하게 스쳐지는 순간 그야말로 온몸을 애무하듯 상쾌한 바람이 진하게 다가왔다. 인공이 아닌 자연의 유쾌한 시원함이 자릿자릿 가슴 속 깊은 곳까지 풍만하게 스며든다.

달궁은 2,000년 전의 궁성이었다. 삼한의 하나였던 마한이 달궁이란 이름을 붙였다고 한다. BC1세기경, 마한은 현재의 전북 금마 지방을 중심으로 융성한 발전을 하였다. 그러다 AD 2세기경에 이르러 점차 그 세력이 약해지면서 마한의 백성들은 경상지방에 위치했던 진한의 침입에 시달렸고 안전한 보금자리를 찾아 남하하다가 지리산 안에서 새로운 요새지를 발견하고 궁성을 지었다고 한다. 달궁에서 마한은 71년간 선정을 베풀었다고 전해진다.

지리산에서도 가장 깊은 곳에 있으니 달궁은 적을 방어하기에 천혜의 요새일 수밖에. '땅 끝 마을'이라는 팻말은 울창하게 우거진 나무숲과 태고 적에 태어났을 듯한 계곡의 바위들을 한마디로 아우르고 있었다.

　서정인은 울림소리가 좋아 '달궁'을 소설의 제목으로 삼았다고 한다. 그런데 지리산의 실제 달궁은 너무 깊어 그 울림이 처연하다. 달궁 계곡 굽이굽이마다 소설 〈달궁〉의 주인공인 인실이가 내뿜는 고단한 삶도 함께 서럽게 울리는 것만 같다. 달궁달궁달궁달궁…… '달궁'이라고 한 번 발음할 때와 '달궁'을 겹겹이 여러 번 반복하면 그 울림이 전혀 다른 느낌을 준다. 마한의 궁녀는 달궁에서 유유히 거닐며 여유롭고 한가로운 삶을 살고 싶었을 테지만 국운이 기울면서부터는 '달궁달궁달궁달궁'하면서 조급하고 여유 없는 불안한 생활을 했을 것 같다.

　소설 〈달궁〉의 주인공인 인실이는 일기장 하나만 덜렁 남겨놓고 뺑소니차에 치어 죽었다. 그 여인은 횟집 여자였다. 작중화자인 '나'는 안면도와 태안 근처를 여행하던 중에 한 횟집 주인을 알게 되고 서울로 돌아 온 며칠 후, 죽은 여인의 일기장을 소포로 받게 된다. 그 여인의 남편은 작중화자인 '나'의 삶이 자신들의 삶과는 거리가 멀어 수치를 느끼지 않고 치부를 털어놓을 수 있다는 생각에 죽은 아내의 일기를 보낸다고 했다. 그렇지. 우리들은 대개 삶의 모습이 서로 다르면 상대방에 대해서 너무나도 무관심하거나 전혀 이해하려 들지 않지.

　배가 고파오자 달궁 마을의 즐비한 음식점들이 눈에 잡힌다. 음식점들은 대개 회와 매운탕, 토종산닭백숙, 멧돼지 구이, 산채비빔밥 정도를 메뉴로 내놓고 호객을 하고 있다. 어느 식당으로 갈까? 잠시 머뭇거리는 사이, 각 음식점마다 별미음식이라고 특별히 따로 자랑스럽게 선전하고 있는 문구가 한 눈에 들어온다.

그런데 그 별미음식이란 한결같이 '3년 묵은 김장김치'이다. '3년 묵은', '김치', '김치', '김치'. 달궁의 음식점에서 '3년'과 '김치'는 돈으로 환산될 수 있었다. 갑자기 그것은 땅 끝 산골마을의 단조로운 삶이 마음에 아리도록 진하게 묻어나는 깊은 울림을 만들어내는 듯했다.

소설의 주인공 인실이는 6·25 전쟁 때 미아가 되었다. 다행히 어느 싸전집 주인이 인실이를 거두어 주었다. 그러나 고등학교에 다니면서 인실이의 운명은 달라졌다. 인실이는 주인집 삼촌에게 강간을 당했고 주인집 아들과 동거에 들어갔다가 기도원에 강제 수용되는 일도 겪었다.

기도원을 탈출한 인실이는 기도원 이사장 집에서 집안일을 돌보

지리산

231

다가 윤 선생을 만나 함께 살면서 공장에 취직도 했다. 취직한 공장에서 인실이는 공장 전무에게 추행을 당했고 이를 계기로 공장에서 쫓겨났다. 그러다 미군 부대 주변의 술집에서 일을 하던 중 인실이는 또 새로운 남자 홍형태를 만나 결혼을 했다. 그러나 그 새 남편은 간첩 교육을 받았다는 혐의로 체포되어 떠나고 인실이는 남편의 친구 우종류와 새로운 관계를 갖기에 이른다. 남편이 출옥하자 인실이는 괴로웠다.

이 땅에는 작중인물 인실이와 같은 또 다른 많은 인실이들이 있었고 인실이처럼 그렇게 '달궁달궁' 살아 왔다. 왜? 왜 인실이는 그렇게도 척박한 삶을 견뎌낼 수밖에 없었을까. 돈 때문에? 그것은 '분명히 돈 때문이었다. 모두들 돈을 과신했다. 없는 사람들은 없는 대로, 있는 사람들은 있는 대로 특히 있는 사람들이 더 그랬다. 그래서 돈은 많을수록 부족했다.'

작가 서정인은 6·25 전쟁 이후 '돈'이 우리의 삶을 지휘하는 막강한 권한을 가지게 되었다고 부르짖는다. '돈'은 의리도 윤리도 정의도 진리도 삼켜버렸고 우리들은 어느새 서로서로 다른 사람들의 구정물까지 빼앗아 자기의 배를 채우는 돼지보다 못한 사람이 되어버렸다고. 여기에 더해서 대한민국은 광기 어린 반공 이데올로기까지 얹어 진실과 자유와 정의를 무참히 치고 나서 뺑소니차처럼 슬그머니 내빼버렸다고.

달궁 계곡의 나무들은 고만고만하게 키가 작다. 태고 적 원시림이 있을 법한데 말이다. 하늘을 뒤덮을 정도의 아름드리나무들은 기대한 만큼 보이지 않는다. 일제에 의한 치욕스런 식민 시대 때문이기도 하겠다. 우리의 나무들도 일제에 의해 수탈당했으니까. 그런데 20세기 후반 반공 자본주의의 습격은 소설의 주인공 인실을 통해 우리의 아픈 역사와 한국인의 피폐했던 삶을 다시 한 번 되짚어보게 한다. 인실이의 추억 속에 아득히 남아 있을 태고 적의 천혜의 달궁은 마음의 고향일 뿐인가.

달궁 계곡을 내려오는 길에 실상사에 들렀다. 국보와 보물들이 늠름하게 보전되어 있었다. 우리의 윤리와 정의와 진리도 이럴진대. 집으로 향할 때는 우리의 앞에 이미 희망의 길이 나 있었다.

2. 서정인의 문학세계

서정인은 1962년 12월, <사상계>의 신인상에 단편소설 <후송>이 당선되면서 문단에 데뷔한 이래 지금까지 40년이 넘게 줄기차고

지리산 자락에 서 있는 천년 묵은 소나무

도 정력적으로 소설을 쓰고 있다. 현재만 해도 그의 작품집은 16권을 넘어서 있다. 게다가 그의 문학 작품을 연구한 글은 90편에 이른다. 그 중 본격적인 서정인 문학 연구라 할 수 있는 학위논문만도 10편을 웃돌 정도이다. 이러한 사실은 서정인의 왕성한 창작욕과 함께 그의 문학에 대한 우리 시대 독자들의 애정과 관심이 얼마나 강렬한가를 단적으로 보여준다.

연구자들은 일반적으로 서정인의 작품이 세 차례의 변모를 보인다고 한다. 그것을 1기, 2기, 3기라고 한다면, 1기라 할 수 있는 초기 작품들은 상당히 관념적이다. 그것은 이 작품들이 현실에 대한 끈끈한 고민보다는 현실을 당연히 비극적인 것이라고 전제하기 때문이다. 이러한 관념성은 2기에 이르면서 단층적 현실인식으로 바뀐다. 작가는 현실을 냉철하고도 객관적인 시선으로 단지 바라보는 관찰자의 시선에 머문다. 최근 들어 나이가 지긋해진 작가는 현실을 보는 다양한 관점을 제시하면서 다층적이면서도 상대적인 인식을 부각시킨다.

지금껏 서정인은 상당히 이성적이어서 그랬는지 화끈한 연애에 대한 관심이 적었다. 작가는 평생에 걸쳐 꼭 한 번쯤은 연애소설을 쓰고 싶어 한다는데…. 서정인의 작품 세계가 앞으로 어떻게 전개될지 사뭇 궁금하다.

서정인의 작품으로는 <강>, <가위>, <금산사 가는 길>, <토요일과 금요일 사이>, <뒷개>, <철쭉제>, <장터목>, <백무동>, <달궁>, <달궁 둘>, <달궁 셋>, <붕어>, <용병대장>, <해바라기>, <물치> 등이 있다.

(글: 장미영)

2강. 남원의 〈혼불〉

1. 〈혼불〉, 그 근원의 그리움을 찾아서

저녁 뉴스에선 내일부터 본격적인 장마가 시작될 것을 예보하고 있다. 태풍 라마순을 피하려다 장마를 만나는 건 아닌가. 태풍을 핑계대고 게으름 피운 게 이토록 후회가 될 줄이야. 기말고사 채점하느라 정신없는 나를 본체만체 내일 소풍간다는 소리에 아이는 좋아라 외치며 할머니 손을 잡고 장보러 간다.

이번 문학기행에 나는 아이와 친정어머니와 동행 할 계획이다. '우리 엄마는 매일 주말마다 쿨쿨 잠만 잔다'는 아이의 푸념을 잠재우기 위해서, 게다가 딸네 집 살림해주느라 멀쩡한 집과 서방을 놔두고 비좁은 아파트 창살 없는 감옥살이에 지쳐가는 엄마의 기분 전환을 위해서라도, 천둥이 치고 비바람이 몰아친대도 나는 내일 남원에 간다.

고소한 참기름 냄새가 진동한다. 일어나자마자 베란다에 나가 창문부터 열어본다. 하늘은 잔뜩 찌푸려 있고 등허리에 무거운 짐을 지고 있는 듯 금방이라도 내려앉을 것만 같다. "아! 결국은 장대비를 맞아야 하는구나!" 내 심난한 기분과는 무관하게 아이와 엄마는 마냥 즐거운가보다. 새벽부터 일어나 김밥을 싸고 과일을 깎는다. 도시락을 싸고 남은 김밥 꽁다리로 아침 해결. 드디어 모녀 3대, 집을 나선다.

남원 가는 길, 막 전주를 벗어나 관촌에 들어서는데 빗방울이 떨어지기 시작한다. 오수로 들어서는 길목에서 비가 그친다. 다행이다. '입이 서울'이라고 물어물어 <혼불 문학관>이 자리한 노봉마을 도착. 마을 뒤를 병풍처럼 두른 노적봉은 어미닭이 병아리를 품듯 혼불 문학관을 에워싸고 있다. '혼불 지킴이' 황영순 선생께서 마중을 나와 계신다. 마을 입구에는 '꽃심을 지닌 땅', '아소님하'를 새긴 한 쌍의 장승이 이곳을 찾는 이들을 반긴다.

남원시의 지원을 받아 올 가을 개관 예정인 문학관은 막바지 공사가 한창이다. '백제문화연구회' 회원으로 계시는 사장님께서 <혼불>에 대한 애정 때문에 손해를 감수하고 지었다는 문학관은 전시실과 학습관으로 이루어져 있다. 전시실에는 작가의 유품을 전시하고 작가의 생전 집필실이 그대로 재현돼 있다. 또한 혼불의 주요 사건을 디오라마(diorama)로 재현해 전시하고 있다. 문학관 오른 편에는 학습실이 있다.

학습실은 방문객들에게 작가 최명희와 <혼불>에 대해 교육하는 것뿐만 아니라 혼불과 관련된 세미나를 열 수 있는 공간으로 제공되고 있다.

학습실 아래 고풍스런 정자에 올라보니 팔공산과 성수산이 눈앞에 펼쳐진다. 맑은 날은 만향산의 주봉 천왕봉까지 보인다는데 날이 흐려 천왕봉을 볼 수가 없다.

정자에 서 굽어보니 청호(靑湖)가 바라다 보인다. 완공 당시 둘레가 사방 오 리가 넘었다던 청호. 첫날 밤 소박맞은 인월댁이 각시 복숭아 진분홍 꽃잎이 숨막히게 지고 지던 밤 몸을 던진 청호.

그 청호는 저수지를 만든 청암부인을 존경하는 뜻에서 사람들이 호수 호(湖)자에 청암부인의 택호를 따 지은 이름이다.

문학관에서 1km쯤 떨어진 곳에 거멍굴과 고리배미가 있다. 거멍굴로 들어가는 입구에는 지난 해 장마에 유실된 돌다리를 대신해 튼튼한 철제다리가 서 있다. 찻길은 다리에서 끊어지고, 우리는 걸어서 거멍굴(黑谷) 근심바위 앞까지 갔다.

천민 춘복과 옹구네, 공배네, 평순네, 무당 백단이, 무부 홍술이, 백정 택주네들이 모여 남루한 일상을 이어가던 거멍굴, 그 한 복판에 검은 덩치로 커다랗게 우그리고 앉은 '근심바우' 아래에서 한 아낙이 밭을 매고 있다. 그네는 '변동천하'를 꿈꾸던 춘복과 '투장'을 통해서라도 시아버지의 뼛속 깊이 새긴 한을 풀어주려던 무당 백단이와 무부 만동이의 피맺힌 절규를 알고 있을까.

거멍굴을 나와 고리배미리로 향한다. 공명첩을 사가지고 의관(議官) 자리를 얻어 양반행세를 하다 매안 이씨 양반들에게 끌려가 멍석말이를 당하고 초죽음이 된 엄장업. 그가 장독 오른 다리를 한 손

혼불문학공원에 안치된 최명희 선생의 묘

으로 쓰다듬으며 아들 병곤에게 이르던 말이 떠오른다.

"내 생전에 못 산 세상, 너는 살어 볼 수 있을랑가. 신분을 설워 말고 그저 죽으나 사나 돈. 돈을 모아얀다.

우리 같은 인생은 돈이 양반이여. 그것조차 없으먼 개뼉다구만도 못헌 거이 우리 신세다. 너는 인자 나중에 꼭 의관보담은 좀더 높은 놈으로 베실을 사서 정자관을 보란디끼 써 바라. 망할 놈의 정자관."

엄장업의 설움 받친 절규 때문인가. 예나 지금이나 민촌 고리배미에는 부자들이 많다고 한다.

고리배미를 뒤로 하고 노봉마을과 더불어 <혼불>의 무대가 된 사매면 대신리 상신마을을 찾았다. 이씨 집성촌으로 이루어진 마을 입구에는 '매화낙지(梅花落地)' 명당이 있다. 마을 뒤 '계룡산에서 핀 매화가 떨어진 곳' 매화낙지에 서니 "명당, 명당 해도 선조의 정신을 모으는 후손의 마음자리가 제일 큰 명당이지.

그 마음자리가 썩어 있으면 이백 년 송 관목이 다 무엇이고, 좌청룡·우백호가 다 무엇이야, 무단한 공염불일 뿐."이라던 청암부인의 목소리가 들리는 듯하다.

명당자리 구경을 마치고 서도역(書道驛)에 들렀다. 서도(書道)라는 명칭은 근처에 서원이 많았던 까닭에 붙여진 이름이라고 한다. 역 맞은 편에는 일제 시대에 세워진 듯한 목조건물이 자리잡고 있다. 지금은 구멍가게가 된 그 2층 목조건물 벽에는 '서도역 운송점'이라는 글자가 새겨져 있다.

역 양 옆으로는 은행나무 두 그루가 사이좋게 나란히 서 있고, 좀더 안으로 들어가니 오래된 벚나무 아래 다람쥐가 뛰놀고 있다. 소설 속의 서도역은 번화한 곳이다. 오고가는 사람들로 번잡하던 그

곳이 지금은 다람쥐 놀이터가 되어 있다. 강모와 효원 그리고 청암이 내딛었을 역사에는 이름 없는 꽃들이 만개해 있다.

사리반댁을 비롯한 매안 이씨 며느리들이 화전놀이를 하던 삼계 석문을 지나 임실군 오수면 둔덕리에 있는 이웅재 고가를 찾아 간다. 매안 이씨 종가의 서슬퍼런 위상을 상징하듯 높이 솟은 솟을대문 양 옆에는 하마석(下馬石)이 놓여 있다. 솟을대문을 열고 들어서자 왼편으로 마굿간이 보인다. 안에 놓인 다섯 칸짜리 말구유가 그 옛날 종가의 번영을 말해준다.

지금은 말을 대신해 누런 황소가 그 자리를 채워주고 있다. 허리 높이까지 올라오는 토방을 딛고 사랑채가 서있다. 사랑채 뒤편 처마가 지난 해 장마로 인해 위태롭게 내려앉고 있다.

혼불문학공원에 있는 최명희 선생 묘비

사랑채 위로는 사당이, 오른 편으로 안채가 놓여 있다. 사당 한켠 텃밭 가에는 매실이 농익어 바닥에 쏟아져 있다.

열매를 거둬들일 일손이 부족한 탓일까. 사당에 쌓인 먼지처럼 초여름 종가의 뒤안은 쓸쓸하고 고즈넉하다. 종가 가장 깊숙한 곳에 'ㄷ'자형 안채가 있다. 안채를 지키는 연로한 종부께 혼자서 큰 집을 지키기 힘들지 않으시냐고 물으니 집이 누추해 손님들이 오면 죄송스럽다며 수줍어하신다.

늙은 종부의 배웅을 받으며 다시 혼불 문학관으로 향한다. 한나절이 넘도록 친절하게 안내를 맡아주신 황 선생님과 함께 문학관 정자에서 늦은 점심을 먹는다. 새벽부터 부산을 떨며 준비한 도시락으로 고마움을 대신할 수밖에 없는 것이 죄송스러울 뿐이다. 왜 그토록 <혼불>을 사랑하게 되었느냐는 물음에 "혼불 속에 내가 있다."고 말씀하시는 분, 지금까지 <혼불>을 다섯 번 읽었고 앞으로 다섯 번을 더 읽겠다는 그분 앞에서 저절로 고개가 숙여지는 건 왜일까.

2. 최명희의 문학세계

1947년 10월 전주시 경원동에서 태어난 최명희는 1981년부터 시작하여 10년이 넘는 긴 세월을 거쳐 대표작 <혼불>을 완성했다. "가장 한국적인 말의 씨앗으로 춘향전이나 심청전 같은 우리 식 고유의 이야기 형태를 살리면서 서구 전래품이 아닌 이 땅의 서술방식을 소설로서 형상화하여, 기승전결의 줄거리 위주가 아니라, 낱낱이 단위자체로서도 충분히 독립된 작품을 이룰 수 있는 각 장, 각 문장, 각 낱말을 쓰고 싶었다."던 작가의 장인 정신에서 비롯된 <혼

불>의 독특한 서술 방식은 우리 소설사에서 전통적 이야기 방식을 계승한 것으로 평가받고 있다. 특히 서사 문법의 논리나 서사진행의 선조적 진행을 거부하고 감성과 직관을 중시한 최명희의 글쓰기는 호남지역 특유의 문학풍토와 깊은 연관을 갖는 것으로 평가된다. 또한 소설에 포함된 방대한 전통 문화와 역사 자료는 민속지로서의 <혼불>의 위상을 말해줄 뿐 아니라 역사해석을 위한 사료로서 그 귀중한 가치를 인정받고 있다.

작가 최명희의 <혼불>은 물질적 풍요로움 속에서 서로를 소외시키며 피폐해져만 가는 표류하는 현대인들에게 '근원의 그리움'을 찾아가도록 돕는 이정표가 되고 있다.

최명희 작품에는 <쓰러지는 빛>, <탈공(脫空)>, <오후>, <옥정이>, <이웃집 여자>, <몌별(袂別)> 등이 있다.

(글: 고은미)

3강. 김제의〈아리랑〉

1. 조정래의 〈아리랑〉을 찾아서

햇볕은 따가웠다. 따가운 여름 한낮을 달려 도심을 벗어나자마자 푸른 들판이 출렁거렸다. 들판은 끝도 없이 이어졌다. 우리나라에서 유일한 지평선을 이룬다는 <징게 맹갱 외에밋들>(김제·만경평야의 다른 이름)의 한 자락이었다. 들판을 가로질러 불어오는 바람이 시원하게 머리칼을 날렸다. 남편의 느긋한 운전과 바람에 섞이는 두 딸의 재잘거림도 한낮의 더위를 누그러뜨렸다. 그리 먼 곳도 아니었다. 전주를 중심으로 국도 29번을 타고 달리면 겨우 6km 남짓한 거리였다.

문학관에서 조금 못 미치는 곳에 <벽골제 기념관>이 있었다. 정문에 들어서자마자 '조정래 대하소설 아리랑 문학비'가 큼직하게 서 있었다. 1980년대부터 20년이 넘는 세월을 한결같이 달려 온 작가 조정래의 문학세계를 기념하기 위해서일까. 문학비 뒤에 서 있는 소나무를 보니 조정래를 조선솔에 비유하던 작가 정채봉의 말이 떠올랐다.

'벽골제 기념관'을 나서자 정문에서 왼쪽 맞은 편 방향에 서 있는 건물이 곧장 눈에 들어왔다. <아리랑 문학관>이었다. 문학관은 폐교를 리모델링하여 조성되었다는데, 아담하고 깔끔했다.

안으로 들어서자 어른 키를 훌쩍 넘기는 원고뭉치가 사람을 압도한다. 2만 장에 달한다는 <아리랑>의 육필 원고. 저 원고를 모두 세라믹 펜으로 한 글자씩 새겼다니, 그것도 장장 5년에 이르는 세월 동안, 하루도 쉬지 않았다니. 숨이 헉, 막힌다. 작가 조정래가 스스로를 글감옥에 수감된 수인으로 비유한다는 말도 그리 과장은 아니지 싶다. 소설 쓰기는 정신적 창조과정이 아니라 고된 노역의 길인가 보다.

1층에는 12권에 달하는 <아리랑>의 내용을 한눈에 알 수 있게 잘 갈무리를 해 놓아서 그것만 보아도 작품을 읽은 바나 다름없을 정도였다. 2층은 작가 조정래의 체취가 흠씬 풍기는 전시실이었다. 그 중에서도 <아리랑>을 집필하며 사용했다는 세라믹 펜 심지 뭉치는 잔잔한 감동이었다. 심지 하나도 없애지 않았다니, 작품에 대한 작가의 애정을 넉넉히 짐작할 수 있었다. 그것은 그가 창조해낸

인물들과 그가 그려낸 우리 역사에 대한 애정이리라. 우리는 작가의 역사적 상상력을 일깨운 장소를 실제로 보고 싶었다. 사실, 처음부터 우리의 목적지는 '하시모토 농장'이었다. 문학관 직원에게 물으니 친절하게 길을 일러주었다. '하시모토 농장'이 있었다던 죽산면으로 향하는 길은 내내 들판이었다.

여행길은 그리 멀지도 않았고 길을 헤매지도 않아 내내 순조롭게 느껴졌다. 방심한 우리는 죽산면을 지나쳐 가까운 심포항으로 향했다. 늦은 점심이나 먹고, 느긋하게 남은 일정을 마무리하려는 생각이었다.

아리랑 문학비

꽃게탕 소리에 딸아이는 흥분하여 콧노래를 불렀다. 하지만 음식점 주인 아주머니 말씀이, 요즘이 꽃게 산란철이라 포획이 금지되었단다. 딸아이는 실망하였지만, 그 대신에 기가 막히게 고소한 생합구이와 생합죽을 맛볼 수 있었다.

죽산면만 가면 아주 쉽게 '하시모토 농장지'를 확인할 수 있으리라는 예상은 보기 좋게 빗나갔다. 우리는 두세 시간을 헤맨 후에야 겨우 목적지에 도달할 수 있었다. '하시모토 농장 사무소'는 서너 번 지나친 곳에 있었다. 우리가 헤매고 다닌 비옥한 들판이 바로 하시모토와 여러 일본인 지주들의 땅이었다.

아리랑 문학관 내에 있는 〈아리랑〉 육필 원고

‘하시모토 농장 사무소’는 죽산면 파출소 정문에서 오른쪽으로 50m 정도 떨어진 큰길 가에 있는 집들 사이로 10m쯤 안쪽으로 들어 간 곳이었다. 모르는 사람들은 그냥 지나치기 쉬운 위치였다. 초록색 철문에 능소화꽃이 흐드러져 늘어져 있었다. 철문을 삐걱 열고 들어가자 그리 크지는 않지만 견고한 석조 건물이 눈에 들어왔다. 전형적인 일제 시대 건물이었다.

바로 그 앞집에 살고 계시는 김판길 할아버지(78세)께서 우리를 뒤따라와 자세하게 설명해 주셨다. 그 건물이 바로 하시모토 농장 사무소였으며, 사무소 건물 뒤로 규모가 큰 기와집이 있었는데 그곳이 하시모토의 집이었고, 그 집을 뜯어다가 김제 읍내에 다시 집을 지었다는 이야기.

농장 사무소는 해방 후에는 어떤 월남한 의사가 병원 건물로 사용하기도 했고, 최근에는 동진농조 죽산 출장소로 쓰이다가, 이번에 김제시가 <아리랑문학관>과 연계하여 관광지로 개발하려고 매입했다는 이야기.

농장 사무소 맞은편으로는 메갈이간(방앗간)이 즐비했고, 거기에서 정미된 쌀들은 군산항을 통해 일본으로 반출됐다는 이야기.

할아버지의 안내를 받아 <아리랑>의 발원지인 내촌과 외리로 향했다. 파출소 바로 맞은 편에 있는 작은 골목으로 들어서자 곧 넓은 들판이 전개되었다. ‘초록빛으로 가득한 들녘 끝은 아슴하게 멀었다. 그 가이없이 넓은 들의 끝과 끝은 눈길이 닿지 않아 마치도 하늘이 그대로 내려앉은 듯싶었다.’(<아리랑> 1권 중에서) 그 들녘이 바로 여기였다. ‘하시모토 농장’, 그곳은 허구의 산물이 아니라, 실제 역사였다.

우리가 오늘 하루 헤맨 그 어떤 논보다도 비옥한 땅, 그리하여 벼포기들이 탱탱한 탄력으로 바람에 흩날리는 땅, 그곳이 일본인 지주 하시모토의 땅이었다. 그곳이 '지삼출'이며 '송수익' 들이 목숨을 걸고 되찾아 지켜내고자 한, 전라도 농민들의 땅이었다.

그 들녘에 역사가 있었다. 자전거를 타고 길을 지나는 할아버지 한 분 한 분이, 끝간 데 없이 너른 들판에 출렁이는 벼포기 하나 하나가, 바로 역사였다.

그것이 곧 작가 조정래가 발바닥으로 이 넓은 김제 만경 평야를 샅샅이 뒤지고 다닌 이유였을 것이다. 그것이 또한 하루 동안의 여행을 마치고 집으로 돌아오는 우리의 머리 속에, 길목마다 우리를 안내하던 할아버지들의 골 깊은 주름이 자리하게 된 이유일 것이다.

2. 조정래의 작품 세계

작가 조정래는 1943년 시조시인 조종현의 4남 4녀 가운데 넷째로 태어났다. 아버지 조종현은 종교의 황국화 정책에 의해 만들어진 시범적 대처승이었다. 조정래는 주로 순천과 벌교에서 유년 시절과 소년 시절을 보내면서 여·순사건과 6·25를 겪게 된다. 초등학교 2학년 때 겪은 6·25는 환각증상과 야뇨증을 앓게 할 만큼 심한 정신적 충격을 남겼다.

조정래는 『태백산맥』 전10권, 『아리랑』 전12권, 『한강』 전10권, 도합 32권에 이르는 대하소설을 집필하였다. 그의 대표작인 『태백산맥』이 우리 민족의 이념적 분열과 대립을 그려냈다면, 『아리랑』은 우리 민족사의 고통과 그 극복을, 『한강』은 민족적 삶의 진정한 모습을 전체적으로 구현해내려는 의욕을 담고 있다고 평가받는다.

『아리랑』은 1990년 12월 11일 <한국일보>에 연재를 시작하여

1995년 8월 총 2만 매의 대장정을 끝내고 해방 50주년을 맞이하며 제12권을 출간함으로써 완간되었다. 2005년에는 프랑스어로 번역된 데다가, 최근에는 프랑스어 희곡으로 각색되어 또 한번 화제가 되었다.

『아리랑』은 1905년 을사보호조약에서부터 1945년 해방까지의 역사를, 군산과 김제를 중심으로 한 호남지방, 하와이, 간도지방, 연해주, 동남아, 일본 등에 이르는 넓은 공간을 배경으로 하여 그려내고 있다.

작가는 이 작품의 도처에서 목숨을 걸고 일제에 항거하는 조선인들을 생생하게 형상화하였다. 그런데도 작품의 결말은 해방을 맞이한 환희가 아니라 조선 사람과 중국 사람들의 피가 튀는 난투극으로 끝맺고 있다.

<아리랑>의 배경지인 외리마을 입구

　그 이유는 작가의 역사의식에서 찾을 수 있다. 작가는 분단 50년이 지나도록 남북 어디에도 분단 극복을 위한 전 민족적인 움직임이 없어서 안타깝다고 말한다.
　이것은 그가 『아리랑』에서 그치지 않고, 또 다른 대하소설 『한강』으로 나아간 이유이기도 하다.

(글: 이수라)

4강. 고창의 〈질마재 신화〉

1. 미당 서정주

미당 서정주를 만나러 가던 날은 마음처럼 날이 흐렸다. 하지만 그것이 날씨 때문만은 아니라는 것을 나는 이내 알 수 있었다. 그 또한 하늘의 구름처럼 쉽게 걷히지 않을 것이라는 것 역시 잘 알고 있었다. 누군가를 만나러 가는 일이 즐거움까지는 아닐지라도 일말의 설레임 정도는 있어야 할 텐데 미당을 만나러 가는 날은 매번 좀, 마음이 어설프곤 했다.

미당 시 <선운사 동구>를 끄라리고 있는 선운사를 지나 해안 쪽으로 길을 접어 들면 올망졸망하게 늘어선 마을이 나온다. 이곳이 바로 마음 급한 이라면 무심히 지나칠 수 있는 <질마재 신화>의 산실 질마재이다.

이 마을에 들어서면 가장 먼저 눈에 들어차는 곳이 미당 시문학관이다. 첫눈에 문학관과는 거리가 멀다는 느낌을 가지는 이가 있다면 제대로 본 셈이다. 지금의 문학관은 이전의 폐교를 고쳐 개관하였기 때문에 아무래도 처음 접하는 이들이라면 생경한 느낌을 지울 수 없을 것이다.

미당과의 만남을 기억해보면, 그의 생전이었기는 하지만 먼저 시를 통해서였다. 기억을 되짚어 보면 교과서 한 켠에서 불거져 나왔던 <국화 옆에서>가 맨 앞자리를 차지하겠지만, 내게 미당은 그보다는 <화사집>에 실렸던 두 편의 시로 선연하게 남아 있다. <자화상(自畵像)>과 <화사(花蛇)>.

애비는 종이었다.

밤이 기퍼도 오지않었다.

파뿌리같이 늙은할머니와 대추꽃이 한주 서 있을 뿐이었다.

어매는 달을 두고 풋살구가 꼭하나만 먹고 싶다하였으나…

흙으로 바람벽한 호롱불 밑에

손톱이 깜한 에미의 아들.

甲午年이라든가 바다에 나가서는 도라오지 않는다하는 外할아버지의 숱 많은 머리털과

그 크다란 눈이 나는 닮었다 한다.

스믈세햇 동안 나를 키운건 八割이 바람이다.

세상은 가도 가도 부끄럽기만하드라

어떤 이는 내 눈에서 罪人을 읽고 가고

어떤 이는 내입에서 天痴를 읽고 가나

나는 아무것도 뉘우치진 않을란다.

찰란히 티워오는 어느 아침에도

이마우에 언친 詩의 이슬에는

방울의 피가 언제나 서꺼있어

이거나 그늘이거나 혓바닥 느러트린

병든 숫개만양 헐덕어리며 나는 왔다.

— 〈自畫像〉 전문

그 무렵 나는 <국화 옆에서>에 대해 중년부인 운운하던 판에 박힌 설명보다는 굳이 말하지 않아도 충분히 통할 것만 같던 두 편의 시 속에서 미처 사루지 못한 미당의 슬픈 영혼을 엿보았던 것은 아닐까 싶다.

그 틈에 끼어 나 역시 조금씩 톤을 높여가던 시 속 화자처럼 목

놓아 울어도 풀리지 않고, 밤하늘을 배경 삼아 헐떡여 달려도 허전하기만 했던 고독을 맛보기도 했으니 말이다.

시문학관의 널찍한 뜨락을 지나 1층에 들어서면 미당이 생전에 쓰던 유물이 한자리에 모여 있다. 달력이며 영수증 따위를 버리지 않고 남겨둔 미당도 어지간하지만, 특유의 흘려 쓴 글씨를 읽는 맛도 제법 쏠쏠하다. 계단을 오르다 보면 그가 남긴 친필 시며 사진들이 방문객을 반긴다. 가까운 지인들과의 사진도 제법 있지만 대개는 부인 방옥숙 여사와 찍은 사진이다. 김칫거리 씻는 모습에 반해 며느리 삼기를 종용한 미당의 선친이나 화투패를 떼어 보고 이를 흔쾌히 받아들인 미당의 일화는 오늘날 다시 들어도 이채롭기만 하다.

미당 시문학관 옆으로 난 길을 걷다 보면 미당 생가가 나온다. <자화상>의 배경이 되었던 생가이건만 오늘날은 그 흔적을 찾아 보기 어렵다. 처음 순례자의 느낌으로 미당 생가를 찾았을 때, 생가는 만신창이가 된 채 을씨년스러운 모습으로 누워 있었다. 이미 온기를 잃은 채 사그라들고 있었던 집 안 구석구석을 눈길로 쓰다듬으며 나는 묘한 감동에 사로잡혔었다. 그 모습은 지치고 병들어 마지막 남은 날을 헤아리는 모습이었지만, 잠시나마 미당 특유의 흔적을 맛볼 수 있어 반갑기 그지없었다. 피천득의 <인연>에서처럼, 나의 미당 생가 순례는 그때 그쳤어야 했다.

어느 날 다시 찾았던 생가는 이미 예전의 모습을 잃은 채, 다소 생경한 얼굴을 하고 있었다. 미당 시문학관 개관과 맞물려 조성된 생가는 예전의 느낌이 가신 지 오래였다. 그 이후 몇 차례 생가를 찾았던 나는 그때마다 낯선 집에 들어선 느낌 때문에 주변을 서성여야만 했다. 만약 미당의 <자화상>을 꼼꼼히 읽은 이가 이곳을

찾았다면 고개를 갸우뚱하며 반문할 것이다. 이것이 바로 그 집이
냐고, 여기가 한때나마 한국 시를 풍요롭게 만들었던 미당의 울타
리냐고.

누군가는 미당의 출생배경을 더터보는 것으로 <자화상>의 진솔
성에 의문을 가하기도 하겠지만, 내게는 젊은 날의 미당이 토해낼
수 있었던 한(恨)이자 피섞인 목울음, 그리고 봉건에 대한 도전의
이미지로 다가왔다. 감히 넘을 수 없는 거대한 벽에 대해 미당은
<자화상>과 <화사>라는 당대에는 조금은 낯선 방식으로 제 울음
을 키웠던 셈이다. 그러고 보면 미당과 이상은 한 시대를 풍미했다
는 이유 외에도 제각각 묘한 울림을 주는 걸쭉한 목소리로 한국 현
대시사에 남아 있다. 미당이 자신의 삶 전체를 관통하는 주술처럼
되뇌였던 "나를 키운건 팔할이 바람"이라는 매력적인 어사가 80여
년의 세월을 훌쩍 뛰어 넘어 지금까지도 광고 어느 구절에선가 발
견된다는 사실은 경이롭기까지 하다.

말도 많고 탈도 많았던 한 시절을 살아내고, 이제 미당은 우리 곁
을 떠나 생가가 내려다보이는 산자락에 누워 있다. 한국 현대시사
의 거목으로 자리매김한 미당은 <화사집>을 상재하던 그 시절부
터 우리들의 가슴 속에 새겨졌으되, 오늘날까지 여전히 친일을 둘
러싼 논란의 불씨를 안은 채 남겨져 있다. 그리고 윤동주가 그러하
듯이, 미당 역시 그 마지막 끝을 '역사'라는 이름에게 많은 빚을 지
고 있다. 이 길을 떠난 내가 그러하듯이, 누군가는 다음 어느 날에
미당 때문에 많이 가슴 아플 것이다. 미당을 떠올릴 때마다, 미당
시를 읊조릴 때마다.

2. 미당 서정주 시인의 삶

미당 서정주는 1915년 전북 고창군 부안면 선운리에서 출생하였다. 그의 고향 질마재는 미당 시학을 숙성시킨 모태이자 자양분이었다. 1936년 미당은 우연히 투고한 동아일보 신춘문예에 「(壁)」이 당선되면서 문단에 본격적으로 발을 들여놓게 된다.

이후 첫시집 『花蛇集』(1941) 발간을 기점으로 미당은 지속적으로 한국의 토속적인 멋과 전통의 매력을 발산하는 데 심혈을 기울였다. 또한 그는 몸에 익은 전라도 방언을 바탕으로 자신의 개인 체험을 한국민이 공감할 수 있는 보편적인 비극성으로 승화시킴으로써 한국 시문학의 영역 확장에 기여한 시인이기도 했다.

미당에 대한 평가는 "탁월한 구도의 시인"이나 "우리 시문학사를 통틀어 가장 탁월한 시인" 등과 같이 지나치게 상향 평가되거나 문학 외적인 요소들에 의해 "기만적인 접신술사" 내지 "접신술의 오만한 전통주의자" 등과 같은 폄하당하는 극단성을 보여 왔다. 그의 사후 제기되었던 친일 문제나 작품성 논란은 여전히 현대시사에서 역설적으로 미당과 그의 시가 중요하게 다루어질 필요가 있음을 시사한다.

여든 세 살에 나온 『80소년 떠돌이의 詩』에서 확인할 수 있듯이, 미당은 『花蛇集』이나 『歸蜀途』, 『冬天』 등의 시적 성과에 안주하지 않고 죽기 직전까지 끊임없이 자신의 시세계 모색과 자기 정진을 시도하였던 천부의 시인이었다.

그가 세상에 남긴 시집들은 "볕이거나 그늘이거나 혓바닥 느러트린/병든 숫개만양 헐덕어리며" 살아야만 했던 오욕의 역사이자 걸출한 시의 생애이기도 하다. 2000년 12월 4일, 미당은 86세의 나

이로 바람의 일정을 접고 그토록 그리워하던 고향땅 언저리에 몸을
누이는 것으로 거친 생을 마감했다.

(글: 장창영)

서림공원

5부. 미래를 향한 꿈, 이야기에서 콘텐츠로

1강. 문화를 살찌우는 전라도 자양분

문화콘텐츠라 함은 기획, 하드웨어, 제공된 재료를 기본으로 제작이 완료된, 완성품으로서의 작품을 뜻한다. 콘텐츠 제작의 기반은 창의적인 아이디어로부터 시작한다. 우수한 아이디어가 우수한 시나리오를 만든다.

이야기 원형은 문화콘텐츠의 씨앗이다. 씨앗이 하나의 생명체로 커나가기 위해서는 무거운 흙덩이를 들어 올려야 하듯, 이야기 원형이 하나의 완성된 작품이 되기 위해서는 보이지 않는 희망으로 에너지를 얻으면서 아이디어를 키워가야 한다.

이야기의 원형이 나체의 몸이라면 문화콘텐츠는 그 몸에 옷을 입힌 것이다. 몸, 즉 이야기의 원형에 어떤 옷을 입히느냐에 따라 이야기는 무한 변신이 가능하다. 어떤 스타일의 옷을 입히느냐에 따라 몸의 의미가 달라지듯 이야기도 어떤 장르로 가공하느냐에 따라 그 의미와 가치가 매우 달라진다.

오늘날에는 이야기가 여러 가지 다양한 장르로 재생 혹은 부활하면서 오프라인에서나 인터넷 온라인상에서 유무형의 재화 또는 서비스로 유통되고 있다. 그 장르는 그림, 만화, 캐릭터, 발레, 연극, 영화, 애니메이션, TV드라마, 꽁트, 뮤직 비디오, 마당극, 창극, 방송 프로그램, 마당놀이, 음악극 등의 볼거리로부터 시, 소설, 동화 등의 읽을거리, 가곡, 가요, 오페라, 판소리, 뮤지컬, 동요 등의 들을 거리, 게임, 테마 파크, 축제 등의 오락거리, 박물관, 테마여행코스, e-learning 등의 학습 콘텐츠, 광고, 포스터, 홍보물 등의 마케팅 콘텐츠 등으로 무궁무진하다.

이러한 문화콘텐츠는 우리의 삶에 얼마나 유용한가. 우리는 실제 만들어져서 유통되고 소비되었던 기존의 문화콘텐츠 작품들을 살펴보면서 이 문제에 대해 고민해 볼 일이다.

문화콘텐츠를 만든다는 것은 이미 우리 마음 한 자락에 뿌려진 희망을 가꾸는 작업이기도 하다. 아이디어는 희망이 빛을 발할 수 있도록 자신이 가진 능력을 갈고 닦는 것이다. 다음에 실린 설화들은 이야기 원형을 토대로 희망을 발견하고 그 희망을 실현시켜 작품으로 만들기 위해 아이디어를 내고 성공 가능성을 타진해보는 훈련을 해 보기 위한 재료이다. 이로써 우리들은 문화콘텐츠 감각을 키울 수 있을 것으로 기대한다.

(글: 장미영)

1. 오동마을의 용(龍)바위

무주군 안성면 진도리 오동마을 냇가에는 두 마리의 용이 큰 그릇을 앞에 두고 서로 싸우듯 감싸 안고 있는 형상의 용바위가 있다. 옛말에 의하면 그곳에는 명주실 몇 꾸러미를 풀어도 바닥에 닿지 않을 만큼 깊고 큰 소(沼)가 있었고 그 소에는 두 마리의 큰 용이 살고 있었다 한다.

어느 해, 지독한 가뭄이 들어 개천에 물이 말라 용이 더 이상 머물 수 없게 되자 두 마리의 용은 서로 먼저 하늘로 오르려고 크게 다투다가 서로 지쳐 승천을 하지 못하고 그만 그곳에서 죽어 바위가 되었다고 한다. 그리고 계속된 가뭄으로 소(沼)는 없어지고 작은 웅덩이만 남게 되었고 용의 형상을 한 바위의 모습만이 훤히 드러나게 되었다.

그로부터 오랜 세월이 흐른 뒤의 일이다. 그 해에도 극심한 가뭄이 들어 마을은 농사를 지을 수 없을 만큼 심각한 처지에 놓이게 되었다. 마을 사람들은 의논 끝에 서둘러 기우제를 지내기로 했다. 용바위 앞에 제물을 차려 놓고 정성껏 기우제를 지냈지만 기다리던 비는 오지 않았다. 아무리 기다려도 비 소식이 없자 마을 어른들은 다시 기우제를 지내기로 하였다. 그러나 극심한 가뭄으로 사람들의 마음도 험악해져 다시 기우제를 올리는 문제를 놓고 서로 심한 의견 대립을 보였다.

용소에서 기우제 올리기를 중단하자는 사람들은 용소에서 기우제를 올렸는데도 비가 오지 않으니 다시 그곳에서 기우제를 올릴 필요가 없다고 주장했다. 사람들은 두 패로 나누어 서로 크게 다투었다. 급기야는 서로 상처를 입고 피를 흘리면서까지 다투었다. 그런데 사람들이 흘린 피가 용바위에 떨어지자 맑기만 하던 하늘에 갑자기 먹구름이 몰려들더니 비가 쏟아지기 시작했다. 며칠 동안 쏟아지던 비는 용바위가 물에 잠기고 바위에 묻은 사람들의 피가 다 씻겨 내려간 후에야 비로소 멎었다. 그리고 다시 소가 생겨났다. 그 후 사람들은 용소 근처 벽오대에다 정자를 지어 벽오정이라 불렀다.

그때부터 이 마을에는 기우제를 지낼 때 사람의 피 대신 돼지를 잡아 제물로 바치고 그 피로 용바위를 적시는 풍습이 생겼다. 또한 마을 사람들이 다툰 날이 하지 다음 날이었기 때문에 이 마을에는 가뭄이 들어도 하지 다음날에야 기우제를 지내는 관례가 생겼다.
  현재 용소는 수심이 2미터나 되는 곳으로 그 한가운데는 두 마리
의 용이 서로 감아 올린 모습의 용바위가 냇물 위로 우뚝 솟아 있다.

1. **분류** : 동물담
2. **작품명** : 오동마을의 용바위
3. **주제어**(keyword) : 용, 승천, 용소, 기우제, 바위, 충돌, 피
4. **화소**(motif)
   1) 커다란 소에 두 마리 용이 살았다.(도입)
   2) 가뭄이 들자 서로 승천하려고 다투다 둘 다 실패했다.(전개)
   3) 용이 떨어져 죽은 자리에 용 모양의 바위가 생겨났다.(절정)
   4) 그 후로 사람들은 가뭄이 들면 용바위에서 기우제를 지
      냈다.(결말)
5. **캐릭터**
   1) 용 : 승천을 기다리며 살아가는 영물(靈物)
   2) 바위 : 두 마리 용 모양의 바위
   3) 소(沼) : 크고 깊음
   4) 돼지 : 크고 통통함
   5) 정자(亭子) : 작고 아담함

6. **문화 콘텐츠 구축 방안**
   1) 기우제
   2) 하지(夏至) 풍습 재현
   3) 동물 형상 바위
   4) 바위 이름 짓기

5) 용 그리기 대회

7. 내가 쓰는 이야기

1) 두 마리 용 중 한 마리가 승천했다면 어떻게 되었을까?
2) 두 마리의 용이 서로 사랑하는 사이였다면 이야기가 어떻게 달라질까?

2. 부자의 사위 찾기

어느 마을의 부자가 예쁜 딸을 하나 키우며 살았다. 딸이 시집 갈 나이가 되자, 부자는 사위를 얻으려고 노력했다. 하지만 마땅한 사위가 나타나지 않았다. 그래도 그는 계속해서 지혜로운 사위를 찾았다. 부자는 지혜 있는 사람을 찾는다는 이야기를 온 동네에 퍼뜨렸다. 자기보다 지혜로운 사람에게 자기의 딸과 혼인시키고 많은 재산을 물려주겠다는 것이다.

많은 청년들이 모였으나 모두 퇴짜를 맞았다. 그러던 어느 날 낯선 청년이 찾아왔다. 찾아 온 청년이 말했다.

"도대체 부자 어르신께서 말씀하시는 지혜로운 사람은 어떤 사람을 말하는 것입니까?"

그러자 부자가 말을 해줬다.

"좋은 질문일세. 내가 시험하고자 하는 것은, 내가 말하는 것과 비슷한 형태로 말을 받는 것일세. 한 마디로 대꾸가 좋은 대답을 하면 되는 것이야."

청년은 알았다는 듯 고개를 끄덕였다.

이제 부자가 의견을 말했다.

"마을 개울에 오리가 한 마리 있는데, 오리는 십 리를 가도 오리요, 백 리를 가도 오리다."

청년이 듣고는 곧 말했다.

"집 앞의 오동나무로 북을 만들었는데, 이 북은 동으로 가도 북이요, 서로 가도 북, 남으로 가도 북이다."

부자가 생각하니 과연 그럴 듯했다.

"과연, 그러하구나."

부자는 청년이 사위 자격이 있다고 생각하여, 드디어 사위로 삼아 자신의 많은 재산을 물려주었다.

1. **분류** : 지혜 이야기
2. **작품명** : 부자의 사위 찾기
3. **주제어**(Key Word) : 부자, 재산, 지혜, 사위
4. **화소**(motif)

    1) 어느 마을의 부자가 사위를 찾고 있다.(도입)

    2) 부자는 지혜로운 사람을 사위로 삼기로 한다.(지혜)

    3) 청년은 오동나무로 만든 북 이야기로 부자의 시험을 통과한다.(시험 통과)

    4) 청년은 부자의 사위가 되었다.(결말)

5. **캐릭터**(Character)

    1) 부자 : 자신은 욕심이 많은 사람이지만, 지혜로운 사위 얻기를 원함

    2) 청년 : 부자의 재산을 관리할 수 있는 지혜롭고 현명한 사람

    3) 딸 : 예쁘고 현명한 여자

6. **문화 콘텐츠 구축 방안**

　　1) 지혜로운 사람 '시험하기' 대회

　　2) 수수께끼를 이용한 축제

　　3) 재산 물려주기 행사

　　4) 지혜로운 사위 뽑기 행사

7. **내가 쓰는 이야기**

　　1) 부자를 찾아온 사람이 남자가 아니고 여자였다면?

　　2) 장인의 많은 재산을 물려받은 사위는 그 후로 어떻게 살
　　　게 될까?

3. 오목대와 이성계

오목대에는 이성계가 잔치를 벌였다고 하는 곳이 있다. 이곳에는 아지발도(阿只拔都, 고려말 우리나라를 쳐들어 온 왜군장수 이름) 기념비도 있다. 이성계는 고려 말 명장이다. 사람들은 이성계를 만호(萬戶)라고 불렀다. 일만 만 자(萬), 집 호 자(戶). 말하자면 이만호(李萬戶)다. 또 하나는 최영 장군, 최만호라고 있었다.

그런데 이 장군이 이만호였을 때, 왜군장수 아지발도가 자기나라에서 그 비석을 싣고 왔다고 한다. 이 장군이 부하를 데리고 가서 왜군을 치려고 보니 온몸에 철투구를 쓰고 철갑을 하고 있는 것이었다. 그때는 창과 활밖에 없어서 속무무책이었다.

그때 명령이 내리기를 투구를 맞히라는 것이었다. 이성계의 부하 중 하나가 아지발도의 투구를 맞추었다. 투구가 벗겨지자 아지발도는 순간적으로 입을 탁 벌렸다. 투구 끈이 턱 밑을 조였던 것이다. 그때 이성계는 아지발도의 입 속에 화살을 쏘아 박았다.

　전쟁을 승리로 이끈 이성계는 전주의 오목대에서 승전고(싸움을 이겼을 때 치는 북)를 울리고 잔치를 베풀어서 기념을 했다 한다.

1. **분류** : 전쟁 이야기
2. **작품명** : 오목대와 이성계
3. **주제어**(Key Word) : 오목대, 장군, 아지발도, 잔치
4. **화소**(motif)
　1) 명장 이성계의 전승비가 있다.(도입)
　2) 아지발도와 왜놈들이 쳐들어 온다.(전쟁)
　3) 부하가 적의 투구끈을 맞춘다.(전투력)
　4) 이성계가 아지발도와 왜군을 무찌른다. (용기)
　5) 승전고를 울리고 오목대에서 잔치를 베푼다.(결말)

전주 오목대

5. 캐릭터(Character)

　1) 이성계 : 조선을 창업한 명장의 위엄이 나타남.

　2) 아지발도 : 간계가 뛰어난 왜장.

6. 문화 콘텐츠 구축 방안

　1) 임진왜란을 활용한 게임 서사 만들기

　2) 오목대 답사 프로그램

　3) 고려 시대 장군 체험하기 행사

7. 내가 쓰는 이야기

　1) 이성계가 남원 운동 전투에서 아지발도에게 패하고 오목대에 왔다면?

　2) 이성계의 화살이 아지발도에게 빗맞았다면 뒷 이야기가 어떻게 되었을까?

4. 우렁 각시

　어느 시골에 어머니와 아들 단 둘만 사는 집이 있었다. 이들은 농사를 지어 생계를 이어가는데, 한 번은 아들이 논두렁에 나가서 땅을 파며 기이한 행동을 하는 것이었다.

　아들은 남자 목소리로 혼잣말을 했다.

　"이 농사를 지어서 누구랑 누구랑 먹을거나!"

　그러자 이내 여자 목소리가 화답을 하는 것이었다.

　"너랑 나랑 먹지."

　아들은 깜짝 놀랐다.

　"아니 이게 웬 소리여."

　그래서 아들은 다시 한 번 땅을 파면서 혼잣말을 했다.

"이 농사를 지어서 누구랑 먹을까?"

그러자 또 다시 여자 목소리가 화답을 하는 것이었다.

"너랑 나랑 먹지."

아들은 소리 나는 곳을 파고 또 팠다. 그러자 주먹만큼 큰 우렁이 하나가 나왔다. 그 우렁이를 개천물에 씻어서 주머니에 넣었다. 일을 마치고 집에 돌아 온 아들은 어머니께 여쭈었다.

"어머니, 어머니 ! 이 우렁이를 어디에 담아 놓을까요?"

"물항아리에 물을 붓고 담궈 놓아라."

아들은 우렁이를 물항아리에 담궈 놓고 방으로 들어 와 말했다.

"어머니, 내일은 담배 밭을 팔 테니, 어머니가 밥을 내오시오."

어머니는 새벽에 일어나 밥을 하러 나갔다. 그런데 이게 웬 일인가. 부엌에는 반찬까지 갖추어진 따뜻한 밥이 지어져 있었다.

"아이구, 괴상한 일이다. 누가 이렇게 여러 가지 반찬을 만들고 밥을 해놨을꼬. 그러나 저러나 상이 차려져 있으니 우리는 먹고 일이나 가자."

어머니와 아들은 이미 차려진 아침을 먹고 일을 나갔다. 저녁에 일을 마치고 집에 돌아온 어머니와 아들은 이미 저녁상이 잘 차려져 있는 것을 발견했다.

"아이구, 이거 괴상하다."

아들은 괴이하게 생각하며 새벽녘에 지켜보기로 마음먹었다. 아들은 새벽같이 일어나 숨을 죽이고 사방을 둘러보았다. 그때, 우렁 속에서 한 예쁜 여자가 나오더니 쌀을 씻어서 밥을 안치는 것이었다.

아들은 우렁이가 둔갑한 여자를 뒤에서 꽉 끌어안고 말했다.

"우렁 속으로 들어가지 말고, 나랑 같이 살자."

그러자 우렁 각시는 고운 목소리로 이렇게 말하는 것이었다.

"아직 시간이 안 되어서 못 하겠나이다."

말을 마치더니 여자는 곧 우렁이가 되어, 물항아리 속으로 쏙 들어가 버렸다.

담배 밭을 파는 날, 어머니는 일꾼들의 점심을 준비하느라 분주했다. 그때 한 예쁜 각시가 우렁 속에서 나오더니, 부엌에 들어가 점심을 걸게 차려 놓고 물항아리 속으로 다시 들어가 버리는 것이 아닌가.

"어머니, 우선 밥이나 먹읍시다. 어머니는 저녁이나 지으세요."

아들의 말을 듣고, 어머니는 담배 밭에서 일하다가 저녁을 지으러 집으로 들어갔다. 그런데 또 따뜻한 저녁상이 차려져 있는 것이 아닌가.

아들은 우렁 각시의 모습을 사흘 동안 지켜보면서,

"이제 들어가지 말고 나랑 살자"

고 거듭 간청했다.

그러던 나흘째 되던 날 우렁 각시는 허물을 벗고 나와 아들의 각시가 되었다.

1. **분류** : 변신담

2. **작품명** : 우렁 각시

3. **주제어**(Key Word) : 우렁 각시, 우렁 이야기, 물항아리

4. **화소**(motif)

   1) 어느 마을에 모자가 살고 있었다.(도입)

   2) 아들이 논두렁에서 우렁이 하나를 발견한다.(만남)

   3) 남 몰래 우렁이가 밥과 반찬을 만든다.(보은)

   4) 보는 이가 없으면 우렁이는 우렁 각시로 변신한다.(변신)

   5) 마침내 아들과 우렁 각시가 행복하게 산다.(결말)

5. 캐릭터(Character)

    1) 아들 : 순박하면서 어머니께 효도하는 인물.

    2) 우렁 각시 : 우렁이에서 각시로 변신하는 아가씨.

    3) 어머니 : 전통에 순응하는 여자의 모습.

6. 문화 콘텐츠 구축 방안

    1) 우렁이 길들이기를 통한 생물 생태 체험

    2) 우렁 각시 선발 대회

    3) 물항아리

7. 내가 쓰는 이야기

    1) 우렁 각시가 여자로 변신하지 않고 남자로 변신했다면?

    2) 우렁 각시와 시어머니는 이후 어떤 삶을 살게 될까?

5. 꾀 많은 하인

옛날에 어떤 양반집 도령이 과거를 보러 서울을 가는데, 집에서 부리던 하인에게 말고삐를 잡게 하였다. 겉보기에는 무식하게 생겼지만 꾀 많기로 유명한 앙글장글대라는 종이었다.

그렇게 도령이 하인을 데리고 서울로 가다가 하인에게 주의를 주었다.

"야, 앙글장글대야, 서울에 도착해서는 매사에 조심을 하여야 한다. 서울이라는 곳은 눈 뜨고 있어도 눈알을 뽑아가는 무서운 동네이니 그리 알아라. 눈알이 뽑히면 넌 평생 앞 못 보는 장님이 되는 게야."

서울에 당도하여 객줏집에 묵으며 도령은 냉면이 먹고 싶어 하인에게 냉면을 받아오라고 시켰다. 잠시 후 냉면을 받아온 앙글장글대는 주인이 먹기도 전에 젓가락을 집어 들고는 냉면 가락을 휘 저으며 무언가를 찾는 것이었다.

"이 녀석 앙글장글대야, 왜 그렇게 휘젓느냐!"

"예, 도련님. 아까 냉면을 받아오다가 냉면에 제 콧물을 빠뜨렸는데 영 찾을 수가 없군요."

이 소리를 듣고는 누가 냉면을 먹을까. 결국 그 냉면을 꾀 많은 앙글장글대가 먹게 되었다.

그렇게 얼마를 지내다 보니 앙글장글대는 떠날 때 받아온 노잣돈도 다 떨어지고 해서 돈을 융통하여 쓸 욕심으로 타고 왔던 말을 주인 몰래 팔아치웠다. 그리고 나서는 주인이 묵고 있는 방 앞에서 두 눈을 꼭 감고는 허리춤에 빈 말고삐를 묶어 놓고 뒷짐을 진 채 하루 종일 서있는 것이었다.

말을 타고 일을 보러 나가려던 주인이 그 모양으로 서있는 앙글쟁글대를 마침내 보고는,

"아니, 이 녀석아. 말은 어찌하고 말고삐만 허리에 묶고 있느냐! 눈을 떠봐라, 이놈!"
하고 소리를 쳤다.

"어이, 말이 어디를 갔나. 나는 도련님이 서울은 눈 뜨고 있어도 눈알을 뽑아 간다고 하셔서 두 눈을 꼭 감고는 말고삐를 단단히 허리에 묶어 두었었는데."

하인의 말을 들은 주인은 어이가 없어서 그만 입만 떡하고 벌릴 따름이었다.

1. **분류** : 꾀 이야기
2. **작품명** : 꾀 많은 하인

  3. **주제어(Key Word)** : 하인, 서울, 객줏집, 노잣돈

  4. **화소(motif)**

   1) 양반집 도령이 하인을 데리고 과거를 보러 간다.(도입)

   2) 하인이 꾀를 내어 냉면을 뺏어 먹는다.(꾀)

   3) 주인의 말을 몰래 팔아 치우고, 돈을 빼돌린다.(욕심)

   4) 주인은 어이없이 당하기만 한다.(결말)

  5. **캐릭터(Character)**

   1) 주인 : 겉모양은 번지르르하지만 속은 어수룩함.

   2) 하인 : 꾀를 내어 주인의 재산을 가로챔.

   3) 말 : 하인에 의해 다른 곳으로 팔려 감.

  6. **문화 콘텐츠 구축 방안**

   1) 주막집 생활 프로그램 개발

   2) 젓가락 문화 행사

   3) 냉면 이벤트

  7. **내가 쓰는 이야기**

   1) 주인이 만약 꾀를 내어 하인을 관청에 고발한다면?

   2) 하인의 일화가 될 만한 이야기가 하나 더 있다면 무엇일까?

6. 창암 이삼만과 줄포 파산 마을

줄포면소재지(茁浦面所在地)로부터 동북쪽 고부 가는 길로 5km
쯤 가면 파산리(巴山里)라는 마을이 있다. 이곳에 마을이 생기기 전
에는 이 일대가 무성한 갈대밭이었다고 하는데, 지금부터 약 5백
여 년 전에 풍산 임씨(豊川 任氏)와 김해 김씨(金海 金氏)가 갈대밭
을 일구어 마을을 이루기 시작하였다고 한다.

그런데 어느 날 한 도승이 이 마을을 지나다가 마을의 지형(地形)을 보고는 마을이 사옥혈(蛇屋穴)로 생겨서 '뱀들의 집' 형국이니 앞으로 뱀이 많이 생기겠다고 하고 지나갔다는 것이다. 그 후부터 과연 마을에 뱀들이 나타나기 시작하여 마을이 번창하면 할수록 뱀들이 많아지더니 어느 해에는 수많은 뱀들이 어디서 몰려왔는지 마당이며 부엌, 그리고 광에 시글시글 기어 다니며 고샅길에까지 넘쳐나 도무지 살 수가 없게 되었다. 마을 사람들이 모두 나서서 뱀을 잡아내고 잡아내도 밑도 끝도 없이 모여들므로 한 집 두 집 마을을 떠나는 사람이 생겨나다 보니 결국 폐촌이 되게 생겼다.

마침 이때에 글씨 잘 쓰는 이삼만(李三晚)이라는 사람이 전주에 살았는데 그의 아버지가 뱀에게 물려 죽었다. 그래서 이삼만은 뱀을 아버지 죽인 원수로 여겨 산으로 들로 다니면서 뱀을 찾아 때려 죽이고 있었다.

어느 날 이삼만이 파산마을에 뱀이 들끓는다는 소문을 듣고 찾아왔다. 이삼만은 뱀들에게는 저승의 사자인지라 뱀들이 그가 왔다는 소식을 들었는지 하루아침에 그 많던 뱀들이 씻은 듯이 모두 없어져 버렸다. 이삼만이 날마다 수많은 뱀을 죽인 관계로 뱀들이 '이삼만'이라는 이름만 들어도 숨어버렸기 때문이라고 한다.

그 후부터 마을 이름을 사옥리(蛇屋里)에서 파산리(琶山里)로 고쳐 부르고 있는데, 琶山里를 다시 파산리(巴山里)로 바꾼 것은 일제 때의 일이다. 그리고 파산리에서는 이삼만이 뱀을 퇴치하였다 하여 매년 정초(正初)가 되면 뱀날(巳日)에 '李三晚'이란 이름을 종이에 써서 해 뜨기 전에 집안의 곳곳에 붙여 뱀이 집안으로 들어오지 못하게 하는 뱅이(防)를 하게 되었다고 한다. 이렇게 호남지방에서 '뱀방이'를 써 붙이는 풍속은 줄포면의 파산리에서부터 비롯되었다고 전해지고 있다.

1. **분류** : 뱀 이야기 / 효도 이야기
2. **작품명** : 이삼만과 줄포 파산 마을
3. **주제어(Key Word)** : 이삼만, 뱀, 효도, 뱅이(防)
4. **화소(motif)**
   1) 부안 줄포 인근에 파산 마을이 있다.(발단)
   2) 마을 사람들이 뱀의 잦은 출몰로 인해 심한 고통을 겪었
      다.(전개)
   3) 이삼만이 부친의 원수를 갚기 위해 뱀들을 사정없이 죽
      였다.(위기)
   4) 이후 '이삼만'이라는 이름만 써 붙여도 뱀들이 범접하지
      않았다.(절정)
   5) 이로 인해 지명이 파산리로 변했다.
   6) 매년 파산마을에서는 정초에 이삼만 이름을 써 붙이는
      뱅이를 한다.(결말)

5. **캐릭터(Character)**
   1) 도승 : 마을의 앞날을 예고는 하였으나, 마땅한 대안을
      제시하지 못함.
   2) 마을 사람들 일부 : 뱀을 방제하고자 하지만 결국 실패
      하고 마을을 떠남.
   3) 이삼만 : 명필로, 뱀에게 죽은 부친의 원한을 갚기 위해
      뱀을 죽이는 인물.

6. **문화 콘텐츠 구축 방안**
   1) 뱀 문양 캐리커쳐 상품 개발

　　2) 세계 뱀 문화 축제 개최

　　3) 뱀의 생장을 대상으로 한 아동 교육 학습실 운영

　　4) 마구잡이 포획에 따른 생태 환경 변화를 주제로 삼는 교육 프로그램

7. 내가 쓰는 이야기

　　1) 만약 이삼만이 뱀을 때려죽이다가 실수로 뱀에 물려 위독하다면?

　　2) 만약 이삼만의 아버지를 죽인 것이 도깨비였더라면 어떻게 했을 것인가?

7. 덕성봉과 산삼밭

　　내변산의 중앙인 사자동에서 동남방으로 보면 덕성봉이라는 큰 봉우리가 우뚝 솟아 있다. 이곳에는 옛날부터 이 봉우리 어딘가에 산삼밭 세 마지기가 있다고 전해오고 있다.

　　옛날 마음씨 착한 나무꾼이 있었다. 그는 산에서 나무를 해 하루하루 근근이 입에 풀칠이나 하면서 살았다. 그날도 아침 일찍 조밥덩이로 도시락을 싸가지고 나무를 하러 덕성봉 우거진 나무숲속을 지나는데 어디서 사람 신음소리가 들렸다. 놀라고 무서운 마음을 억누르면서 신음소리가 나는 곳으로 가보니 남루한 차림새의 늙은 중이 쓰러져 있었다.

　　나무꾼은 얼른 불을 피우고 더운 물을 끓여서 허기져 쓰러진 중에게 점심으로 싸 온 조밥을 먹였다. 기운을 회복한 중은 길을 떠나기 전 나무꾼에게 중요한 사실을 말해주었다.

　　"그대의 이 은혜를 갚을 길이 없으나 내 한 가지 가르쳐 주어 고

마음을 조금이나마 보답하려 하니 명심하여 듣고 꼭 내가 하라는 대로 하시오. 이 산의 저쪽 모퉁이를 돌아가면 산 삼밭 서마지기가 있는데 그 산삼 가운데 제일 큰 산삼은 캐지 말고, 가장자리에서 한 뿌리만 캐어다 팔면 평생 편히 먹고 살 수 있을 것이니 그리 하시오.”

나무꾼이 어리벙벙 인사도 미처 못 한 사이 그 중은 사라지고 말았다. 나무꾼은 중의 말이 믿기 어려웠지만 혹시나 하는 마음에 가르쳐준 곳을 찾았다. 그곳에 도착하니 과연 중의 말대로 향긋한 산삼이 산 중턱에 가득 차 있었다. 생전 처음 보는 산삼에 어쩔 줄 모르게 흥분한 나무꾼은 중이 한 말을 잊은 채 삼밭에 뛰어 들어가 한 가운데 있는 제일 큰 놈을 캐고 말았다. 제일 큰 산삼을 캔 나무꾼은 가난에서 벗어나 큰 부자가 되는 꿈을 꾸면서 들뜬 마음으로 집에 돌아왔다.

집에 돌아 온 나무꾼은 조심스레 가져온 산삼을 살펴보았다. 그런데 이게 어찌된 일인지 분명 산삼밭에서 가장 큰 것을 캤는데 이제 보니 속이 텅 비고, 그 속에는 좁쌀만 가득 들어 있지 않은가? 나무꾼은 너무도 허망하여 그만 마당 가운데 털썩 주저앉고 말았다. 한참이 지나서야 나무꾼은 자기가 중이 하라는 대로 따르지 않았다는 것을 알았다. 다시금 허겁지겁 덕성봉으로 올라 중이 가르쳐준 그 자리를 아무리 찾아보았지만 산 삼밭 세 마지기는 끝내 발견할 수 없었다.

   1. **분류** : 식물담
   2. **작품명** : 덕성봉과 산삼밭
   3. **주제어**(keyword) : 나무꾼, 선행, 행운, 산삼, 산삼밭, 욕심

4. 화소(motif)

1) 마음씨 착한 나무꾼이 살았다. (도입).

2) 나무꾼이 산에서 쓰러진 스님을 도와주었다.(전개)

3) 스님이 나무꾼의 은혜를 갚기 위해 산삼밭을 가르쳐주었다.(보은)

4) 나무꾼은 가장 큰 산삼만은 캐지 말라는 스님의 말을 어겼다.(절정)

5) 그 후로 나무꾼은 다시는 산삼밭을 찾을 수 없었다.(결말)

5. 캐릭터

1) 나무꾼 : 마음씨 착함

2) 스님 : 나이 많음

3) 산삼 : 오래되고 큼

4) 산삼밭 : 깊은 산 속에 있음

5) 조밥 : 노란 빛이 도는 고소한 밥

6. 문화 콘텐츠화 방안

1) 산삼 밭 기행

2) 산삼 캐릭터 개발

3) 산삼의 고장으로 지역 홍보

4) 덕석봉 등산 코스 개발

5) 인삼과 산삼 구별하기

7. 내가 쓰는 이야기

1) 나무꾼이 스님의 말을 어기지 않았다면 어떻게 되었을까?

2) 나무꾼이 스님을 찾아 나섰다면?

2강. 전라의 얼굴, 원소스멀티유즈

문화는 우리 삶 속에서 다양한 형태의 얼굴들로 그 명맥을 유지하면서 성장해왔다. 그런 점에서 문화는 이론이 아닌 현실이며, 우리 안에서 살아 숨 쉬는 역사의 현장이다. 이를 입증하듯이, 문화는 우리 삶 속에서 끊임없이 변천을 거듭하면서 그 진면목을 드러내어왔다. 문화는 삶의 현장에서 공급에 해당하는 창작자보다는 수요층이라 할 수 있는 소비자들의 욕구와 기호를 강력하게 반영하는 속성을 지니고 있다. 이러한 이유에서 문화에 대한 이해는 그 나라의 문화에 대한 자신감의 피력이자 국민들의 정신문화를 가늠하는 중요한 척도라 할 수 있다.

최근 들어 문화를 둘러싼 인식 변화에 따라 문화를 접근하는 방식에서도 큰 차이가 나타나게 되었다. 이는 기존의 문화에 대한 인식만이 아니라 문화 콘텐츠에 대한 개념 자체가 변하고 있음을 의미한다. 즉, 최근의 문화 추세는 문화를 일종의 흥밋거리나 단순한 소재 차원에서 다루던 방식에서 벗어나 이야기의 원형을 바탕으로 삼아 적극적인 문화콘텐츠 창출에 초점을 맞추는 형태로 전개되고 있다.

이와 더불어 미디어를 비롯한 다양한 기술 발달과 경제 성장 및 문화 역량 증대에 따른 문화의식의 향상 또한 눈부실 정도이다. 문화의 주종 역시 디지털 시대의 도래에 따라 기존의 구술과 활자매체를 기반으로 한 아날로그 일변도에서 휘발성이 강한 디지털 형태로 급속히 이동하고 있으며, 문화에 대한 의식 또한 폐쇄와 독점에서 개방과 공유 형태로 나아가고 있다.

현대에는 물질적 풍요와 기술의 발달, 사회 관심의 변화, 수요자층의 욕구 반영, 새로운 것에 대한 욕망, 창조자의 의욕, 기술문명의 발달, 사회 부가가치의 창출 의지 등이 맞물리면서 문화만이 아니라 이를 활용한 문화콘텐츠에 대한 인식 변화와 함께 그 의미 또한 빠르고 광범위하게 이루어지고 있는 실정이다.

그동안 우리들은 우리 주변의 문화유산에 대해 그 가치를 제대로 인정하지 못한 채 보존, 유지 자체에서도 많은 문제점을 노출하여 왔다. 우리의 문화유산들은 그 가치를 인정받지 못하고 홀대받는 상황에 방치되거나 많은 전란이나 도굴의 소용돌이 속에서 그대로 노출된 채 훼손과 유실의 운명을 거듭하여 왔다. 이는 국보급 기록물이나 각종 건축물 등 유형문화재에 그치지 않고, 무형문화를 포함한 우리 문화 전반에 걸쳐 폭넓게 이루어져왔다.

특히 구비전승에 의해 이루어지는 민요나 판소리와 같은 무형문화의 경우, 기록물이나 유형산물로 남겨진 유형문화에 비해 상대적으로 그 소실 정도가 심하며 체계적인 보존이나 유지 노력조차 이루어지지 못한 채 전해져 내려오고 있는 실정이다. 이는 세계문화유산에 등재된 판소리의 경우에서도 적나라하게 드러난다.

우리의 소리 문화를 이끌던 이들은 광대라는 이름으로 천대받거나 사회적으로 홀대받는 사회 하류계층이었다. 하지만 그들은 이러한 멸시 속에서도 이전의 소리를 지켜냈을 뿐만 아니라 자신들의 소리를 만들어냄으로써 판소리를 우리의 소중한 문화유산으로 남겨 놓았다. 우리의 판소리가 지금까지도 그 명맥이 유지될 수 있는 것은 이들의 끊임없는 노력이 있었기 때문이다.

그들 중 명창의 반열에 올라 지금도 인구에 회자되는 이들도 적지 않지만 이와 같은 경우는 운이 좋은 사례에 해당한다. 구비 전승의 경우, 전승자가 후속세대를 얻지 못하거나 불가피한 상황에 의해 전승이 불가능할 경우 그 자체가 흔적도 없이 망실되어버리는 속성을 지니고 있기 때문이다. 또한 문화의 속성은 창작자의 영역에 국한되지 않고 향유자에 해당하는 청중의 기호 변화와도 밀접한 관련을 맺고 있다.

우리는 세계문화유산이자 우리나라의 대표적인 구비전승 문화인 판소리에서 세태 변화의 주요 흐름을 확인할 수 있다. 한 시대를 풍미했던 서편제, 중고제, 동편제 중에서 다른 제와 달리 중고제는 청중들에게 일찍부터 외면 당해왔다. 이는 웅장한 느낌의 동편제, 감성을 자극하는 서편제와 달리 중고제가 청중들의 기호를 적극적으로 반영하지 못한 것과 무관하지 않다. 이와 같은 중고제의 쇠퇴는 예술이 청중의 기호 변화와 긴밀한 관련을 맺고 있음을 보여주는 단적인 예이다.

최근 들어 나타나는 소리꾼들의 변화 또한 이와 깊은 관련을 맺고 있다. 최근에 소리꾼들이 거친 판소리보다는 고운 판소리를 선호하는 현상 역시 청중의 기호에 초점을 맞춘 결과이다. 청중들의 기호와 취향이 바뀜에 따라 그 대상인 문화 역시 지대한 영향을 받기 때문이다.

따라서 문화의 창작계층이 자신들이 살아남기 위하여 그들의 문화 자체의 변환을 시도하는 것은 당연한 생리이자 생존전략이다. 국악뮤지컬집단 '타루'를 비롯하여 젊은 소리꾼들은 일반인들로부터 외면당하지 않기 위해 기존의 문화들을 보존·유지하는 데서 그치지 않고 소재의 다양화, 다른 장르와의 접맥, 창작물의 다각화, 대중과의 모색 등과 같은 적극적인 노력을 하고 있다.

위의 사례에서 볼 수 있듯이, 문화가 창작층에 의해서만이 아니라 수요층과 함께 어우러짐으로써 그 주요 흐름을 유지해가는 것임을 알 수 있다. 이러한 이유에서 문화 역시 악화가 양화를 구축한다는 그레샴(Thomas Gresham)의 논리가 적용될 수 있다.

결과적으로 강자의 문화 논리가 지배하는 세태 속에서 약자들의 문화는 설자리가 없기 때문이다. 강자들의 문화가 약자의 문화를 대체할 뿐만 아니라 그들의 빈자리를 메움으로써 약자들의 문화는 상대적으로 존립 자체를 위협받는다. 문화에서 이루어지는 힘의 논리는 자본의 위력과 맞물려 이루어지는 세계상의 역학구도를 그대로 반영하기도 한다.

스크린쿼터의 경우에서 나타나듯이, 문화 역시 경제의 논리 앞에 철저하게 지배당하고 유린되는 입장에 놓여 있다. 이를 극복할 수 있는 대안으로 문화를 산업화하거나 문화콘텐츠화하여 주요 산업 동력으로 삼고자 하는 시도들이 적극적으로 이루어지고 있다. 이는 이미 프랑스와 이탈리아를 비롯한 유럽등지에서 그들의 문화유적을 바탕으로 관광산업을 문화산업과 연계하여 자국의 주요한 경제 영역으로 진행시켜온 것이다.

새로운 시도를 통해 이전의 문화 요소들과 차별화하려는 창작자들의 의지는 기존의 문화원형이라 할지라도 그대로 답습하지 않고, 문화유산에 대한 재발견이나 새로운 문화 모색을 통해 근원을 탐구하고자 하는 인류 본연의 의지에 뿌리를 두고 있다. 인간들은 이처럼 문화원형을 통해 세대 간의 간극을 뛰어 넘어 문화에 대한 의식을 공유하며, 조상들이 남긴 문화와 그들이 만든 가치를 향유하고자 한다. 이것이야말로 이전 세대의 삶과 문화를 공유하고자 하는 욕망이며, 후속 세대들에게 또 다른 문화유산을 남겨주기 위한 사전 정지작업에 해당한다.

구비문화나 기록문화 시대에는 일반인들이 문화를 접촉하는 방식이 단순하였고, 생산자로서 직접 참여하는 일 또한 쉽지 않았다. 하지만 미디어 시대의 도래는 일반인들이 특별한 진입 장치 없이도 문화 창작자이자 공유자가 될 수 있는 기회를 제공함으로써 이전과 비교할 수 없을 정도로 문화의 양상이 다원화되고 있다.

일반인들이 문화의 주요 창작자이자 공유자의 일원으로 재평가 받음으로써 문화의 양상은 이전과는 전혀 다른 형태로 발전하고 있다. 이는 일반인들이 문화를 접근하는 방식이 소극적이고 수동적인 차원에서 벗어나 보다 적극적이고 능동적으로 변화하고 있음을 의미한다. 뿐만 아니라 일반인들이 문화를 인지하거나 감지하는 방식 또한 이전과는 비교할 수 없을 정도로 복잡다단하게 진화하고 있다.

이에 힘입어 춘향 이야기를 다룬 구비문학인 <춘향가>의 경우, 다양한 문화 요소를 내포하면서 오늘날에도 변천을 거듭하고 있다. 암행어사 설화와 추녀 설화를 모태로 하는 판소리 <춘향가>는 구비 전승과정을 거쳐 기록문학인 <춘향전>으로 전승되면서 현재 100여 종류의 이본으로 전해지고 있다. 뿐만 아니라 오늘날에도 수많은 창작자들에 의해 다양하게 재해석됨으로써 감동을 주고 있다.

춘향 이야기는 판소리『춘향가』뿐만 아니라 고전소설『춘향전』, 김소월의『춘향과 이도령』, 서정주의『추천사』, 가곡『춘향유문』(작사: 서정주, 작곡: 김진균), 우향 박래현의 그림『춘향』, 드라마『쾌걸 춘향』, 마당극『마당놀이 춘향전』(통인무대), 창극『춘향』(국립창극단), 오페라『춘향』(http://www.iaw.co.jp/wolson/event.200109chun/CHUNHYAN.htm), 뮤지컬『펑키펑키』, 발레『춘향의 사랑』(국립발레단), 게임『엽기춘향전』(http://dream-pix.co.kr), 캐릭터 춘향, 애니메이션 <춘향전>(http://chunhyang.or.kr) 등 다양한 형태로 독자들의 사랑을 받고 있다.

특히 『춘향전』은 그동안 13차례나 영화로 만들어짐으로써 춘향 이야기가 한국의 대표적인 사랑이야기인 동시에 전 국민의 사랑을 받아온 소재라는 사실을 입증하였다. 특히 남원시에서는 1931년부터 한국 여인의 사랑과 절개를 대표하는 춘향을 기리기 위한 전통문화예술 축제로 춘향제를 개최해오고 있다.

남원을 대표하는 지역축제인 '춘향제'는 '한결같은 사랑/아름다운 사랑'(2005)을 주제로 하여 전통문화·국악축제, 소득체험·관광축제, 화합·사랑문화축제, 춘향문화·학술축제를 중점방향으로 삼아 대회를 개최하고 있다.

그 행사 또한 창무극 춘향전, 춘향국악대전, 전국판소리명창대회 등 다채로운 문화행사와 전국시조경창대회, 민속씨름대회, 춘향선발대회, 춘향사랑 길놀이, 국악대향연 등 남원의 전통 민속과 풍취를 느낄 수 있게 펼쳐진다. 또한 남원시에서는 광한루변에 '춘향문화예술회관'과 '춘향테마파크'를 조성하여 이곳을 찾는 사람들로 하여금 춘향의 사랑을 체험하도록 하고 있으며, 각종 공연을 통해 문화를 접할 수 있도록 하고 있다.

흥보를 대상으로 한 『흥부전』이나 심청을 다룬 『심청전』 역시 그 변화가 다양하게 전개되고 있다. 흥부 이야기의 경우, 일반에게 널리 알려진 판소리 『흥부가』 외에도 동화 『흥부와 놀부』, 동요 『흥부와 놀부』, 대중가요 『흥부가 기가 막혀』, 고전소설 『흥부전』, 드라마 『흥부네 박터졌네』, 뮤지컬 『흥부와 놀부』, 마당극 『제비가 기가 막혀』(극본 윤정건, 연출 오태호), 콩트 『신 흥부와 놀부』, 애니메이션 『흥부전』, 게임 『흥부전』 등으로 제작되어 많은 이들의 사랑을 받고 있다.

흥부 이야기의 본고장이라 할 수 있는 남원시에서는 1993년부터 매년 음력 9월 9일이면 '흥부제'를 개최해오고 있다. 이는 고전소설 『흥부전』이나 판소리『흥보가』에서 보은표와 보수표 박씨를 물고 오는 '제비노정기' 부분에 "운봉 함양 두 어름에 박가 형제가 사는 지라. 놀부는 형이요, 흥부는 동생이라"는 구절이 전해져 오고 있기 때문이다. 지리적으로 봤을 때 '운봉 함양 두 어름'은 지금의 남원군 인월면 성산리와 아영면 성리로 추정된다.

남원 '흥부제'에서는 남원을 찾는 사람들에게 흥부마을을 홍보하기 위해 창극 흥부전 공연, 흥부마을 탐방행사, 흥부 학술 세미나 등을 개최하고 있다. 또한 사랑의 흥부가족잇기, 흥부 박타기, 흥부 놀부 가족 화초장 매고 달리기, 놀부 가요제 등 형제간의 우애와 가족간의 화목을 주제로 하는 다양한 행사를 마련하고 있다.

이처럼 문학의 소재를 문화 콘텐츠화하는 데 있어서는 심청 이야기도 『춘향전』이나 『흥부전』에 못지않다. 설화『관음사 연기 설화』와 『성녀 원홍장(元洪莊)의 효심(孝心)』에 근간을 두고 있는 심청 이야기는 판소리『심청가』, 고전소설『심청전』, 동화『효녀 심청』, 인터넷 연작소설 『경상도 심청이』, 애니메이션 『왕후 심청 (Empress Chung, 2005)』, 음악극『퓨전 심청』, 무용극『심청』(국립 발레단), 발레 『심청』(유니버설발레단), 현대소설 『심청』(황석영), 뮤지컬 「심청황후」(인천종합문화예술회관·인천시립예술단), 오페라 『심청』(작곡: 윤이상(1972), 작곡: 김동진(2003)), 마당극『심청 아, 나랑 놀자』, 영화『심청전』(감독: 이규환) 등으로 제작되어 많은 사람들의 사랑을 받았다.

또한 전라남도에서는 섬진강변에 위치한 곡성에 심청을 기리는 심청마을을 만들었으며, 이 지역 주변에 심청공원, 심청문화센터,

심청테마여행 등을 전략적으로 개발하고 있다. 또한 지역 축제로는 '심청축제'를 열어 심청의 어린시절·처녀시절·용궁시절·왕후시절 등으로 나눠 캐릭터 퍼포먼스와 전통두부만들기, 짚풀공예체험, 효행체험을 비롯하여 심청마당극과 심청어린이뮤지컬, 뺑덕어멈 퍼포먼스, 용궁 의상전, 심청 효 실버가요제, 효녀심청 선발대회(http://www.simcheong.com) 등을 개최하고 있다.

춘향 이야기, 흥부 이야기, 심청 이야기 등은 문화 원형과 지역이 갖고 있는 문화적인 요소들을 결합시켜 효과적인 문화콘텐츠로 활용한 대표적인 사례에 해당한다. 이들은 일반에게 널리 알려졌기 때문에 안정적인 독자 확보가 용이하며 실험적인 시도를 통하여 기존에 갖고 있던 틀을 깨뜨려 신선한 재미를 유발할 수 있다는 매력을 동시에 가지고 있다 할 수 있다. 이러한 이유에서 기존의 문화 원형을 활용함으로써 다양한 형태의 문화콘텐츠 개발이 가능할 수 있었던 것이다.

이와 같이 문화 원형을 모티프로 삼아 장르를 초월하여 이루어지는 다양한 형태의 창작 시도와 창작물은 문화콘텐츠를 통한 고부가 가치의 창출, 새로운 장르 개척, 문화유산의 축적이라는 효과를 거둘 수 있다. 또한 단순히 가시적으로 드러나는 물질적·경제적인 효과를 뛰어 넘어 그 지역사회와 민족의 정신적인 자긍심을 키워준다는 점에서 의의가 있다. 나아가 이는 최근 이루어지고 있는 기술 발달에 힘입어 캐릭터 개발, 지역 축제, 관광 상품 개발 등과 같은 다각적인 문화상품화 전략으로 이어질 수 있다는 점에서 지역사회에 미치는 영향 또한 적지 않다고 할 수 있다.

지역사회는 이러한 일련의 시도들을 통하여 낙후된 지역 개발, 문화 요소 발굴, 지역민들의 실질적인 경제 가치 향상이라는 부가

적인 효과도 거둘 수 있다. 기존의 문화 원형들과 시공간 제약을 극복할 수 있는 인터넷과 매체 기술을 효과적으로 접목시킨다면 그 결과는 엄청난 상승효과를 유발할 것이다. 또한 기술 발달에 의해 향후 사업의 다각화를 추진함으로써 이전과는 비교할 수 없을 정도로 다양하면서도 거대한 규모의 작업을 동시 다발적으로 진행시킬 수 있다.

문화는 원전의 의미를 충분히 살리면서 이를 변형시켜 새로운 문화로 창출하고자 하는 창작자들의 다양한 실험이 결합함으로써 발전한다. 이들로 인해 문화는 살아 숨 쉬는 생물처럼 진화를 거듭하며 창조적인 생명체로 거듭날 수 있는 것이다. 원전이 갖는 무한 개념의 열린 소통구조는 이전과는 전혀 다른 장르를 창출해낼 수 있

일본에서 비싼 값에 팔리는 한국과자

으며, 다른 문화 장르와의 교류를 통해 새로운 문화를 형성하는 계기가 되기도 한다. 하나의 문화 원형이 창작자들에게 영감을 주면서 수많은 변종을 양산하고, 영원한 생명력을 갖는 이유가 여기에 있다.

그러나 문화 원형 및 문화 콘텐츠의 활용 대상이 과거에만 국한되는 것은 아니다. 『토지』, 『혼불』, 『태백산맥』과 같은 소설은 캐릭터 산업, 드라마나 영화 제작을 통해 촬영지의 관광지화, 부가 상품 개발 등과 같은 폭넓은 의미에서의 문화 산업을 유발할 수 있다. 2조원의 경제 효과를 창출했다는 『겨울연가』의 엄청난 성공에서 확인할 수 있듯이, 오늘날의 영화, 드라마 역시 훌륭한 문화 콘텐츠 요소로 자리매김할 수 있다.

따라서 기존 문화가 갖고 있는 문화콘텐츠적인 요소를 발굴하고 재발견하는 것뿐만 아니라 현대를 포함한 다양한 문화 원형을 활용할 수 있는 방안을 모색하는 노력이야말로 우리가 관심을 가져야 할 문제이다. 문화콘텐츠 발굴 및 개발이 과거와 현재가 조화롭게 공존하는 방법을 배우는 것이며, 나아가 새로운 문화 창출의 토대를 마련하는 계기를 제공하기 때문이다.

급변하는 세태 속에서 많은 우리의 무형 문화유산들이 망실되거나 그 형태가 심각하게 훼손된 상태로 오늘날 전해지는 것은 우려할만한 현실이다. 우리들이 소유한 전통문화와 이를 구성하는 요소들이야말로 다음 세기를 기약할 수 있는 문화산업이자 차세대 동력이라 할 수 있다. 뿐만 아니라 전래문화를 기반으로 하는 문화콘텐츠의 발굴 및 개발은 문화 공유를 통해 단절된 세대 간의 공감대를 형성하며 민족 문화에 대한 자긍심을 대외적으로 확산시키는 계기를 마련할 수 있다는 점에서 긍정적인 의미를 갖는다.

　각 지역이 갖고 있는 문화유산들은 지역의 독특한 문화 창출을 이룬 근간이었으며, 지역민들의 공동체 의식을 산출하게 만들었던 보이지 않는 힘이었다.

　뿐만 아니라 지역이 갖고 있는 역량을 외부로 발산시키는 계기를 제공함으로써 지역 문화를 번창하게 만들었던 자양분이었다. 이처럼 수많은 기회를 제공하였던 지역 문화들은 새로운 시대를 맞이하여 그들이 갖고 있는 잠재적 가치와 역량을 시험받고 있다.

　따라서 우리는 지역 문화가 갖고 있는 문화콘텐츠들을 적극적으로 발굴·개발하여 이들이 갖고 있는 가치를 고부가가치로 전환하여 확대 재생산할 수 있도록 계기를 마련할 필요가 있다.

관광지에서 판매하는 일본의 전통 유리공예품

고래로부터 전해져오던 전통 인형극 '분라쿠'를 활용해 관광상품을 개발함으로써 국민관광지가 된 일본의 구마모토시의 세이부 마을, 셰익스피어와 그 작품을 통해 전 세계인들의 순례지가 된 영국의 스트랫포드 어펀에이번, 화가 고호의 생애를 상품화시켜 전 세계인들에게 사랑을 받고 있는 네덜란드 등의 사례에서 확인할 수 있듯이, 한국이 갖고 있는 유·무형의 문화 자산들이야말로 향후 우리들의 미래형 성장 동력으로 훌륭하게 자리매김할 수 있을 것이다.

(글: 장창영)

【 참 고 문 헌 】

조동일, 『한국설화와 민중의식』, 정음사, 1985.

김동필, 『정읍의 전설』, 신아출판사, 2001.

한국정신문화연구원, 『한국구비문학대계』, 1981.

이강엽, 『바보 이야기, 그 웃음의 참뜻』, 평민사, 1988.

전북전통문화연구소, 『완주의 구전 설화』, 완주문화원, 2001.

각 시, 군 홈페이지.

각 시, 군 문화원 자료.

김동필 편저, 『정읍의 전설』, 정읍문화원, 2001.

황인덕 편, 『진안지방의 구전설화집』, 진안문화원, 2003.

『내고장 전설집』, 무주군, 1993.

박순호 편저, 『군산구비학대계2』, 군산문화원, 1994.

전북전통문화연구소, 『완주의 구전설화』, 완주문화원, 2001.

문화콘텐츠와 스토리텔링

초판인쇄 : 2006년 5월 15일
초판발행 : 2006년 5월 20일

지은이 : 고은미, 이수라, 장미영, 장창영

펴낸곳 : 신아출판사
주　소 : 전주시 완산구 태평동 251-30
전　화 : (063)275-4000
팩　스 : (063)274-3131
E-mail : shina@shin-a.co.kr
　　　　 shina321@chol.com

ISBN 89-5925-124-0　　23300

값 13,000원

※저자와 합의하여 인지는 생략합니다.
※잘못된 책은 바꿔드립니다.